高校转型发展系列教材

商务策划管理

刘凯宁　主编

高佳琪　陈　艳　艾云凤　侯　彤　副主编

清华大学出版社

北　京

内 容 简 介

商务策划管理是一门新兴的综合性学科,涉及知识领域广泛,在当前地方本科院校转型发展的背景下,参加商务策划师认证培训的大学生人数每年不断增加,基于此,本书深入细致地介绍了商务策划的基本原理、方法及工具,注重对学生现代商务策划知识与创新意识的培养,力求提高学生的实践能力,旨在帮助学生进一步掌握和巩固商务策划的基本理论,进而提高应用所学知识解决实际商务策划问题的能力。

本书可作为普通高等院校本科相关专业的基础教材,也可作为商务策划从业人员和相关领域研究人员的参考用书。

图书在版编目(CIP)数据

商务策划管理 / 刘凯宁 主编 . —北京:清华大学出版社,2020.8 (2024.2 重印)
高校转型发展系列教材
ISBN 978-7-302-55612-1

Ⅰ . ①商… Ⅱ . ①刘… Ⅲ . ①商务—策划—高等学校—教材 Ⅳ . ① F710

中国版本图书馆 CIP 数据核字 (2020) 第 100825 号

责任编辑:施 猛
封面设计:常雪影
版式设计:方加青
责任校对:马遥遥
责任印制:曹婉颖

出版发行:清华大学出版社
    网 址:https://www.tup.com.cn,https://www.wqxuetang.com
    地 址:北京清华大学学研大厦 A 座   邮 编:100084
    社 总 机:010-83470000   邮 购:010-62786544
    投稿与读者服务:010-62776969,c-service@tup.tsinghua.edu.cn
    质 量 反 馈:010-62772015,zhiliang@tup.tsinghua.edu.cn
印 装 者:北京嘉实印刷有限公司
经 销:全国新华书店
开 本:185mm×260mm 印 张:13.75 字 数:317 千字
版 次:2020 年 8 月第 1 版 印 次:2024 年 2 月第 7 次印刷
定 价:48.00 元

产品编号:082319-01

高校转型发展系列教材 | **编 委 会**

前　言

　　商务策划是开展商业活动的前提和基础，是有效提升企业竞争力的重要途径。商务策划的本质是一种创新型的思维活动，能够有效整合和拓展资源，对企业的可持续发展起到重要的作用。

　　本书集理论性、实践性和操作性于一体，既包含商务策划理论的基本知识，又涵盖商务策划实践中的基本技能和基本方法，在内容和结构方面突出以下几点。

　　第一，注重创新能力的培养。本书从思维创新讲起，构建学生的策划思维结构系统，激发学生的创新意识，培养学生思考问题、解决问题的策划思维，帮助学生积累就业经验，并使学生在今后的职业生涯中不断创新、善于创新。

　　第二，理论阐述与实务操作相结合。商务策划是一门科学，是一门艺术，也是一项职业技能。商务策划的教材不仅要体现理论意义，更应体现应用价值。为提高学生分析、解决商务策划实际问题的能力，本书提供了大量实际案例，学生可以在学习案例和理解案例的基础上，进行实践创新，这对于理解商务策划基本理论、基本概念，启发和提高学生的商务策划实践能力大有裨益。

　　第三，全面阐述，重点突出。本书针对不同类型的常见商务策划活动，进行了具有针对性的阐述。这些常见的商务策划活动涉及学生未来在就业、创业等领域的实际应用，有利于学生对商务策划实务的进一步理解，为今后在职业生涯中运用策划知识提供有效的参考和借鉴，从而全面提升学生的就业能力和职场适应能力。

　　本书由刘凯宁担任主编，高佳琪、陈艳、艾云凤、侯彤担任副主编。全书共分十章，具体分工：陈艳编写第一章；刘凯宁编写第二章、第三章、第四章、第六章、第七章；高佳琪编写第五章、第八章、第九章、第十章；艾云凤整理习题答案。全书由刘凯宁、高佳琪、侯彤统编定稿。

　　编者在编写本书过程中参阅了大量文献，借鉴了许多专家学者的相关著作和研究成果，在此，向各位专家学者表示感谢。

　　由于学识水平有限，书中难免存在不当之处，恳请各位专家学者和读者指正。反馈邮箱：wkservice@vip.163.com。

编　者

2020年4月15日

目　　录

第一章
商务策划概述

【策划格言】

是以功名终申，策画复得。

——《后汉书·隗嚣传》

魏武帝为丞相，命高祖为文学掾，每与谋策画，多善。

——《文选·晋纪总论》

【主要内容】

商务策划的基本概念及分类；

商务策划的起源与发展；

商务策划的基本要素、基本特征与基本原则；

商务策划的功能与作用；

商务策划的常见误区。

【学习目标】

知识目标：

商务策划的基本概念及分类；

商务策划的起源与发展；

商务策划的基本要素、基本特征和基本原则；

商务策划的功能与作用；

商务策划的误区。

技能目标：

掌握商务策划的内涵及意义；

了解商务策划在中国的发展现状；

认识商务策划在实践中的几个误区。

【开篇案例】

好莱坞影片成功的启示

好莱坞是世界闻名的电影中心，一直被全球各地争相模仿，由于美国许多著名电影公司设立于此，比如梦工厂、迪士尼、20世纪福克斯、哥伦比亚影业公司、索尼公司、环球影片公司、WB(华纳兄弟)等，所以好莱坞常常与美国电影和美国影星联系起来，而好莱坞影片也成为美国大片的代名词。有人说，好莱坞影片是制作的成功，有人说是包装的成功，有人说是炒作的成功……确切而言，好莱坞影片的成功应该是策划的成功。

好莱坞影片在开拍前，通常需要先找到投资商或购买者，然后根据市场需求进行有针对性的设计以及谋划影片的情节与内容，而后选择导演与演员，并向公众公布筹拍、开机、封机等进展信息，以合适的价格和可靠的渠道将其推出市场。与此同时，启动一系列营销策划活动，比如主演影星与观众见面的首映式、访谈、专家影评等。尽管宣发成本不可低估甚至上亿美元，但是因影片票房卖座而获取的利润回报很可观。例如，2018年好莱坞大片《头号玩家》投入2.75亿美元，全球票房收入超过5亿美元；《碟中谍6》投入2.5亿美元，全球票房收入为7.26亿美元；《侏罗纪世界》的成本为2.6亿美元，全球票房收入16.7亿美元。除此之外，好莱坞电影产品的利润不仅来自影片本身，那仅仅是"一本万利"中的"本"，商务策划师们将其故事和人物形象的所有权进行进一步包装和策划，可让影片中的人物形象深入人心。例如，迪士尼人物形象经久不衰，其周边产品，如玩具、游戏、书刊、唱片等，都创造了巨额利润。

资料来源：市场经济导报，2006年6月.有改动.

评析：好莱坞影片的成功主要归功于台前幕后策划的成功。在商品经济条件下，任何行业都离不开有效的商务策划。下面，我们首先来了解商务策划的内涵及分类。

第一节　商务策划的内涵及分类

从广义上讲，策划是人们为了实现预期目标或者解决某一问题而进行的一种思维活动，包括思考、分析、判断、决策、实施和评估等一系列创造性的、复杂的智力活动。它本质上是人类的一种理性行为，人们需要对自己未来所要进行的活动做出计划和安排，并针对预先设定的目标，对实现目标的手段、方法以及具体实施步骤做出打算和部署。

商务策划是商事环境中商务活动的事前准备和筹划工作，是针对企业未来发展的一种创新性工作。在企业发展新的业务领域、开发新的产品、开拓新的市场或者采用一种新的营销模式等之前，都需要进行有效的商务策划。例如，20世纪90年代，中国琴童人数并不多，而且国人学习钢琴的氛围也不浓厚，上海钢琴公司为了让公司制造的聂耳牌钢琴在供大于求的局面下打开销路，先后在上海、广州、福州、青岛等城市举办了各种形式的钢琴演奏会、钢琴大奖赛等，这一举动无形中推动了家长为孩子购买钢琴的决心。丰厚的奖品、广告宣传营造的艺术气氛成为钢琴的销售前奏曲，与此同时，该公司创办了艺术学校。几番策划所带来的"轰动效应"，使聂耳牌钢琴的销售也一炮打响。由此可见，具有前瞻性的优秀商务策划对企业的发展起到了至关重要的作用，大型商务策划活动的成功运作无疑成为企业有效的营销手段，指引着企业运营的方向，并有效提升企业的竞争力。

一、商务策划的内涵

"商务策划"一词是著名学者、现代策划理论奠基人史宪文教授于1996年在其专著

《商务策划》中首次提出的。1998年，世界商务策划师联合会的成立标志着"商务策划"成为世界性学术概念。有关商务策划，中外学者分别从不同的角度给出了不同的定义，目前尚未形成统一的定义，但是可以概括为以下几种。

(一) 事前设计

以美国学者威廉·纽曼为代表的学者认为，商务策划是在商务活动前精心、周密地设计后面的行动路线及行动步骤。他们强调事前设计的过程。

(二) 思维活动

日本著名策划大师梅泽庄亮与星野匡认为，任何策划都是一种突破传统、勇于创新、从无到有的思维活动。商务策划是思考结果所呈现的方案，其中包括根据某个预先制定的目标，进行课题思考、寻找对策、拟定提案、实施提案等全过程。小泉俊一指出，商务策划不是自然产生的随意性思考，而是具有特殊内容，即有计划、有目的的计划思维活动过程。我国学者舒永平、李通平、陈黎等纷纷指出，商务策划从本质上来说是一种创新性的思维活动，是为实现特定的目标，人类运用脑力的思维活动和智力活动提出新颖的思路对策及具体实施计划方案的过程，即人们认识、分析、判断、推理、预测、构思、想象、设计、运筹、规划的过程。

(三) 决策思维

我国著名策划理论专家史宪文教授强调策划是一种决策思维方式，商务策划是组织为了获取竞争力而开展的创新和决策思维。他不仅提出了商务策划创新性的特点，并且解释了其功能和作用，即经济组织为了获得必要的竞争优势或最佳生存环境而采取的创新性或精密性决策思维方式。

(四) 决策过程

我国著名学者周培玉教授认为，商务策划是企业获取更多收益的经营创新决策方式，他强调商务策划是创新决策过程。他认为商务策划是一种创造性的社会活动，包括构思、分析、拟定策划方案、实施方案、事后评估、整合有效资源，并根据目标要求和环境变化对方案进行调整，最后实现最小投入、最大产出。李宝山、张利庠也指出，商务策划就是企业为实现特定的目标，运用科学的方法，设计、选择、执行、评估最佳方案，将拥有有限资源的企业与动荡复杂的环境联动优化、巧妙衔接，以实现最佳投入产出比的科学决策过程。

基于上述学者的研究，我们认为商务策划是为解决某一个问题或达成某些目标，激发人类创新潜能的思维活动，通过整合内部、外部的资源，运用科学的方法来选定可行的方案的一整套程序和步骤。商务策划并非随机的、随意的，而是有目的、有计划的策划和执行过程。企业的未来发展需要有效的商务策划活动，商务策划指引着企业营运的方向，是有效提升企业竞争力的重要途径，因此只有具有前瞻性的优秀策划，才能在竞争激烈的市场中抢占先机。

有效管理商务策划活动是提升企业竞争力的重要保障。商务策划的过程应既有科学性又有艺术性，还要考虑实践性，即从决策到实施，整个过程要遵循一定的程序，系统、全面地制定可行的方案。通常，企业存在于一个动态的系统中，企业与竞争对手、消费者、资金、供应商在不断互动，而商务策划是以获得社会交换中的更多优势和利益为目标，并且通过人类创造性思维进行有效整合，针对某个特定的目标，有目的、有规划地形成完整执行方案或一系列行动方案部署的过程。在这个过程中，为避免刻板和墨守成规，企业的商务策划还应该具有一定的灵活性，这里大多依靠的是商务策划者的灵感与创新，以及基于个人经验的技艺和技巧在不同策划实践中的灵活应用。

二、商务策划的分类

商务活动是指一切以利益为目的、以交换为手段、以货币为表现的个人或组织活动，以及与市场交易行为直接或间接相关的活动。商务策划就是以商务活动为基础的策划活动，商务策划活动包罗万象，很多学者从不同的角度对其进行了分类。这里基于企业的功能以及企业经营活动的复杂性和多样性，对常见的商务策划分类进行归纳和总结。

(一) 营销策划

营销策划是根据企业的营销目标，设计和规划企业产品、服务、价格、渠道、促销，从而实现个人和组织交换过程的行为。营销策划往往以企业的盈利目标和满足消费者需求和欲望为核心，是确定企业产品或服务如何进入市场、如何实现消费者转移、如何促成客户购买行为、如何获得预期市场占有率的最佳方案。

(二) 广告策划

广告策划就是对广告的整体战略与策略的运筹规划，是预先对提出广告决策、实施广告决策、检验广告决策全过程所做的考虑与设想。广告策划不是具体的广告业务，而是广告决策的形成过程，即确定宣传与传播企业产品或服务的最佳方案。

(三) 生产策划

生产策划是企业对生产任务做出的统筹安排，是企业经营计划的重要组成部分，包括具体拟定生产产品的品种、数量、质量和进度的计划，是企业进行生产管理的重要依据。

(四) 新产品开发策划

新产品开发策划是指企业有目的、有计划、有步骤地发展新产品的计划。新产品开发具有战略决策的性质，是企业的一项重大经营管理决策，它决定了企业的经营方向。

(五) 品牌策划

品牌策划旨在使企业形象和产品品牌在消费者脑海中形成一种个性化的区隔，使消费者与企业品牌和产品品牌之间形成统一的价值观，从而建立自己的品牌声誉，即确定企业产品或服务的市场识别与影响力的最佳方案。

(六) 采购策划

采购策划是指企业管理人员在了解市场供求情况、企业生产经营活动过程和掌握物料消耗规律的基础上，对计划期内物料采购管理活动所做的预见性的安排和部署。采购策划是根据生产部门或其他使用部门的计划制订的包括采购物料名称、采购数量、需求日期等内容的计划。

(七) 公关策划

公关策划，即公共关系策划，是公共关系人员根据组织现状和目标要求，分析现有条件，策划并设计公关战略、专题活动和具体公关活动方案的过程，即确定企业与社会组织、社会公众相互关系及处理方式的最佳方案。

(八) 企业形象策划

企业形象策划是指公共关系人员在形象调查的基础上，运用自己的知识、经验，充分发挥想象力和创造力，制定最佳公关活动方案，以塑造良好组织形象的过程。企业形象是企业自身的一项重要无形资产，因为它代表企业信誉、产品质量、人员素质、股票涨跌等。企业形象策划是识别与传播企业形象的最佳方案。

(九) 投资策划

投资策划是指企业为了达到招商融资和其他发展目标，在对项目进行调研和分析、对资料进行收集与整理的基础上，对未来投资活动做出的安排和部署。

第二节　商务策划的起源与发展

一、商务策划的起源

笼统而言，策划起源于中国。"策划"一词，最早出现在《后汉书·隗嚣传》中："是以功名终申，策画复得。"此外，《文选·晋纪总论》中也有提及："魏武帝为丞相，命高祖为文学掾，每与谋策画，多善。"其中，"画"字通"划"字。尽管中国古代的策划主要集中在军事、政治和外交领域，但是这对于整个人类社会的影响是广泛而深刻的。

早在原始社会时期就有了策划，当时的人类，技术能力和认知能力有限，生存环境恶劣，部落之间的矛盾和冲突接连不断，为了生存，策划应运而生。人类进入奴隶制社会以后，诸侯间在政治上争权夺利，以个人咨询为特征的策划早在几千年前就已出现。随着战争的规模越来越大，军事谋略方面的策划日益受到重视，由此产生了"策划"的概念。古代军队里的军师、官府里的师爷，还有藏身于豪门富户中的谋士等，他们的行为，都是典型的个人咨询。那时候，诸侯国的公族子弟都养了大批的门客，他们都是为献计献策而来，虽不乏鸡鸣狗盗之辈，但也有具有真才实学的谋士、策士。当时的儒家、道家、法家、兵家等，实际上都可视为策划家。到了封建社会初期，各种学术思想受到压抑，不再是百家争鸣，策划的发展落后于当时的社会生产力的发展。直到东汉末年的三国鼎立阶段，由于魏、蜀、吴三国争夺天下，策划人才得到了重视和重用。

从本质上说，中国古代的策划是一种军事、政治和外交上的谋略，尚未形成我们今天所谓的商务策划。例如，孙膑智斗庞涓、勾践灭吴、范雎的远交近攻、吕不韦的奇货可居，等等。

新民主主义革命时期的策划发生于中国的革命战争中，毛泽东策划并领导的"四次反围剿""二万五千里长征"和"三大战役"等，在世界军事史上创造了奇迹。进入改革开放时期，策划逐渐进入商务领域，邓小平同志做出了把党和国家工作重心转移到经济建设上来、实行改革开放的历史性决策，实现了中华人民共和国成立以来，我们党历史上具有深远意义的伟大转折。他不仅提出了"一国两制"，在经济建设全面展开的背景下，还设立了深圳、珠海、汕头和厦门经济特区，这一重要举措促进了我国改革不断深化、经济持续飞跃和对外开放的进一步扩大。在此之后，随着商务活动的不断增多，以市场为中心、以商务活动为对象的商务策划迅速发展起来。

二、商务策划的发展

商务活动是组织在商事环境中的经营行为或经营活动。现如今，人们的生产与生活离不开商务活动，而商务活动需要有针对性的商务策划。商务策划在国外是社会公认的咨询服务，它源于咨询业。策划人员的主要职责就是接受咨询、提供处理方法、安排具体行动、出谋划策等。例如，美国的兰德公司、斯坦福国际咨询研究所、日本的野村综合研究所、中国的希尔咨询公司等，这些机构有别于一般的学术机构，强调"设计未来""规划未来"。

改革开放后的20世纪80年代中期，我国的商务策划得到了迅速发展，各种商务策划(咨询服务)逐渐兴起，婚庆典礼策划、求学求职策划、公司创业策划、企业兼并策划等，都能找到相应的商务策划(咨询服务)，特别是在广告、营销、演艺、影视、出版等领域，商务策划更是举足轻重。20世纪80年代改革开放之初开始至今的中国商务策划业，其发展历程大致可分为三个阶段。

(一) 第一阶段："点子"时代

改革开放以后，中国市场经济处于初级阶段，人们对市场和经营知识普遍缺乏，只要有一个与众不同的"点子"就能使一个产品"红遍天下"。这个时期被称为"点子时代"，被视为商务策划发展的第一阶段：自发阶段。其中，"点子"就是"商务策划"。红极一时的"点子"策划师何阳在20世纪90年代创立了点子公司，专门为不同的企业提供"点子"。

但是由于"点子"策划缺乏系统性，加上执行环节的失误，致使失败的"点子"策划案例层出不穷。例如，1987年，怀汉新5万元起家，开发"生物健口服液"，成立了第一家保健品企业，造就了太阳神口服液的神话。1988年，他第一个引入企业形象识别系统，造就了企业、商标、产品三位一体的"太阳神"标志。全面启用整套CIS设计用于营销推广以后，太阳神迅速崛起。随着中国保健品市场的迅速增长和"太阳神"的示范效应，越来越多的竞争对手都疯狂地涌入这一市场，消费者的胃口也渐渐变得"刁钻"起来，致使保健品行业发生了本质性的变化。在此背景下，太阳神集团在20世纪90年代中期开始走下坡路，与此同时，怀汉新决定将既定的"纵向发展为主、横向发展为辅"的战略方针变更为"纵向发展与横向发展齐头并进"，决定投资3.4亿元向石油、房地产、化妆品、电脑、边贸、酒店业等20多个项目大举进军，在新疆、云南、广东和山东相继组建了"经济发展总公司"，进行大规模的投资与收购行动。遗憾的是，20多个项目的投资几乎无一获利，全部打了水漂，导致"太阳神"元气大伤，从此一蹶不振，创造空前CIS神话的广东太阳神迅速跌入低谷。

再如，郑州的亚细亚商场在1989年5月6日开业，当时的亚细亚商场极大地丰富了消费者的购物体验。该商场共12层，商场内配有观景中台、琴台、旋转楼梯，自动扶梯、货运电梯、办公电梯及中央空调。商场经营针织、服装、鞋帽、化妆品、日用百货、家用电器、工艺饰品、文体用品、儿童用品、食品等40 000多个品种。为了吸引顾客，商场内四处布满鲜花绿草，还把人工瀑布引入营业大厅。此外，亚细亚商场设置了迎宾小姐和歌舞表演，大厅中央设有乐手不定时登台演出。1993年至1997年，亚细亚集团先后开出了15家大型连锁百货分店，急速扩张之下，缺少后续人才支撑，如许多急剧扩张的连锁企业一样，亚细亚集团也难逃因经营管理不善与巨额债务导致的资金链断裂，全国各地的分店一家接一家地倒闭，2000年9月，郑州中院依法裁定郑州亚细亚集团破产。

上述案例足以说明"点子"时代的商务策划缺乏系统性和前瞻性，一时的成功有着极大的偶然性，明显后劲不足。

(二) 第二阶段：战术策划时代

20世纪90年代中后期，一些商务策划的实战专家将商务策划与热门专业或新兴行业结合起来，通过整合资源，发挥个人的专业特长和策划智慧，创造了一大批商务策划成果。商务策划的发展逐渐进入第二阶段：自觉阶段。这个时期的代表人物有房地产策划王志纲、广告策划叶茂中等。房地产策划王志纲是一个地产服务商，他在1995年创办王志纲工作室，主持策划了诸多成功的案例，包括广东碧桂园、99昆明世博会、山东双月园、重庆龙湖花园、广东金业集团、杭州宋城集团、杭州天都城、贵州茅台集团、中体产业等策划项目。广告策划叶茂中陆续为"圣象地板""北极绒保暖内衣""真功夫快餐""大红鹰""柒牌男装""雅客V9""361度""红金龙""蚁力神"等200多家企业进行广告策划和品牌设计,创意拍摄1000多支广告片,使这些品牌的知名度和销售业绩得到极大的提升。

这些商务策划代表人物的成功案例产生了广泛的社会影响,使企业界对商务策划重要性的认识逐步加深。

(三) 第三阶段:战略策划时代

21世纪以来,随着知识经济的到来和中国加入WTO,企业之间的竞争越来越激烈,企业对商务策划的要求越来越高,商务策划知识体系不断建立健全。2002年6月,国家人事部全国人才流动中心决定与全国商务策划师培训总部共同在全国范围内开展商务策划师认证培训工作。2004年12月,劳动和社会保障部颁布第二批10种新职业,商务策划师位列第一。原国家人事部、劳动和社会保障部还相继推出了商务策划师资质和资格认证,这意味着中国策划的职业化建设已经步入正规化。2006年3月,国家教育部公布商务策划进入高考新增专业,这意味着商务策划的学科建设正式拉开了帷幕。近年来,随着管理咨询、工程咨询、技术咨询、商业咨询的专业咨询机构等国外咨询服务机构纷纷进驻我国。它们或合资或合作或独资,或实际操作策划,或培训策划人才,使中国的策划业得到了进一步的发展。"新职业、新学科、新产业"为商务策划提供了巨大的发展空间。商务策划与经济发展的结合度越来越高,商务策划在中国的发展进入了第三阶段:学科建设和职业化阶段。

1. 商务策划特点

这一阶段的商务策划主要有以下几个特点。

(1) 商务策划应用的广泛化。市场经济的发展推动了商务策划在各行各业的广泛应用,如房地产策划、金融策划、广告策划、IT策划、会展策划等。

(2) 商务策划方法的多样化。随着各行各业对商务策划的需求日益增加,商务策划方法和技术手段层出不穷,如系统策划、整合策划、四维策划、全息策划等。这些商务策划方法和技术手段的出现,使商务策划人的视野大大开阔,手段更加灵活,商务策划效率和成功率也大大提高。

(3) 商务策划工作职业化。自20世纪90年代以来,许多商务策划人成立专业的商务策划公司,成为职业策划人。许多具有一定规模的企业纷纷设立企划部门,专门研究和解决本企业经营策略问题。2004年12月,劳动部颁布第二批新职业,商务策划师列第一位,进一步推动了策划职业化的发展。

(4) 商务策划理论学科化。近20年来,许多学者依据实践经验,结合案例分析和不同的行业领域特点,从事商务策划的理论研究,通过分析商务策划的基本理论,出版发行了大量商务策划类书籍,为后来者学习策划提供了借鉴和许多有益的模本。2006年3月,教育部公布确立商务策划管理成为一门全新的本科专业。

2. 存在的问题

商务策划在中国取得了一些进展,但也存在一些较为突出的问题,集中表现在以下两个方面。

(1) 商务策划缺乏行业规范。由于行业监管不够严格，并且缺乏有效的政策和法规，行业内过分依赖明星的包装效应，缺乏实事求是的精神。此外，商务策划从业人员素质参差不齐，服务质量难以保证。

(2) 商务策划科学含量不高。商务策划在中国发展虽然迅速蓬勃，但思想多、方法少，一些商务策划方案过于抽象、可操作性差，执行起来具有很大的随意性，这使得一些商务策划的成功带有很大的偶然性，难以维系。

商务策划起源于中国，并在20世纪80年代进一步发展，如今与战略管理等各种学科知识逐步深度融合，正在成为一门新兴学科和热门职业。未来商务策划的发展还需要从行业规范、学科建设、职业培训等多方面加强管理和引导。习近平新时代中国特色社会主义思想为我们提供了强大的思想武器和行动指南，习近平总书记强调"创新是引领发展的第一动力"，理论创新、实践创新、制度创新、文化创新以及其他各方面创新促使中国向创新型国家迈进，这意味着必须进一步营造鼓励创新的环境，注重培养一线创新人才。新时代经济发展方针标志着，作为企业经营创新的优秀专业人才——商务策划师将迎来空前的时代机遇。

第三节　商务策划的基本要素、基本特征与基本原则

商务策划是人类运用脑力的完整的、创造性的理性思维活动。随着商务策划的蓬勃发展，应用的行业和领域越来越广泛，人们对它的认识也越来越深刻。在开展商务策划之前，应明确其基本要素、基本特征，并遵循基本原则。

一、商务策划的基本要素

商务策划的基本要素包括以下5个方面。

(一) 商务策划的主体

开展商务策划前，必须要确定由谁来策划，以及为谁策划。商务策划的主体是商务策划的策划人、商务策划委托方、商务策划的管理者及决策分析者。

(二) 商务策划的客体

商务策划必须考虑宏观环境因素(政治、经济、文化、技术)。例如，国家政策法规是否允许，市场时机是否成熟等。同时还要考虑微观环境因素(消费者或买家、竞争者、合作伙伴等)。例如，消费者或买家是否接受策划人的策划方式和方法；竞争者是否采用相似的策划方式和方法；合作伙伴是否能够很好地配合，等等。商务策划的客体是商务策划过程中的环境因素、利益相关者和主要竞争者。

(三) 商务策划的资源

商务策划是对资源的整合和利用，任何商务策划都需要具备一定的资源和条件。商务策划的资源即商务策划人或商务策划决策者的策划优势和策划条件。策划优势是指商务策划人所具备的独特资源，该资源独特、稀缺且具备一定的唯一性。策划条件是指商务策划人所具备的能力，如人力、物力、财力方面的独特能力，也可以指商务策划人的工作实施能力等。

(四) 商务策划的思维方法

商务策划是一种创新思维活动，在一定的资源条件下，商务策划的成功取决于策划人的创新思维能力和方法。其中，创新思维能力是指商务策划人对创新方法和手段的合理运用；创新思维方法是指商务策划人采用的创新方法和手段。

(五) 商务策划的目标

商务策划具有一定的针对性和目的性。商务策划的目标是指商务策划的对象想要达到的预期目标。其中，商务策划的对象是指商务策划需要解决的具体问题。

上述5个要素是商务策划的基本要素，它们相互关联、相互影响。在成功的商务策划中，5个要素缺一不可。

二、商务策划的基本特征

商务策划的方法手段多种多样，思维模式也各不相同，但是成功的商务策划都有一些显著的基本特征。

(一) 创新性

商务策划是一种创新思维活动，在商务策划过程中必须有新的创意或新的做法。在这里，创新可以是思维和观念上的革新，也可以是做事形式或内容方面的改变。例如，方便面的包装从袋装到桶装，购物中心从实体商店变成网上商城，房产中介从实体看房到网络3D看房，以及共享经济下共享单车、共享汽车的出现，这些都是创新的思维和做法。换句话说，创新是指相对于当前的行为和思想，达到一定程度的创新。有时候，某些方案已经不够新颖，但只要针对商务策划的实施对象和实施地区具有一定的创新性即可。例如，一些咨询机构将国外的成功案例用于国内的一些地区，或者是将发达地区的成功经验应用于较落后的地区，等等。最终给市场以新鲜感，同时降低商务策划的成本和风险。

(二) 联想性

成功的商务策划可以引起人们的合理联想和设想，将具有鲜活性、特殊性、直接性的材料直观呈现给人们，让人们从时间和空间上引起事物之间的联想。例如，可以是由外形、性质、意义引起相似事物之间的联想，也可以是由事物之间的差异和不同引起的联想，还可以是由两个事物之间的因果关系引起的联想。上述合理联想具有一定的连续性、形象性和概括性，在商务策划的创造活动中具有重要的作用。例如，将"伊可新"维生素AD滴剂比喻为妈妈的"一颗心"；将"太太口服液"比喻为丈夫对妻子健康的关爱；铁达时手表的"不在乎天长地久，只在乎曾经拥有"；"白加黑"感冒药的"白天吃白片，工作不瞌睡，晚上吃黑片，保证睡得香"。为消费者解决感冒困扰与日常生活的矛盾提供了良好的方案，引起了共鸣和联想，等等。这些都能引发人们合情合理的想象，达到了强烈的传播效果，使产品取得了巨大的成功。

(三) 前瞻性

商务策划在确保创新性的同时，也应具有一定的前瞻性。前瞻性是指思想上具有敏锐的洞察力和预见性，这需要商务策划人目光长远，相较于竞争对手，提前把握市场方向，为产品创造市场定位。例如，脍炙人口的"脑白金"广告中，有趣的卡通老人形象配以精炼的对白——"今年过节不收礼，收礼只收脑白金"。广告策划人看到了中国人逢年过节崇尚礼尚往来，简单直白地传达了广告信息，为"脑白金"创造了"送礼佳品"的市场定位。每逢佳节，人们去选购礼品的时候，脑中就会浮现"脑白金"，于是"脑白金"创造了销售奇迹。

(四) 可行性

商务策划不仅需要创新性、联想性和前瞻性，还必须具有可行性。可行性是指商务策划方案的成本合理、技术条件允许、切实可行，具有很强的可操作性。其中，商务策划方案的可行性主要体现在以下几个方面。

(1) 是否具有竞争优势。商务策划方案应具有一定的独特性，能够为企业创造可持续的竞争优势。

(2) 是否符合政策环境。商务策划方案应符合所在地区的法律法规。

(3) 是否符合企业自身需要和实际条件。商务策划方案应符合企业当前的实际情况，从技术和经济的角度衡量是节能且高效的。

(4) 是否有明确的策划程序和步骤。商务策划方案不应天马行空、纸上谈兵，应有具体可操作的工作流程和步骤。

三、商务策划的基本原则

商务策划的基本原则是指在商务策划过程中所必须遵循的客观规律和基本准则，它是商务策划实践经验的概括和总结。商务策划的内容和形式多种多样，采用的方式方法也千变万化，但万变不离其宗，它们都需要遵循以下基本原则。

(一) 利益主导原则

商务策划活动有其特定的利益目标，非利不谋、非利不策，商务策划的本质是在谋求某种利益。利益的追求是社会发展的原动力，人类为了不断追求利益而产生竞争，由此为商务策划的不断发展提供了先决条件。商务策划的主导是利益，否则将是没有价值的策划。

(二) 创意创新原则

商务策划活动的关键是创新思维，切实可行的创意才是策划。著名策划专家王志纲把这一原则称为策划的"三性"，即唯一性、排他性、权威性。他指出："任何一个商务策划项目要突出其独特性，然后强化其与众不同的地方，这就是排他性，并赋予它一个权威的说法，这样才能在市场中处于引导地位。"

(三) 整体规划原则

整体规划原则要求商务策划者将商务策划视为一个系统的整体。商务策划人需要处理好整体利益和局部利益的关系，眼前的最优策划方案不一定就是整体最优方案。商务策划人应进行全面、系统的分析，具有全局观念，注重商务策划的长远性和有效性，把握重点，适当放弃局部利益，避免因小失大。例如，世界最大的日用消费品供应商宝洁公司于2014年突然宣布"瘦身计划"，将旗下品牌缩减一半以上。长久以来，宝洁公司的"多元化"发展一直为业界津津乐道，然而企业过度多元化，将导致企业优势被过度分散，品牌增长遭遇竞争。宝洁"丢卒保车"的做法破解了过度多元化的困局。

(四) 客观可行原则

商务策划是企业科学决策的前提，商务策划人依据对企业未来发展态势的预测，帮助决策者做出能有效指导企业长远发展的决策。商务策划应考虑企业内部和外部的环境因素，策划方案应切合实际，便于操作，不能脱离企业客观条件和现实情况。一方面，商务策划应从实际出发；另一方面，商务策划方案要符合所在地区的政策法规，并且符合当地民众的道德观、价值观，能够被消费者和市场所接受。

(五) 灵活性原则

商务策划的方法手段多种多样，没有固定不变的模式，商务策划方案应依据策划时间、所在地区和策划对象进行修正和调整。在商务策划实践中，策划人可以参考和借鉴前人的策划经验，但是不可墨守成规。商务策划具有很强的实践性，同时也是一个不断创新的过程，商务策划人不应拘泥于既定的策划方案和策划目标，而应根据不断变化的企业内部、外部环境因素而适时调整。商务策划人应根据企业的外部环境和内部环境的变化程度来考虑是否对策划方案进行调整，以及修正的幅度，还应考虑可能产生的实际收益。

第四节　商务策划的功能与作用

当前，市场竞争日益激烈，商务策划为企业带来新的商机和市场机遇，成功的商务策划能够引领企业走向成功之路。企业决策者和管理者应明确商务策划的功能与作用，使企业在市场竞争中获得可持续的竞争优势。

一、商务策划的功能

(一) 竞争功能

成功的商务策划能够使企业在市场竞争中获得优势地位。例如，韩国生活日用品公司乐扣乐扣(Lock&Lock)于2004年进入中国市场，公司决策者大胆采用的策划方案是，将第一家直营店开在租金昂贵的上海市中心的淮海路，比邻著名品牌香奈儿。消费者普遍认为能够与香奈儿做邻居的产品，一定也是高端产品，于是消费者蜂拥而至，可谓门庭若市，消费者轻而易举接受了其高端定价。乐扣乐扣用直营店的高额成本，直接提高了自身产品在消费者心中的位置。一般来说，跨国企业进入中国市场由亏转盈的平均年限是9年，而乐扣乐扣仅用了3年就成为中国保鲜盒第一品牌，将早一步进入中国市场的美国特百惠公司远远甩在后面。

(二) 预测功能

成功的商务策划能够帮助企业管理者或决策者对企业的未来发展做出准确的判断，增强企业对未来市场的抗风险能力，为企业的战略决策奠定基础。例如，20世纪50年代，日本丰田汽车公司蓬勃发展之际，一方面加大对汽车业务的投入，另一方面却投入大量资金兴办汽车学校。十几年后，人们才恍然大悟，在丰田汽车学校使用丰田汽车学习驾驶的学员，在毕业后往往倾向于选购丰田汽车。当初兴建驾驶学校的策划方案是立足未来的汽车市场考虑，旨在培养潜在消费者的使用习惯，不仅预测了未来的市场前景，更为丰田汽车未来的销售奠定了基础，是丰田汽车占领市场的重要保障。

(三) 决策功能

成功的商务策划能够帮助企业管理者或决策者探索、设计多种备选方案，并从中选择最优方案。例如，上海"好记星"数码公司从2003年成立至今，公司产品从电子词典到学习机的不断发展可以说明，优秀的策划方案可以从品牌命名入手，"好记星"抓住了产品的卖点和销售概念，同时抓住了消费者的需求，具体体现为：第一，"好记星"与"好记性"谐音，便于广泛传播；第二，"好记星"朗朗上口，"星"字可让人联想到"文曲星"或"明星"，顺应了父母的期望，这个品牌名称能以最短的关联路径满足父母和孩子对"记忆单词"的迫切需求；第三，"一台好记星，天下父母情"的经典广告语，将好记星归类为亲子关系的象征，最终，拥有"学英语必备"和"父母必买"双重属性的"好记星"，完全变成承载英语学习和父母期望的必需品；第四，"好记星"采用新华书店和家电连锁作为营销渠道，加上整版的平面广告，迅速占领市场。

(四) 创新功能

成功的商务策划能够利用科学的策划程序，帮助企业管理者和决策者探索解决问题的有效途径，寻求新的方式解决企业的问题。例如，蒙牛"酸酸乳"营销、汇源果汁市场拓展等。

二、商务策划的作用

在激烈的市场竞争中，商务策划的作用体现在以下几个方面。

(一) 提高岗位职能

岗位职责是对工作的形象化描述，是指一个岗位所需要完成的工作内容以及应当承担的责任范围。商务策划使得企业员工更加明确各自的职责分工，使岗位设置更加合理，岗位职责更加规范，从而增强员工的责任意识，提高员工对岗位的认知，提升员工的执行力。

(二) 提高决策质量

决策是人类复杂的思维过程，是指人们为各种事件出主意、做决定的过程，包括信息搜索、判断与分析、得出结论。商务策划可使决策者获得更加明确而具体的目标，帮助决策者了解和掌握更多的信息，据此对各种方案进行综合分析和评估，从而得到可行的方案。

(三) 创新企业发展模式

在复杂多变的动态环境中，企业要生存和发展必须与环境协同进化。企业应根据自身发展的特点，推出与众不同的、符合顾客需要的产品或服务。企业也可以采用联盟的方式，与其他企业结成横向或者纵向的联盟，使环境的不确定性大大降低。商务策划在很高程度上可以帮助企业突出自身的特色服务，从而通过和竞争者、供应商、分销商、地方政府等不同程度的合作，增强企业的稳定性和抗风险能力，从而提高企业在市场中的竞争能力。此外，好的商务策划可以有效挖掘新的市场契机，帮助企业找到新的市场。

(四) 加强企业资源优化及合理配置

商务策划要求将合适的员工放到合适的岗位上，使员工明确自己的工作和职责。企业内部依据商务策划而合理划分项目，企业外部资源因商务策划的联盟而达到一定程度的共享，这就在无形中实现了企业资源的优化及合理配置。

第五节 商务策划的常见误区

一、商务策划就是市场营销

市场营销最早出现于美国。1985年，美国市场营销协会将其定义为：为达到个人和机构的目标交换，而规划和实施的理念、产品和服务构思、定价、促销和配销的过程。市场营销不等同于商务策划，市场营销关注企业一般性的营销业务，而商务策划强调创造性地解决企业各种问题；营销策划是重要的商务策划类型，而市场营销活动是企业主要的商务活动；市场营销重点是商品的交换，而商务策划是为了解决商务活动中产生的问题。

二、商务策划就是商业咨询

在一些西方国家，早期的商业咨询包含商务策划，而中国的商务策划是从广告策划、公关策划、营销策划、CIS策划、品牌策划一路发展起来的。后来，随着商务策划中大量创造性思维成果的出现和应用，商务策划逐步从咨询行业中分离出来，成为一般咨询行业的一个分支。商务策划主要是开发创意、积累原始的案例库，商业咨询则是传统的业务咨询、经验传播和知识推广，即用已经建立的企业案例库中的方案去解决新用户委托的同类问题。

三、商务策划就是构思或计划

从企业经营管理角度来说，商务策划是企业达到目标的一套程序，包括从构思、分析、归纳、判断，到拟定策略、实施方案、事后追踪与评估的过程。一般而言，"构思"侧重创意灵感，具有一定的灵活性；"计划"重视程序与可操作性；"策划"则包括前两者。

四、商务策划就是商业炒作

商业炒作是指商家或媒体从自身利益出发对某一新闻事件进行大规模炒作，加大渲染力度，以达到广告宣传或正常新闻宣传难以达到的商业效果的一种行为。一般来说，这种炒作事先都经过精心设计，商家主导新闻事件走向，或者媒体与商家联手，形成某种默契，按照既定思路有计划炒作。炒作比一般的宣传能够起到更好的广告效应：一是大规模地投放广告，对消费者进行轮番广告轰炸；二是巧妙地"制造"有卖点的新闻，吸引媒体进行广泛报道，形成"新闻炒作"。炒作并不利于传递正面的信息力量，有时会损害相应的社会效益，造成不良舆论影响，影响社会风气。人为制造卖点，满足消费者的猎奇心理，夸大事实，扩大某人、某事的影响效果，有时基于故意误导大众，暂时获得大众的关注，长远来看，损害长期利益。商务策划则是指相关策划人员通过设定一定目标，针对信息进行构思、计划，去伪存真，体现策划工作的创造性、挑战性以及策划师的业务能力，能够增加企业的商业利润和经济利益，具有一定的正面作用。商业策划是有力的竞争手段，能够促进资源的有效运行和配置，获得良好的社会效益。

思考与练习

一、填空题

1. (　　)是指一切以利益为目的，以交换为手段，以货币为表现的个人或组织活动，即与市场交易行为直接或间接相关的活动。

2. (　　)是为解决某一个问题或达成某些目标，激发人类创新潜能的思维活动，通过整合内部、外部的资源，并运用科学的方法来选定可行的方案的一整套程序和步骤。

3. 商务策划的过程应既有科学性又有艺术性，还要考虑(　　)。

4. 商务策划的基本要素为：商务策划的(　　)、商务策划的客体、商务策划的资源、商务策划的思维方法、商务策划的目标。

5. 商务策划的(　　)就是帮助策划主体对长远问题或本质问题进行准确的判断，提高策划主体对未来形势的把握和适应能力。

二、判断题

1. 对商务策划活动进行有效管理是提升企业竞争能力的重要保障。(　　)

2. 商务策划的创新性是指商务策划方案一定是新颖的，是从未实施的想法和创意。(　　)

3. 商务策划可以理解为商业炒作。(　　)

4. 现如今的市场竞争中，商务策划已经是企业发展的必需品，没有商务策划就没有新商机，没有商务策划就没有新的市场机遇。(　　)

5. 马化腾在创业过程中，通过他的QQ产品挖掘了新的市场契机，体现了商务策划创新企业发展模式的作用。(　　)

三、单项选择题

1. 下列选项，不属于商务策划的客体的是(　　)。

　　A. 国家政策法规

　　B. 消费者的习惯和喜好

　　C. 竞争者的营销手段

　　D. 商务策划的决策者

2. 下列选项中，属于正确的策划行为的是(　　)。

　　A. 商务策划人应根据外部信息变化的可靠程度决定是否对策划进行调整和修正

　　B. 商务策划人应严格执行既定的策划方案和短期策划目标

　　C. 商务策划无须考虑企业的经济利益目标和对盈利的追求

　　D. 商务策划有时可以放弃整体利益，应遵循局部利益为先的原则

3. 下列选项中，体现了商务策划方案可行性的是(　　)。

　　A. 是否体现商务策划人的敏锐洞察力

　　B. 是否切合企业自身需要和实际条件

　　C. 是否能够超越市场所有的竞争对手

　　D. 是否能够准确迎合消费者的喜好

4. 下列选项中，属于对商务策划准确客观描述的是(　　)。

　　A. 商务策划就是西方国家中的商业咨询

　　B. 商务策划就是策划人对企业未来的构思

　　C. 商务策划能够创造性地解决企业的问题，达到某个目标

　　D. 商务策划就是商业炒作和造势

5. 下列关于商务策划起源和发展的说法中，正确的是(　　)。

　　A. 早在中国的原始社会，就有了商务策划

　　B. 商务策划在中国的发展取得了一些成绩，但是尚未成为一门学科

　　C. 孙膑智斗庞涓、勾践灭吴、张仪的远交近攻、吕不韦的奇货可居等都是商务策划

　　D. 策划起源于中国

四、思考题

1. 试分析商务策划在我国的三个发展阶段及不同的特点。

2. 举例说明商务策划的功能与作用。

3. 简述商务策划的基本要素、基本特征和基本原则。

4. 商务策划与创新有何联系和区别？

5. 举例说明商务策划的误区。

五、案例分析题

1. 一家卖高档男士商务装的服装店，免费为会员客户干洗在本店购买的衣服，普通会员1次，银卡2次，金卡3次。然后，会员们每次拿着衣服来干洗，在等待取衣期间，都要在这家店里逛逛，看看新款服装，这也就间接提高了老顾客的回头率。

2. 一个顾客在菜摊前看见两堆菜，问："这边多少钱一斤？"答："1块钱。"

再问："那边呢？"答："1块5。"

问："为什么那边的卖1块5？"答："那边的菜更新鲜一些。"

于是，顾客买了1块5的。

后来，摊主把单价1块钱的菜又分成两堆，很快，1块5的又卖完了！

当你只有一种价格时，客户的选择只有买与不买；当你有两种价格时，客户的选择变

成了"买好的"还是"买差的"。大多数客户在日常用品上会选择买质量更好的，无形之中，商家就增加了利润。

请用本章所学的商务策划的基本知识来分析上述案例。

六、实训练习题

快速"自我营销策划"，介绍"我是谁"(包括姓名、来自哪里、个人兴趣特长、对专业的理解、认识和期望，或介绍家乡特产及风景名胜等) 要求认真撰写演讲稿，时间控制在2分钟内。演讲结束后，教师和学生进行集体评价。可采用下列标准：举止及着装、礼仪，20分；语音、语调、表情，20分；演讲内容，50分；时间控制，10分。

第二章
商务策划的思维创新

【策划格言】

对于创新来说，方法就是新的世界，最重要的不是知识，而是思路。

——郎加明

想象力比知识更重要，因为知识是有限的，而想象力概括着世界上的一切，推动着进步，并且是知识进步的源泉。

——爱因斯坦

【主要内容】

商务策划思维创新概述；

商务策划的思维体系构建；

商务策划思维创新的基本过程与常用方法。

【学习目标】

知识目标：

思维的含义、特征及过程；

创新的含义、特征及作用；

商务策划思维的含义。

技能目标：

领会商务策划思维构建体系的原则及方法；

理解商务策划思维的基本过程；

掌握商务策划思维的常用方法。

【开篇案例】

后来者居上的"舒肤佳"系列产品

1992年3月，宝洁公司的"舒肤佳"系列产品首次进入中国市场。当时的中国日用消费品市场早已经被1986年就进入中国市场的联合利华公司的"力士"系列产品占领。为了成功在中国日用品消费市场获得一席之地，"舒肤佳"系列产品的商务策划团队找到了一个新颖而准确的"除菌"概念，他们试图告诉中国的消费者："看得见的污渍容易洗掉，但看不见的细菌不容易洗掉。"就这样，"舒肤佳"系列产品为中国消费者找到了日用消费品的新功能——"除菌"。"有效除菌护全家"的广告语深入人心，在"舒肤佳"的广告中，策划团队通过展示几个日常生活的场景来告诉人们，生活中接触到的细菌在放大镜下令人瞠目结舌，"舒肤佳"可以通过其除菌和抗菌成分让人们把手"真正"洗干净。最后声明，该产品还通过了中华医学会的验证，增强了品牌信任度。几年后，"舒肤佳"系列产品的市场占有率达41.95%，比位居第二的"力士"系列产品高出14个百分点。

资料来源：颜世璎. 舒肤佳缘何后来居上[J]. 中国外资，2004(11)：61. 有改动.

评析： "舒肤佳"系列产品的成功归功于该商务策划团队别具一格的商务策划思维。商务策划是一门复合型新兴学科，其本质就是思维的科学，其奥妙就在于综合运用不同的思维模式和思维方法，将单一的思维转变为发散性思维，将孤立、静止的思维转变为辩证的、动态的思维。本章我们将学习和探讨商务策划思维体系的构建及常用的商务策划思维方法。

第一节　商务策划思维创新概述

一、思维

思维是人类特有的一种精神活动，是人类在与大自然斗争的过程中，为了求得自身的生存与发展，经历亿万年进化而获得的一种特殊机能。它是人脑的机能，但又不仅是由大脑的生理基础决定的。《现代汉语词典》对"思维"的定义是：在表象、概念的基础上进行分析、综合、判断、推理等认识活动的过程。

(一) 思维的概念

本书将思维视为大脑在观察和感觉到客观事物、现象等的基础上，进行分析、综合、比较、抽象、概括、判断、推论等智力操作，从而认识事物的本质、属性和内在规律的过程。其中，分析是指把事物或现象分成较简单的组成部分，分别加以考察，找出这些部分的本质属性和彼此之间的关系。综合是指把分析过的事物或现象的组成部分联合成统一的整体。比较是指按照某种标准，将两种或两种以上的有联系的事物或现象进行对照，确定它们之间的异同和关联关系，形成对事物或现象的认识。抽象是指从具体事物或现象中抽出、找出共同方面和本质特征，而将个别的、非本质的方面和特征舍弃。概括是指在比较和抽象的基础上，把抽象出来的事物或现象的共同方面和本质特征综合起来，进而推广到同类事物或现象上去。判断是指对事物或现象是否存在或具有某些特征，以及事物或现象之间是否具有某些关系的肯定或否定。推论是指从一系列事物或现象中，借由已知的某些特征和关联关系得出一个新的知识或命题。

(二) 思维的特征

我们强调思维是人类社会的产物，它的产生与发展都与社会实践紧密联系在一起，是人对客观世界间接的、概括的反映，因此，间接性、概括性和逻辑性是思维过程的三大基本特征。

1. 间接性

思维不同于感知，它不是对事物的直接反映，而是借助于已有的知识和经验，去认识事物的本质和特征，并预见和推断事物发展的过程。通常，思维以感知为基础，又超越感知的界限。例如，牛顿由苹果落地而联想到地球引力(牛顿定律)；阿基米德在洗澡时想到了浮力(阿基米德定律)；莱特兄弟看到鸟有双翼想到了飞机。这些都是见微知著、因小见大的例子，下面再讲一个举一反三的小故事。

18世纪60年代，英国北部卡都布莱克本地区有一个名叫詹姆斯·哈格里沃斯的纺织工，他和妻子以纺纱、织布为生。一天，哈格里沃斯回家时，不小心碰倒了妻子正在使用的纺纱机。他刚要扶起的时候意外发现，纺车被踢倒后，上面的纺锤仍然在骨碌碌地转动着，只是纺锤从原来的横置变成了竖置。哈格里沃斯由此想到：既然纺锤竖着也能转，可以将几个纺锤竖着排列在一起，用一个纺轮同时带动它们，多个纺锤就可以同时工作了。哈格里沃斯兴奋极了，立即制作一台新式纺纱机，即用一个纺轮带动8个竖直的纺锤，一下子使纺纱效率提高了8倍。后来，哈格里沃斯用女儿珍妮的名字为之命名，这就是"珍妮纺纱机"的由来。

2. 概括性

思维可以通过语言来表达，语言是具有概括性的，人类能够用语言概况反映每一个被感觉、知觉的事物的特征、作用、状态和关系。概括性既是人类掌握概念的前提，也是人类思维活动的速度、广度、深度等智力品质的基础。

思维的概括性主要表现在两个方面：一方面，从事物众多特性中概括出共同的本质特征，从而认识这类事物的共同性质。例如，苹果、梨、杏、桃、李子、西瓜等，其本质都是含水分和糖分较多的植物果实，称为"水果"；又如，桌子、柜子、沙发、茶几等，其本质都是人类生活、工作中必不可少的器具，称为"家具"。另一方面，从部分事物之间的外部联系出发，概括出内部的规律性联系，并将其推广到同类事物中。例如，三五成群的燕子越飞越低，或者贴着地面急速地滑行，或者拍打着翅膀，原地徘徊不动，当出现这种现象时，就预示着天快要下雨；又如，"鸭不下水岸上闹，鸡飞上树高声叫，冰天雪地蛇出洞，鱼跃水面惶惶跳"，当动物出现异常行为时，可能预示着要地震。

3. 逻辑性

思维的逻辑性反映出思维是一种抽象的理性认识，是思维自身规律的表现，是具有正常思维能力的人类思考问题的准则和规范。只有遵循思维的逻辑性，人类才能驾驭自己的思维。

(三) 思维的过程

思维是人脑借助于语言，对客观事物的分析与综合、比较与分类、抽象与概括的反应过程。思维以人类的感知为基础，又超越人类的感知，涉及人类的认知过程和智力活动，并探索与发现事物的内部本质联系和规律性。简单来说，思维是人类逻辑推导的过程。人类典型的思维过程由准备、立题、搜索、捕获和解释这几个基本阶段构成。

1. 准备

准备阶段是指信息的积累阶段，是人类学习和搜索信息的阶段。其中，学习是信息的积累，没有明确的针对性；而搜索具有明确的目标，为解决某个具体问题而寻找相关信息，具有针对性。

2. 立题

立题是人类思想和认知的升华，是人类思维过程的新阶段，即思维主体针对已经接受的基本信息的一个初步的认知、归纳和理解的过程。

3. 搜索

搜索是思维主体为解决具体的实际问题，而在原有的思维阶段进行的思维创新，即搜索是在既定的目标下所进行的有针对性的、全面的再次思维。搜索包括问题分解和方案设计两个阶段。

4. 捕获

捕获即搜索的结果，获取问题的解决方案。通常，捕获有思想捕获和实事捕获两种形式。思想捕获是思维的再次升华或创新，实事捕获是指通过资料查询和实验观察等获取了相关信息。

5. 解释

解释是思维主体在前面几个阶段的基础上，再一次的综合整理过程，并由此得出最后的结论。

二、创新

(一) 创新的概念

创新是人类对未知事物的探索能力，是在已有思维模式的基础上，利用现有的知识和经验，突破既定模式或成功模式而产生的行为惯性和思维定式，提出超出常规或有别于常人的思路或见解，从而改进或创造新的事物、方法、元素、路径、环境，并获得有益效果的过程。对于企业来说，创新是一项变革，可以是一个产品的改良，一个流程的优化，也可以是服务范围、服务模式的调整。

随着信息技术与经济社会的日益融合，创新所释放的生产力及创造的市场价值极大地推动了产业的变革，企业乃至国家之间的竞争说到底是创新的竞争，创新已成为引领发展的"第一动力"，成为每个组织、个人必须具备的能力。如今，"创新"一词已成为我国乃至全球的一个热门词汇，总是和"新奇""新事物"等联系在一起。

在现实中，人们经常将"创新"与"创意""创造"等混淆。为了便于理解，下面简要说明一下这些词之间的联系和区别。

1. 创新与创意

创意是指新颖或者有创造性的想法，通俗地说，就是与众不同的好点子，创意更多的还仅是想法，停留在概念层面；而将提出的创意变成现实，并实现商业化，这个过程就是创新。简单地说，创新是提出创意并商业化。

2. 创新与创造

创造是把以前没有的事物给产生出来或者造出来，即首创、原创，强调的是从无到有的过程；而创新强调的是破旧立新，实施变革的过程，将"有"向"好"改进，把"有"

向"用"延伸，具有明确的目的性。我们可以这样认为，创造是创新的基础，创新是在创造的基础上的发展，创造是质变，创新是量变。

(二) 创新的起源与发展

"创新"一词，英文作Innovation，起源于拉丁语：主要有三层含义：一是更新，是指在原有事物的基础上除旧布新；二是创造新的东西，是指创造出原来没有的事物；三是改变，是指对原有事物进行改造。1912年，西方著名经济学家约瑟夫·熊彼特在《经济发展理论》一书中，第一次将"创新"作为一种经济学概念提出。熊彼特认为，"创新"是指建立一种新的生产函数，把关于生产要素和生产条件的"新组合"引入生产体系，使其技术体系发生变革，主要包括5种情形：一是采用新产品；二是采用一种新技术；三是开辟一个新市场；四是开拓或控制原材料或半成品的新的供应来源；五是采用新的生产组织形式或管理方式。熊彼特的创新理论直到20世纪40年代前后才引起学者和企业家的关注，一些学者于20世纪50年代末期开始对"创新"的理论和方法进行研究，从20世纪80年代起到21世纪的今天，"创新"越来越受到学术界和企业界的广泛关注。党的"十九大"以来，习近平同志把创新摆在国家发展全局的核心位置，高度重视科技创新，围绕实施创新驱动发展战略、加快推进以科技创新为核心的全面创新，提出一系列新思想、新论断、新要求。

三、创新思维

创新思维是人类特有的高级精神活动和思维过程，是与时俱进、知难而进、突破上进的科学思维。创新思维能力是创新能力的核心。思维主体要达到创新的目的，即取得创新成果，就要开展创新活动，开展创新活动就要有创新方法，有创新方法就离不开创新思维，也就是我们常说的"思路决定出路"。

(一) 创新思维的概念

关于创新思维的概念，何名申从狭义和广义的角度给出了不同的概念。狭义的创新思维是指建立新理论、发明新技术或塑造新艺术形象的思维活动。它强调的是思维成果的独创性，同时能够得到社会的承认和具有社会效益。广义的创新思维是指思考自己所不熟悉领域的问题，而且没有既定的思路可以模仿的思维活动。它强调的是思考的问题对思维主体来说是陌生的，思考活动的进行没有固定的思维程序和模式可以借鉴。刘培育认为，创新思维是人类思维的一种高级形态，是指人类在一定的知识、经验和智力的基础上，为解决某种问题，运用逻辑思维突破旧的思维模式，以新的思考方式，产生新设想并获得成功实施的思维系统。傅世侠也给出了相似的定义，他认为创新思维是一种特殊形式的思维活动，具有原创性和新颖性等，它强调的是以有别于常规的方式来分析和概括事物的基本规律。杨雁斌也指出，创新思维是指对事物间的联系进行前所未有的思考，从而创造出新事物的思想方法。

综上所述，不难看出，创新思维是指以新颖独创的方法解决问题的思维过程，以超越常规的方法和视角去思考问题，提出与众不同的解决方案，从而产生新颖的、独到的、有社会意义的思维成果。创新思维是开拓人类认知新领域、开创人类认知新成果的思维活动，它是人类思维的高级形式，是为了达到某种目的，对现有的知识和经验进行新的分解与组合，突破旧的思维模式，获得新发现、产生新设想、提出新方案的过程。这里需要指出的是，创新思维不仅表现为挖掘新发现、新设想、新方案，而且表现为在思考的方法和技巧上，在某些局部的结论和见解上具有新奇独到之处。

创新思维能力的培养需要经过知识积累、智能训练、素质磨砺等过程，是一个长期的过程，而一个创新思维目的的达成，也需要经过不间断的钻研和探索，克服遇到的各种问题和困难。因此，创新思维是一项艰苦的脑力劳动，是需要人们付出辛劳，运用高超能力的一种思维活动。

(二) 创新思维的基本特征

1. 独特性

有学者把创新思维称为求异思维，创新思维是对司空见惯的现象和传统的模式、理论、方法等持有怀疑态度，即用批判的眼光去观察已有的事物。这样，通过创新思维构想出来的，可能是针对新环境、新情况、新问题的前所未有的模式、理论、方法等，也可能是对已有模式、理论、方法等方面的新探索。无论属于哪种，都是独立于前人的，没有既定的规律和模式、程序可以遵循，表现出不同于一般常规之处。这里需要指出的是，不能为了盲目追求创新思维的独特性，而无中生有、凭空捏造，而是需要根据其所处环境、面临的情况和问题，发掘其新的本质，并以此作为客观依据开展思维创新，找到新办法。例如，在日本东京，有一对老夫妻开了一家手帕专卖店。由于市场上同类产品太多，而大多手帕上的图案都是风景、花鸟鱼虫等，这对老夫妻便定制了一批印有东京交通图和相关景点导游图的手帕，手帕的销量果然居高不下。这对老夫妻跳出了传统的思维框架，考虑到了手帕的实用价值和纪念价值，让游客感到了新颖和独特，手帕毫无疑问地大卖。又如，北京某旅游纪念品商店设计了一款特别的T恤衫，在正面不仅印制了鸟巢、天安门、天坛、故宫、颐和园、长城等12个北京著名景点的缩略图，还将"I want to go，我想去"放在了所有缩略图的上方，避免了外国旅游者问路时陷入"有口难开"的窘境，这款T恤衫一经推出，深受旅游者欢迎。

2. 灵活性

传统思维往往容易受到经验和习惯的束缚，面对一个新事物，人们总是沿着习惯的路径去寻找解决办法，跳不出原有的"轨道"。创新思维的灵活性就表现在打破了原有的"条条框框"，无现成的方式、方法、程序、途径可寻。开展创新思维活动的思维主体在考虑问题时，可以迅速地从一个思路转向另一个思路，从一种模式切换为另一种模式，表现出一种多方向、多角度、多层面的发散性，这样就能够在一定的原则界限内，根据客观情况的变化进行自由选择和发挥，多方位地试探解决问题的办法。

例如，2020年初，新冠肺炎疫情导致酒店行业陷入"黑暗时刻"。复工复产以后，酒店入住率大幅下滑，各品牌不得不展开"花式自救"。其中，部分一二线城市的高星酒店相继在各大平台上线低价且使用期限长的酒店入住权预售，以提升短期收益；一些酒店除了降价促销，还开启了外卖送餐业务。

2020年3月以来，香格里拉、洲际、希尔顿、凯宾斯基等国际一线酒店集团先后上线饿了么，旨在提高餐饮板块的收入；有些酒店甚至在门口摆起大排档，并推出星级酒店的限时8元特价菜。喜来登更是别出心裁地发布了震撼人心的增值服务："您在酒店好好休息，我们来帮您做PPT。"此次，喜来登联手国外一家设计公司为住店的客人提供PPT制作服务，并且此项服务承诺24小时内完成。艾瑞咨询在一份关于酒店旅游行业的疫情观察报告中提到，商务差旅需求将是酒店行业解冻与复苏的契机。可见，面对疫情，喜来登将更专注于打造高端商旅、团体会议等商旅方面的星级服务。

与此同时，受这场疫情影响最为严重的餐饮业也在低谷中挣扎。百胜餐饮旗下的必胜客在疫情期间增加外带和外送业务，并推出"整切生牛排"，吸引了大量不敢在外就餐的忠实顾客。复工后，孩子们尚未复学，妈妈们可以从必胜客外带生牛排，回家自行煎烤，省时省力，方便卫生，因此大受欢迎，无形中带动了店内其他餐品的销售量。无独有偶，快餐品牌吉野家也推出了"家庭厨房"，将招牌好菜以冷冻速食包装售卖，如冷冻熟牛肉、烤鳗鱼等，大大吸引了对快餐速食始终热衷却因为疫情望而却步的上班族们。

3. 敏锐性

创新思维是在认真观察的基础上进行科学思维的结果。创新思维过程，就是不断地将事物与已有的知识、经验以及相关设想联系起来，对不同事物进行反复比较、思考，找到它们之间的相似性、特殊性、重复性，发现其中的必然联系、共性规律和可能存在的问题，敏锐地找到创新点，取得新发现、做出新发明的过程，这一过程体现了思维的敏锐性。例如，相传有一年，鲁班在做工的时候不小心被一种锯齿式的野草划破了手指，他通过仔细观察，发现了叶子两边锋利的细齿，正当他琢磨其中道理的时候，忽然看见草丛中的大蝗虫在飞快地吞嚼着草叶。他将蝗虫捉住观察，发现蝗虫的牙齿上也长着密密麻麻的小锯齿。于是，鲁班后来便发明了木锯。

4. 潜在性

虽然创新思维活动基于客观事物和现实需要，但最终指向的是尚未被了解的对象，该对象尚未进入或刚刚进入人们的实践范围，人们还处在对这个对象进行探索、猜测的过程，还未形成完整、深刻的认识，在人们的脑海中这个对象是模糊的，人们只能猜测它的存在状况，因此具有潜在性。例如，英国某公司的小职员吉姆为了缓解疲劳而发明出可以一年四季使用的旱冰鞋。在旱冰鞋的设计和发明阶段，即使是他本人也无法想象出成品的样子，只能停留在"能够滑行的鞋子"的概念中，经过不断设计和试验才制作出具有独特结构、性质和功能的旱冰鞋。

5. 不确定性

创新思维活动是对未知领域的探索，在这个过程中要受到很多不确定性因素的影响和限制，这就意味着创新思维并不能每次都取得预期的效果，存在未知和不确定性，有时甚至走向相反的一面，造成失败。例如，家喻户晓的典故"万户飞天"，传说第一个想到利用火箭飞天的人是中国明朝的万户，他创新性地将47支自制的"火箭"绑在椅子上，万户自己坐在椅子上，双手举着风筝，他想利用火箭的推力飞上天空，然后利用风筝平稳着陆。但是，自制"火箭"却爆炸了，万户也不幸为此献出了生命。万户是世界上第一个想利用火箭飞行的人，然而他的创新思维未能取得预期的成果，虽然他为人类向未知世界的探索做出了重要的贡献，但是他在充满不确定性的思维创新过程中失败了。

(三) 创新思维的作用

人类的一切文明成果，都是创新思维的胜利果实，都是创新智慧的结晶。大到一个国家，小到一个团队甚至一个人，大创新大成就，小创新小成就，不创新没成就。创新思维的作用主要体现在以下几个方面。

1. 提升认知水平

创新思维的潜在性就意味着创新是对人类知识空白领域的探索，每一个创新思维成果都是人们知识量的一次增长、认知范围的一次扩大、认知水平的一次升华。通过创新思维，不断把"未知"变成"已知"，把"略知"变成"深知"，使人类知识总量不断增加，认知水平不断提高。

2. 提高认识能力

创新的本质是突破和创造，即突破旧的思维定式、旧的常规戒律、旧的条条框框，具体表现为后人对前人的超越、把前人认为不可能的事情变成可能。每一次创新思维都是对思维能力的一次锻炼，不断尝试探索前人未曾采用的思维方法，找到有效的思考方式去观察问题、分析问题和解决问题。在这个过程中，人们对未知事物的认知能力将得到提高。

3. 为实践开辟新局面

创新思维是因时制宜、知难而进、开拓创新的科学思维。大到一个国家在世界舞台上站稳脚跟，小到一个企业赢得市场竞争，创新都是引领发展的第一动力。在激烈的竞争中，唯创新者进，唯创新者强，唯创新者胜。抓住了创新，就抓住了牵动发展全局的"牛鼻子"。通过创新思维识变、应变、求变，就可能掌握战略主动，把握发展机遇，开辟发展新局面。

四、商务策划思维

商务策划是指策划主体为实现某一商业目标，在充分调查了解事物环境的基础上，利用现有资源，通过创意、设计、谋划等手段，对未来事物发展进行系统、全面、科学的预测，为商务策划委托方、管理者及决策分析者提供最佳方案的过程。

通过上述定义可知，商务策划思维主要包括三个层面：第一，商务策划思维是产生行动方案的过程。根据现实条件，遵循事物的发展规律，通过一定的方法或者规则，制定科学、可行的行动方案。第二，商务策划思维是选择并调整行动方案的过程。为实现某一特定目标，借助科学方法，从制定的各种方案中选择一个最科学、最适合的方案，帮助形成正确的决策，并根据环境变化，对方案进行适当调整，以保证方案能够实现目标结果，达到最佳效益。第三，商务策划思维是发现并利用资源的过程。商务策划的过程也是敏锐地发现对实现目标结果有益的资源，并对各类资源进行有效组合、合理利用的过程。

第二节　商务策划的思维体系构建

思维体系是人类大脑特有的系统，是人类将各种概念、思维模型联系到一起的一种结构，能够帮助人们产生认知，从而思考问题和解决问题。通常，思维体系大致可以划分为逻辑思维、发散思维和批判性思维。其中，逻辑思维是指人们将事物的各要素以某种方式和框架结构联结、组织在一起的思维方式。逻辑思维能够将不同范畴的概念有机地组织在一起，从而形成相对完整的思想，达到认识、理解和掌握的目的。发散思维是指人们打破原有的思维局限，向更广阔的领域拓展思考模式，尝试解决问题的多种方法，创造解决问题的多种切入点，从中选择最优方案的过程，它是一种突破原有思维限制的创造型思维。批判性思维是指人们通过质疑现状，运用合理的评价标准对现状进行反思，从而寻找解决问题的有效措施的新思考方式。现实中，人们灵活运用上述三种思维去解决生活中的问题，运用批判性思维反思现状和界定问题，运用逻辑思维分析问题，运用发散思维来寻找解决方案。

商务策划的思维体系是指商务策划人及其团队在遇到策划问题，考虑解决策划问题时所采用的思考方式和思维模式。商务策划的思维体系是包含多种思维形式的一种复合思维系统，商务策划的思维体系是否科学、合理，将直接影响商务策划人的创新思维能力。商务策划思维体系的构建，主要包括以下三个层面和六个要素：第一个层面是发散思维，主要用于明确商务策划的对象与目标；第二个层面包括辩证思维和横纵思维，主要用于宏观哲学指导和微观心理加工策略，即解决复杂问题的指导思想和策略；第三个层面包括形象思维、逻辑思维和直觉思维，三种思维形式相互支持、相互依存，是实现创造性思维的主要过程。由于三个层面的思维要素在不同的商务策划人的思维体系中所起的作用不同，因而造成了商务策划人思维体系的差异性，最终导致商务策划思维能力的不同。

一、发散思维

(一) 发散思维的定义

发散思维最早由美国心理学家伍德沃斯于1918年提出，随后，美国心理学家吉尔福特于1967年指出创造性思维的核心就是发散思维。发散思维又称"扩散思维""求异思维""多向思维""辐射思维""放射思维"，是指从一个目标出发，沿着不同路径去思考，试图找到多种解决办法的思维模式，是大脑在思考问题时呈现的一种扩散状态的思维模式。在商务策划中，发散思维辅助商务策划人界定策划目标，为商务策划确定了正确的方向。

下面讲述一个发散思维的例子。有一项调查，请人们在五分钟之内说出红砖的用途，人们的回答往往是盖楼房、建礼堂、建教室、修烟囱、铺路面、盖仓库、砌猪圈、搭狗窝……人们的思路始终离不开红砖作为"建筑材料"的用途。其实，这只是红砖多种用途中的一种。红砖不仅用于建筑业，如果从其硬度、重量、颜色、形状等不同的特性入手而展开思考，其用途可以扩大到支书架、垫桌脚、锻炼身体、当枕头、作画、雕塑、做吸附剂、做红色标志等。随后，调查人员再请做过该测试的人们以类比的方法考虑白砖、灰砖、青砖的用途，他们思考问题的角度就会不一样了。倘若现在请大家思考，什么物体从上面、侧面看的切面都是圆的？球体是大家一致公认的答案，除此以外还有吗？这是一个形象思维发散的问题，也同样需要我们多方向、多途径、多层次、多视角地运用思维能力。

(二) 发散思维的特征

发散思维视野广阔，呈现出多种思考的角度，具有以下主要特征。

1. 流畅性

流畅性又称非单一性，是思维对相关事物做出反应能力的表述，意味着思维活动畅通无阻、灵敏迅速，能在短时间表达较多的概念。流畅性一方面反映了发散思维的数量特征，比如在一定时间内尽可能多地产生各种思维观念；另一方面反映了发散思维的速度特征，比如以较快的速度接受新思想、新概念。流畅性是观念的自由发挥，但流畅性的培养需要知识的逐步积累和信息的广泛收集。

例如，请大家说出一只猫与一个冰箱相似的地方，限时5分钟。我们可以从多个角度来思考猫与冰箱的相同因素，如外形、"腹内"有食物、非人类、无翅膀、都在地球上等。这些"相似"之处听起来匪夷所思，但是能体现出一个人思维的灵活性。再如，在一次大型活动中，主持人走上舞台时，不小心被线路绊倒了，观众席上传出一阵阵哄笑声。这时可以采取的应急方法有如下几种：第一，躺着不动，假装晕倒；第二，站起来，退到后台，请求换一位主持人；第三，站起来，向观众解释摔倒的原因并道歉；第四，站起来，就当什么事也没发生，按原定方案继续主持节目；第五，站起来，幽默自嘲，然后继续主持节目……最后，这位主持人采用的应急办法是：站起来，面对观众，大声说道"我刚才是为热心的观众而倾倒"，观众席上的哄笑声立即被掌声代替。

2. 变通性

变通性是指通过对相关概念、定义、内容的借用、替换、交叉、整合，借助丰富的想象力和联想能力，使发散思维沿着不同的方向进行，克服头脑中既有的思维框架，实现从新角度思索问题的过程。这一过程体现出知识运用方面的灵活性和观察思考的多层次、多方向性。如果说流畅性是发散思维的"数量"指标，那么变通性就是发散思维的"质量"指标，也是发散思维的关键。变通性表现出的是思维的延续，是一种内在毅力和对达成目标的期望。

郑人买履的故事就体现出发散思维的变通性。这个故事讲的是有一个想买鞋的郑国人，他为了买鞋事先量好自己的尺码，可是到了集市后，他却发现忘记带上自己事先量好的尺码。于是他返回去取尺码，等到他返回来的时候，集市已经散了，最终没买到鞋。有人问："你为什么不当场试穿一下鞋子呢？"他却说："我宁愿相信量好的尺码，也不相信自己的脚。"郑人买履这个典故告诉我们，遇事要学会灵活变通，切不可死守教条。

3. 独创性

独创性也称为新颖性、求异性，它既是发散思维的特征，也是发散思维的本质和最高目标。发散思维具有批判性、反思性，从某种程度上说，思维发散的过程，也是对"定论"和"权威"进行否定的过程。然而，这种否定不是盲目的，它不是思维发散的最终目的，而是为了推陈出新。因此，也有人将独创性看成人们在发散思维中产生与众不同的想法、提出别出心裁的解决问题思路、做出异于他人的新奇反应的能力。

例如，法国有一位思维独特的校长。有一天，一位淘气的学生将这位校长心爱的狗杀死了，校长对这位学生的惩罚却是画一张狗的生理解剖图，后来这名淘气的学生成为一位生物学家。校长的思维，不同于传统的思维，既惩罚了学生又教育了学生，为人称道。再如，美国艾士隆公司董事长布希耐研制"丑陋玩具"向市场推出的思维，也是突破了"玩具都是漂亮的"这一习惯思维的束缚而运用发散思维的表现。

综上所述，商务策划人在运用发散思维能力时，要遵守以下三项基本原则：一是勇于摆脱传统观念和思维定式，从新的视角提出新的观点；二是敢于挑战权威，向达成共识的理论和概念提出挑战，提出解决策划问题的新理论、新概念；三是善于"一题多解"，尤其是针对复杂的策划问题，要从多角度进行分析，尝试得到多种可能的解决方案。

二、辩证思维

辩证思维是指以变化发展的视角认识事物，反映符合客观事物辩证发展过程及其规律性的思维方式。辩证思维是唯物辩证法在思维中的运用，唯物辩证法的观点、规律也适用于辩证思维。辩证思维是客观辩证法在思维中的反映，联系、发展的观点也是辩证思维的基本观点。对立统一、质量互变和否定之否定等规律是唯物辩证法的基本规律，也是辩证思维的基本规律，具体体现为：对立统一规律是事物发展的动力，是辩证思维的核心规律，也是商务策划考虑的第一动因；质量互变规律是事物发展的形式、状态，是事物演化过程的积累，也是策划模式在分析演化过程中展现的形态样貌；否定之否定规律是事物发展的方向、方法、路径、手段等，是发展各阶段的总和。

辩证思维不同于将对象看作孤立、静止的形而上学思维，也不同于认为对象是确定的、前后一贯的、有条理的、有根据的逻辑思维，甚至认为辩证思维与逻辑思维是对立的。原因是在逻辑思维中，对象通常"非此即彼""非真即假"；而在辩证思维中，对象可以"亦此亦彼""亦真亦假"，却不影响思维活动的开展。辩证思维要求观察问题和分析问题时，以动态发展的眼光来看问题，其特点是从对象的内在矛盾的运动变化中，从其各个方面的相互联系中进行考察，以便从整体上、本质上完整地认识对象。

例如，三个旅行者同住一家旅店，早上出门时，一个带了伞，一个拿了拐杖，一个则两手空空。他们归来时，拿伞的淋湿了衣服，拿拐杖的跌得满身泥，而空手者却没事。原来，下雨时，带伞的人撑开伞大胆地走，衣服还是淋湿了；拿拐杖的人遇到泥泞的地方时以为有拐杖便放开走，反而跌了跤；而两手空空的人却在下雨时小心躲雨，路上泥泞时小心慢行，所以最终既没有淋雨也没有跌倒。这个故事可以说明，有的时候优势可以变成劣势，劣势也可转化成优势，优势劣势可以相互转化。辩证思维运用唯物辩证法观察、分析事物，是实现创造性突破的思维武器。

综上所述，商务策划人在培养自身的辩证思维能力时应遵循以下三种基本观点：一是唯物观点。辩证思维所强调的辩证法是唯物辩证法，与唯物论是高度统一、不可分割的，强调从实际出发，尊重客观事实，重视调查研究，避免"先入为主""主观臆断"。二是对立统一观点。既要看到事物之间的统一，也要看到事物之间的对立，既要看到事物的正面和有利因素，也要看到事物的反面和不利因素，同时要清楚地认识到在一定条件下，不同事物可以相互转化。通过对立统一规律，唯物辩证法的相关规律和范畴就被内在地联结成有机的统一体系。三是联系与发展观点。任何事物都处在普遍联系之中，既有"个别"与"一般"之间的联系，也有"整体"与"部分"之间的联系，在一定条件下，这些联系的方式和性质将发生变化；任何事物都处在变化发展之中，而这种变化发展呈现多向性。

三、横纵思维

横纵思维是为解决策划过程中遇到的复杂问题，实现关键性突破的一种心理加工策略，由横向和纵向两种思维构成。如果说前文提到的辩证思维是从哲学的角度对商务策划过程提供原则性的指导思想，那么横纵思维则是从心理加工方面提供了具体的策划操作指南。辩证思维与横纵思维相辅相成，有效缩短了潜意识探索周期，为创造灵感、实现顿悟，进而产生创造性突破创造有利条件。可以说，创造性突破并不是"从天而降"的，而是通过横纵思维逐步形成的。

纵向思维是按逻辑推理的方法直上直下的收敛性思维，从单一的概念出发，并沿着这个概念一直推进，直到找到最佳方案或办法。纵向思维是在一种结构范围内，按照有顺序的、可预测的、程式化的方向进行的思维形式。纵向思维的特点是连贯性，这是一种符合事物发展方向和人类认识习惯的思维方式，遵循由低到高、由浅到深、由始到终等线索，因而清晰明了、合乎逻辑。我们在平常的生活、学习中大多采用这种思维方式。当人们在对事物进行纵向思维时，会抓住事物的不同发展阶段所具有的特征进行考量、比较、分析。具有这种思维特点的人，对事物的见解往往入木三分、一针见血，对事物动态的把握能力较强，具有预见性。

横向思维最早由英国的爱德华·德博诺提出，旨在弥补纵向思维的不足，使两种思维方法形成互补，即当纵向思维无法取得突破时，利用横向思维从各种不同的角度思索问题，尝试寻找更多解决问题的办法或可能的突破口。因此，横向思维通过不断搜索更好的方法来找到最佳方案，常见的搜索方式有以下三种：一是横向移入，即将其他领域的好方法移到相关领域中来。例如，古时候的运输都是靠马车，为了解决运输速度和运输距离的问题，每隔一段距离都会设置一个驿站，在驿站用体力充沛的马替换疲劳的马。1838年，塞缪尔·莫尔斯受此启发，将运输业的方法引入到信息业，在电报信号长距离传输过程中，每隔一定距离设置若干个"驿站"，衰减的信号在"驿站"又被放大，就像换上了体力充沛的马，解决了电报信号因输送衰减无法长距离传输的问题。二是横向转换，即不直接解决目标问题，而是将目标问题转换成其他问题加以解决。例如，爱迪生请美国普林斯顿大学的高材生阿普顿帮助测量一下梨形灯泡的容积。阿普顿经过反复测量和复杂的测算，始终得不到想要的结果。爱迪生观察和沉思片刻后，在梨形灯泡里注满水，再将水倒入量筒，很容易就测量出水的容积，自然而然也就知道了灯泡的容积。三是横向交叉，即运用横向思维时，将多个领域中看似不相关的各种要素进行交叉融合，激发创意。例如，美国人特德·霍华德和杰里米·里夫金在著作《熵：一种新的世界观》中，从热力学第二定律出发，将自然科学与社会科学的内容交叉融合，给熵赋予新的意义，以一种新的思维方法观察人类社会的发展，分析了面临的困难和解决困难的办法。

一些人在遇到问题寻找解决办法时，总是对自己认定的解决办法过于"执着"，无论是否合理，总是"不撞南墙不回头""一条道走到黑"，虽然从表面上看，这类人好像"意志坚定"，但事实上是这类人不善于利用上述横向搜索方式去寻找更多解决问题的办法，也错过了很多解决问题的机会。

通过以上介绍我们可以发现，纵向思维和稳定、深入有关，纵向思维者会判断什么是正确的，然后沿着他们认为正确的方向，按照一定的逻辑一步一步深入，直至找到解决问题的办法，这一过程可以用"坚持"一词来概括和形容；而横向思维则和改变、移动有关，横向思维者"四处"寻找解决问题的办法，尝试各种方向和可能，不断寻找可能的替代方法，这一过程可以用"灵活"一词来概括和形容。有人将纵向思维比作"时间"，是一维的，沿着一个方向发展；将横向思维比作"空间"，是多维的，沿着多个方向进行。纵向思维与横向思维则代表了一维与多维的互补。

下面两个例子，可以让我们更加形象地理解横向思维和纵向思维的联系和区别。例如，有人耗费了很长时间和很多精力挖一口水井，但始终无法打出水来。纵向思维的人会认为，前期挖水井已经付出了巨大代价，如果此时停止挖水井则前期的努力便付诸东流，于是纵向思维者会用更多的时间、下更大的力气继续挖井，把井挖得更深。井挖得越深，耗费的时间和精力越多，就越难放弃，只能横下心来继续坚持挖井，直到挖出水为止。对于横向思维的人来说，一旦发现难以挖出水的时候，就会果断放弃，去寻找更多的方法确定水井的位置，而不是在错误的位置上越挖越深、越走越远。再如，一家公司盖了一座27层的办公大楼，虽然已经按照惯例设计了足够的电梯数量，但是搬进去不久，员工就开始抱怨电梯不够快、不够多，每天等电梯的时间太长。于是，公司向全体员工征求改进意见。"纵向思维"的员工提出的备选方案是：第一，更换速度更快的电梯；第二，增加电梯数量；第三，在上下班高峰期对电梯进行设置，让一部分电梯只停在奇数楼层，一部分电梯只停在偶数楼层；第四，公司实行错峰上下班，等等。"横向思维"的员工提出的方案则是：在所有电梯旁边的墙面上安装电视，播放有趣的短片等，这样既不会过多耗费公司成本，还能帮助员工轻轻松松消磨等电梯的时间。

四、形象思维

形象思维是借助于头脑中的表象，运用想象、联想进行比较、分析、综合、抽象、概括，在头脑中构成一幅新形象，进而多回路、多途径实现创新的思维活动。表象是指人们在生活中遇到、感受到的一些事物，特别是印象深刻的事物，在头脑中留下的印象，这些表象就像一幅幅图画在大脑中储存。表象是形象思维的基本单位，头脑中的形象由表象构成，形象思维通过表象进行思维。表象具有抽象性和概括性，同时具有模糊性与不确定性，这样有利于表象的变形和发散性加工，也有助于创新活动的开展。可以说，商务策划人头脑中的表象越多，组合出的形象就可能越丰富，产生好的商务策划创意的概率就越大。当然，通过思维所得到的这个形象，已不是原来的直观表象了。

为进一步理解思维，下面简要描述一下形象思维的基本过程。首先，人们在工作、学习和生活中，通过视觉等感觉器官获取相关事物信息，经过"解释""编码""组织"后，将相关印象信息有序地存储在大脑中。然后，当人们遇到需要解决的问题时，相关问题被"输入"大脑，在对相关问题的要求和条件进行分析后，会将之前存储在大脑中，对求解问题有帮助的形象记忆信息提取出来，这些提取出的形象记忆就是表象。表象可能对印象信息重新进行了概括和组织，以更好地匹配求解需求，因此表象并不是印象记忆的直接提取。随后，根据求解问题的需要，通过想象和联想对提取出的表象进行加工处理，使表象不断变化、更新。这个过程不像抽象思维那样，对信息的加工处理一环扣一环，有序、线性地进行，而是平行加工处理，通过对提取出的表象进行融合，或在已有形象基础上进行再造，或从一个形象跳跃到另一个形象，实现新创造。这一过程是形象思维的核心，问题越复杂，加工程序越多，思维时间就越长。最后，对加工后得到的表象进行检验，看是否符合求解问题的要求和条件，如不符合则重新进行思维加工处理，如符合则输出表象结果，完成问题求解，同时把加工处理后的表象进行概括整理和存储记忆，以备将来应用，整个形象思维过程结束。

这里需要指出的是，形象思维以表象为基本单位，但有时也会借助鲜明生动的语言，由此，形象思维可分为初级和高级两种形式。

(一) 初级形式

初级形式通常称为具体形象思维，主要是凭借事物的具体表象、形象，通过想象、联想来进行的思维过程。例如，儿童在游戏中扮演角色，按照相关规则和主题开展相关活动，就是依靠在头脑中关于角色、规则和主题的表象来进行思维和解决问题的。下面列举两个儿童常见的行为特性，对形象思维进行具体说明。

第一个例子，儿童能够很快记忆实际、具体的事物，比如"汽车""摩托车""拖拉机"等，这些事物在儿童思维中都有一幅幅具体的画面，因此容易掌握，但是对抽象的概念却不容易掌握，比如"交通工具""运输工具"等。同样，儿童对具体的语言比较容易理解。比如在幼儿园里，老师对童童说"童童，吃完饭了快去漱口"，童童很快就会跑去漱口了；而当老师说"请吃完饭的小朋友赶快去漱口"，童童却没有反应，原因就是老师叫"童童"很具体，童童知道老师在叫自己，而"吃完饭的小朋友"却没有具体指出是哪个小朋友，童童的思维就跟不上了。这些都说明了形象思维所起到的作用。

第二个例子，儿童头脑中的事物总是形象、生动的，比如老虎是"大老虎"，爸爸是"臭爸爸"，猫是"小猫咪"，而且对形象、生动的事物总是能够更快速、更清晰地进行思考。比如，当老师问一个孩子"你有2个红苹果，然后又给了你2个红苹果，现在你手里还有几个红苹果"，往往孩子能够很快地回答"有4个红苹果"。但是当老师再问这个孩子"2+2等于多少"时，这个孩子往往思索再三也没给出正确答案。这是因为第一题是一个清晰、具体的场景，孩子利用形象思维完成了作答；而第二题是抽象的数学问题，需要孩子用抽象的数学公式、数学常识去计算，或者将抽象问题转换成具体场景再去思考。通过上述实例不难发现，抽象思维是以一般的属性表现个别的事物，而形象思维则要通过独具个性的特殊形象来表现事物的本质。

(二) 高级形式

形象思维的高级形式就是言语形象思维，即通过鲜明生动的语言表征来形成具体的形象或表象以解决问题的思维过程，具有强烈的情绪色彩。言语形象思维的主要心理成分是联想、表象、想象和情感，但它具有思维抽象性和概括性的特点。言语形象思维的典型表现是艺术思维，在艺术创作活动中，想象与联想、灵感与直觉、理智与情感、意识与无意识、形象思维与抽象思维经过复杂的辩证关系构成了思维方式，它们彼此渗透，相互影响，共同构成了艺术思维。

形象思维是反映和认识世界的重要思维形式，主要有以下三方面特点。

1. 形象性

形象由头脑中的表象构成，形象思维依靠表象进行，反映的对象是事物的形象。形象思维的形式主要是联想、想象等形象性的观念，表达工具和手段是能为感官所感知的图形、图像、图式和形象性的符号，因而形象思维的形象性是由表象的形象性决定的，这也是形象思维的基本特点。

2. 普遍性

形象思维是人的本能思维，比其他思维形式更容易被人掌握。人天生就会以形象思维的方式思考问题，早在语言、文字诞生之前，形象思维就已经是人的思维形式。无论在日常生活、学习中，还是科学研究、文学艺术创作中，人们都要经常使用形象思维，因此它具有很强的普遍性。

3. 创造性

人们在进行形象思维时，虽然依据的是头脑中存储的表象，但并不是对表象的简单调取，而是通过加工处理后的形象再造或创造。就像郑板桥画竹、黄胄画驴，并不是"照相机"一样的复制，而是源于自然并高于自然，郑板桥、黄胄在对竹、驴进行细致观察的基础上，通过自己的感受和理解，使画出的作品比真实事物更加生动、形象，这就是思维创造性的表现。

五、逻辑思维

"逻辑"一词源于希腊文，原意是指思想、概念、言辞、理性等，后来被人们在更广泛的意义上使用，是关于思维形式和规律的科学。逻辑思维是人脑的一种理性活动，也称为抽象思维，指的是思维的规律和规则，是将思维内容联结、组织在一起的方式或形式，也是人们在认识过程中借助于概念、判断、推理反映现实的过程。在这个过程中，思维主体把感性认识阶段获得的相关信息抽象成概念，再利用这些概念进行判断，并按逻辑关系进行推理，从而产生新的认识，使人能更准确、更广泛地把握客观事物。逻辑思维是人脑对客观事物抽象的、间接的、概括的反映，是确定而不是模棱两可的，是前后一贯而不是自相矛盾的，是有条理、有根据的思维，具有概括性、普遍性、一贯性、系统性。与前文提到的形象思维不同，逻辑思维运用的是科学的抽象概念和范畴，揭示事物的本质，表达认识现实的结果。

在商务策划活动中，经常运用的逻辑思维形式主要有两种：一是形式逻辑思维，是体现形式逻辑科学性质和思维方式的思维。这种思维形式撇开对象的内在矛盾及运动发展，把思维形式看作既成的、确定的，从相对稳定的视角出发，运用演绎逻辑、归纳推理、类比推理等方法认识事物，主要反映对象的抽象同一性和确定性。二是辩证逻辑思维，即遵循辩证逻辑规律的思维。这种思维从发展和变化的视角分析、认识事物，用辩证的方法研究事物的内在矛盾、矛盾的各方面，以及矛盾发展的方向、趋势和结果，从看似对立、无法"调和"的两个事物之间，寻求"转机"或解决问题的有效途径。为了更好地理解和掌握逻辑思维，下面我们介绍一下逻辑思维的五种常用方法。

(一) 分析与综合

分析是在思维中把事物分解为若干部分或要素，分别加以考察的逻辑方法。综合正好与之相反，是在思维中把事物的各个部分或要素，结合为统一体加以考察的逻辑方法。分析与综合是形式逻辑思维和辩证逻辑思维共同的研究方法。

(二) 分类与比较

分类是指根据事物的种类、等级或性质等属性分别归类，将具有相同属性的事物归入一类，具有不同属性的事物各归入不同的类。在分类方法中，重要的是分类标准的选择。科学、合理的选择标准，不仅有利于思维活动的进行，而且能够帮助发现重要规律。例如，俄国著名化学家门捷列夫和德国化学家迈锡尼等分别根据原子量的大小，将元素进行分类排队，发现元素性质随原子量的递增呈明显的周期变化的规律，成为化学系统化过程中的一个重要里程碑。比较是指根据一定的标准，把具有某些联系的两种或两类以上的事物加以对照，确定它们之间的异同及其相互关系，以更好地认识事物的本质。

(三) 归纳与演绎

归纳是通过若干事物概括出一般性概念、原则或结论的方法，是从部分到整体、从特殊到一般、从个别到普遍的推理形式。例如，通过小男孩爱玩，小女孩也爱玩，推出所有小孩都爱玩的结论，这就是归纳。演绎是以一定的反映客观规律的理论认识为依据，从一般性的前提推出个别性的结论，是由一般到个别的认识方法。

归纳和演绎这两种方法既互相区别、互相对立，又互相联系、互相补充。归纳是演绎的基础，没有归纳就没有演绎；演绎是归纳的先导，没有演绎也就没有归纳。归纳和演绎相互补充、交替进行，归纳后进行演绎，可使归纳出的认识成果得到扩大和加深；演绎后进行归纳，可验证和丰富演绎出的结论。

(四) 抽象与概括

抽象就是运用思维的力量，从具体事物中抽取本质的属性、关系等，而舍弃个别的、非本质的属性、关系等，简而言之，抽象的过程就是"舍末逐本"的过程。概括是在比较和抽象的基础上，把从具体事物中抽象出来的本质属性、关系等综合起来，推广到同类事物的过程。例如，人们把柳树、杨树、桦树等进行比较，发现它们都具有根、干、枝、叶等本质特征，以及绿色、高大等非本质特征。在此基础上，把这些本质特征综合起来，并推广到同类植物中去，就把具有这些特征的植物都称为树。抽象与概括和分析与综合一样，也是相互联系、不可分割的。

(五) 系统化与具体化

系统是指由相互作用和相互依赖的若干组成部分，按照一定的次序组合成的有特定功能的有机整体。系统化则指采用一定的方式，对相关事物进行归类、整理或加工，使其形成有机整体，即系统，以便从整体上把握事物，达到预期目的或效果。在田忌赛马的故事中，田忌就是通过系统化的方法，对三场比赛及双方的赛马情况进行统筹考虑，提出下等马对上等马、上等马对中等马、中等马对下等马的策略，最终赢得了比赛。具体化则是指把抽象概括出来的一般概念、理论等同具体事物联系起来的方法。

在逻辑思维中，要用到概念、判断、推理等思维形式和比较、分析、综合、抽象、概括等方法，而掌握和运用这些思维形式和方法的程度，就是逻辑思维的能力。

六、直觉思维

(一) 直觉思维的概念

创新的主体是人，人的创新能力建立在对已有知识和经验的掌握上，但更重要的是要把知识和经验化为能力，而直觉判断力就是其中之一。直觉思维是一种非逻辑思维形式，思维者对遇到的事物、问题或现象等，迅速地识别，深入地洞察，直接地理解，并做出总体判断，而不受逻辑规则的制约，对所得结论，没有明确的思考步骤，对其思维过程没有清晰的意识。可以说，直觉思维就是一种直观感觉，是一切思维活动开始的条件之一。

在日常生活中，直觉思维的例子随处可见，直觉是人们在生活中经常应用的一种思维方式。例如，甲先生与一群人聊天，当这群人突然抱头躲闪的时候，甲先生不知道发生了什么，却也跟着躲闪，凭借的就是直觉思维；乙同学在课上愣神了，当所有人都开始鼓掌的时候，乙同学也跟着鼓掌，凭借的是直觉思维；丙球员在对方球员施射点球的一瞬间，做出了向右扑出的动作，凭借的是直觉思维；丁女士与她的白马王子一见钟情，凭借的是直觉思维；戊大姐是信访大厅的信访员，每天都要与形形色色的人打交道，处理各类复杂问题，她和来访者沟通交谈的时候，用什么语调、语气和词汇都没有提前打好草稿，而是根据不同对象随机应变，凭借的是直觉思维；戊警官，在机场承担缉毒工作，下意识感觉人群中的一位女性旅客有问题，随后在其拉杆箱中发现了毒品，凭借的也是直觉思维。

不仅日常生活中有很多依靠直觉思维做出相关行动和决策的例子，在客观、严谨的科学领域，很多科学家也认为直觉思维是开展科学发现、科技发明的重要推动力。德国马普研究所的人类发育研究院总监、心理学家盖格瑞泽说："我在科研工作中有很多直觉，我无法解释为什么有这些对的想法，但是我相信这些直觉，而且按照这些直觉去做……我也有能力分辨这些直觉……这也是科学。"此外，爱因斯坦非常重视直觉，他曾说："直觉是赋予我们的神圣礼物，推理是我们的忠实仆人。但是，我们建立的社会却把荣耀给了仆人，而忘记了神圣的礼物。"

(二) 直觉思维的特点

通过上述例子，不难发现，直觉思维具有以下特点：第一，直觉思维既不同于灵感，也不同于分析思维，是对直观对象的整体考察，没有直观的对象，是难以产生直觉的，但同时也容易使观察局限在有限的范围内。第二，直觉思维凭以往的经验、知识，通过丰富的想象做出的敏锐、迅速的假设、猜想、判断等对问题进行试探性的回答，再用相关经验、理论进行证明，因此可以说，直觉思维是基于长期积累的升华。第三，直觉思维产生的形式是突发的和跳跃式的，它省去了一步一步分析推理的中间环节，是在大脑功能处于最佳状态时产生的瞬时火花，却清晰地触及事物的"本质"。

(三) 直觉思维的培养

直觉思维是人类的本能思维，人类天生就会以这种方式思考问题，但除了天生以外，直觉也可以通过长期的培养、训练得到提高。就像前文提到的守门员扑挡、警员侦察等，经过一定时间和经验的积累，尤其是技术、技巧达到相当程度时，就可以通过直觉思维对各种复杂、突发的情况迅速做出判断，采取恰当、有效的应对举措。问题是究竟如何通过培养和训练，提高直觉思维能力呢？首先，要有广博而坚实的知识基础，这是提高直觉思维能力的前提；其次，仅凭书本上的知识是不够的，要想让直觉思维更加迅速、灵活，就需要丰富阅历，不断遇到问题、解决问题，全方面积累相关经验；最后，要培养敏锐的观察力，既能够把握事物的全貌，又能够快速地发现问题、锁定问题。

(四) 直觉思维的应用原则

在商务策划实践中，策划人及其团队在运用直觉思维时要把握以下三点基本原则。

1. 整体把握

策划人及其团队应从大处着眼、总揽全局，从整体、全局的角度审视事物，注重把握事物之间的关系，而不是对事物的具体属性进行分析、综合、抽象和概括，即不考虑每个事物的具体属性，避免纠缠于细枝末节。

2. 快速判断

策划人及其团队应培养快速、跳跃式的思维能力，能够在瞬间对事务关系等做出判断，而不是仅依据时间轴，依靠线性、顺序式的、逐步推进式的思维来判断各项事务。

3. 直观透视与空间整合

策划人及其团队在进行决策时不需要进行逻辑分析与综合整理，具体表现为：他们并不是完全理性地寻找"最优方案"，而是寻找"满意方案"，即当策划人及其团队发现第一个满意方案后就形成了最终的策划方案。直觉策划的过程并非是对所有可能的方案进行比较，将每个方案逐一思考，而是能够对相关问题进行整体把握，以更快的速度进行决策，时效性更强。

综上所述，直觉策划不思考问题的细枝末节，商务策划人及其团队趋于有限理性，满意原则在策划实践中被广泛运用，即使在理性的策划活动过程中通常也会有直觉策划因素。(商务策划的满意原则和有限理性详见本教材第三章)

第三节　商务策划思维创新的基本过程与常用方法

一、商务策划思维创新的基本过程

商务策划思维是一种创新思维，比常规思维更具复杂性。下面，我们将借助创造性思维的研究成果和方法来揭示其基本过程。

沃拉斯于1926年提出创造性思维"四阶段论"，即"准备阶段、酝酿阶段、明朗阶段、验证阶段"，有些文献也将其称为"准备阶段、沉思阶段、启迪阶段、求证阶段"，还有一些文献将其称为"准备阶段、酝酿阶段、领悟阶段、证实与修正阶段"或"观察发现问题阶段、运筹决策阶段、顿悟突破阶段、检验完善阶段"等。"四阶段论"的提出得到了很多专家和学者的认可，产生了较大影响。

同时，也有一些专家、学者提出了不同的观点。奥斯本将创造性思维分为三个阶段，即"寻找事实、寻找构想、寻找解答"。杜威将创造性思维分为五个阶段，即"感受困难阶段、定位问题阶段、联想解决办法阶段、判断解决办法阶段、检验解决办法阶段"。1931年，约瑟夫·罗斯门将创造性思维分为七个阶段：察觉困难或要求，并加以分析；研究相关可以利用的资源和信息；使可能的解决方案条理化、系统化；分析各种方案的利弊；产生新思想、新想法；进行试验；找出最佳答案，并重复上述相关步骤使其更加具体、完善。1953年，奥斯波恩也将创造性思维分为七个阶段：指出问题所在；准备、收集相关资料、信息；分析、分解相关资料、信息；规划；整理所有决策；沉思，静待启迪出现；综合(集合所有结论，评价、裁判各种结果)。

综上所述，创造性思维的过程较为复杂，很难给出一个准确、具体的阶段划分方法。下面，我们将通过四阶段论、五阶段论进一步学习和了解创造性思维的基本过程，进而深入理解商务策划思维的基本过程。

(一) 创造性思维的"四阶段论"

1. 准备阶段

创造性思维准备阶段的主要任务是发现问题和分析问题，这不仅需要思维者掌握足够的知识和经验，还需要勇于冲破现有理论、规则的束缚，打破已有思维定式。明代学者陈献章说过："前辈学贵有疑，小疑则小进，大疑则大进。疑者，觉悟之机也，一番觉悟，一番长进。"这说明质疑现状能够发现和提出新的问题，这意味着创造性思维的开始。现实中的商务策划思维在准备阶段的目的是快速、高效地解决实际问题。例如，开发新市场、设计新流程、培育新产品等都是商务策划的问题来源。商务策划人和策划委托方、管理者以及决策分析者应首先发现和界定当前的"问题"，然后通过搜集相关资料和信息，借鉴已有的成果，对相关知识和经验进行梳理，使"问题"概念化、形象化，以便对"问题"进行客观分析，确定解决该"问题"的价值和前景。如没有价值和前景，该"问题"应及时舍弃；如对组织的发展有重要影响，则该"问题"被确定为策划对象。这里需要指出的是，虽然准备阶段的主要任务是发现问题和分析问题，并为解决问题搜集资料，但这并不代表这些工作都要在准备阶段"一气呵成"。现实中，随着对"问题"认识的不断深化，这些工作在随后的各个阶段也可以继续展开，甚至会反复多次开展。

2. 酝酿阶段

创造性思维的酝酿阶段是一个不断试错的过程。对于有些"问题"，可能很快就被准确界定并找到解决方案；而对于有些"问题"，尽管思维者付出了大量时间和精力，却始终无法清晰界定或找到解决方案。创造性思维的酝酿阶段具有不确定性和不可预见性，所需的时间可长可短，可能需要几天、几周、几月甚至几年，该阶段不仅需要经验和知识的辅助，还需要坚强的意志和决心，才能进入下一个阶段，即明朗阶段。现实中的商务策划思维在酝酿阶段所要完成的主要任务是根据已有的成果和经验，对收集的资料和信息进行加工处理，从多个角度进行思维发散，使产生的各种想法不断地碰撞、组合，按照新的方式进行加工，在准确界定策划问题的基础上找到问题的解决方案或突破口。这些解决方案是根据有限的知识、经验提出的一系列假说，它是根据有限的事实和原有的理论、知识与技术，提出的带有假设性和推测性的解释和说明。在此基础上，通过论证与检验，确定这些假设的可行性，不断排除一些行不通的假设，缩小范围。

3. 明朗阶段

在创造性思维的明朗阶段，已经形成了初步的创意，即新思路和新方法，然而这些想法还不够成熟，也不够清晰和具体，甚至是模糊的思路，还需要一个加工和处理的过程，使相关思路和方法不断完善和清晰，并逐渐具有可操作性，这个加工处理的过程往往需要一定时间的积累和沉淀。例如，在北美独立战争期间，一个叫达韦·布什内尔的美国军人看见一条大鱼悄悄潜游到小鱼的下方，猛地朝上一跃，咬住了一条小鱼，受此启发，他产生了一个创造性的想法：能否造一艘像大鱼那样的战舰，潜入英国战舰下方实施攻击。但如何让这艘战舰自由地下潜、上浮，如何有效地释放炸弹实施攻击等，却需要经历一段长时间的试验、改进和完善。明朗阶段是现实中的商务策划思维形成创意的关键阶段，经过上一阶段的反复推敲，新的商业模式、新的营销方法、新的产品设计等商务策划思维成果都在此阶段产生并不断具体化、形象化，并在该阶段得到进一步完善和修正。

4. 验证阶段

创造性思维的验证阶段是对创新思维不断完善的过程，该阶段是对创意的评价和论证阶段。在验证阶段，现实中的商务策划思维对商务策划方案的提案、论证和最终的决策，即对前几个阶段形成的新思路、新方法、新模式能否产生应有的价值，达到预期的目标进行比较和分析，必要时可邀请专家进行方案论证，最终实现商务策划方案的优选。(商务策划的提案、论证和决策详见本书第六章)

(二) 创造性思维的"五阶段论"

1. 感受困难阶段

人类在日常生活中遇到各类困难时，都会试图运用大脑的思维能力来解决。人类开展思维活动的同时，往往会借助自身的知识和经验探索可能解决困难的方法。如果知识和经验积累不足，那么思维活动可能在这一阶段便终止，也不会产生创造性思维成果。在这一阶段，现实中的商务策划主体感受到组织的发展存在困难，可能是生产运营方面的，可能是经营管理方面的，也可能是产品研发方面的，等等。这时，商务策划主体可以联合组织内部的策划部门来共同开展这项工作，如果策划主体发现组织内部无法胜任这项工作，就可以将商务策划工作进行外包，即寻找专业的商务策划人或团队来完成。

2. 定位问题阶段

这一阶段的首要任务是基于上一阶段的思维成果，对"困难"进行进一步分析和理解，并将其定义为待解决的"问题"，通过对"问题"的不断分解和细化，尽量确定"问题"的来源和解决问题的预期目标，为后续创造性思维的产生奠定基础。在这一阶段，现实中的商务策划人与策划委托方准确界定"问题"，明确具体的商务策划问题，使商务策划工作更具针对性。

3. 联想解决办法阶段

在这一阶段，创造性思维来源于对相关信息和资料的搜索、分析和整理，并尝试对可能的解决办法进行联想，旨在寻找解决问题的备选方案。在这一阶段，现实中的商务策划人及其团队为顺利开展策划工作而进行必要的市场调查，在获取一手信息和二手信息后，对相关信息进行汇总和整理，并结合实际策划问题，尝试提出解决问题的多种假设，基于对策划问题理解的不断深入，对各种假设的解决办法不断进行修正。

4. 判断解决办法阶段

在创造性思维产生成果，即联想出问题的各种解决办法后，人类往往会借助已有的知识和经验，对每一种解决办法进行反复推敲，并从中找出最优方案。在这一阶段，现实中的商务策划进入策划方案的提案阶段，商务策划人及其团队将解决商务策划问题的备选方案向策划委托方、管理者及决策分析者进行汇报，并基于预期的策划效果和收益来分析和比较各备选方案的利弊，该过程也是对商务策划备选方案的推理论证过程。

5. 检验解决办法阶段

对"问题"的解决办法假设和推理后，还需要对其在实践中是否可行进行观察和检验。若实际效果符合预期，则继续实施该办法；若实际效果不符合预期，就意味着应该重新进行思维活动，进一步修正该解决办法。在这一阶段，现实中的商务策划进入实施和过程管理阶段。商务策划方案在实施后，商务策划人及其团队应建立相应的过程管理监督机制。如果商务策划达到预期的成果和收益，则说明该策划方案通过实践检验，可以继续实施；反之，商务策划人及其团队应仔细思考该策划方案的可行性和有效性，必要时还需要重新思考策划问题的界定是否准确、清晰以及预期目标的制定是否合理。

二、商务策划思维创新的常用方法

对于创新思维的方法及规律，人类一直没有停止过探索和总结，从中国古代的学者、文人，到当代西方的科学家、管理者，都在不断研究和摸索创新思维的规律，试图整理出创新思维的程序及方法。下面我们将选择五种比较典型和常见的观点和理论，并结合实践中商务策划思维的创新来进行探讨。

(一)"5W2H"分析法

在商务策划实践中，发现问题和分析问题是商务策划创新思维的起点。能够客观、准确地抓住问题的核心，是商务策划成功的重要前提条件。开展商务策划活动，首先要善于提出问题并准确界定问题。

"5W2H"分析法又称为七何分析法，是由美国陆军兵器修理部在第二次世界大战中首次提出的，随后该分析法在企业管理和决策领域得到了广泛应用。商务策划是一门新兴学科，"5W2H"分析法能够体现以价值为导向的创新思维流程。商务策划人及其团队在实现商务策划目标的过程中，都要经过七个方面的思维活动，即什么(What) → 为什么(Why) → 何处(Where) → 何时(When) → 谁(Who) → 怎样做(How to do) → 多少(How much)。商务策划人可以用"5W2H"分析方法进行设问，发现策划问题、寻找思路、进行构思，进而形成商务策划方案。"5W2H"法的具体含义如下所述。

What：什么目标？有哪些具体策划任务？

Why：什么原因？为什么要这么做？

Where：策划地点在哪里？

When：什么时机最适合？

Who：谁来完成商务策划？

How to do：怎么做？如何实施策划方案？用什么方法？

How much：策划费用如何？投入产出比如何？

如果根据上述含义对一个商务策划方案设问，能够得到清晰、准确的解答，则该策划方案具有一定的可行性；如果有任何一个问题的解答不尽如人意，则意味着该策划方案还应进一步修正和完善。商务策划人及其团队应仔细考虑上述七个问题，如果针对每一个具体问题都给出具有创新性的回答，那么我们可以视为该商务策划思维是新颖的，该商务策划方案具有一定的创新性。

"5W2H" 分析法的特点是简单、方便、实用，不仅便于理解，还具有一定的启发性，有助于提高思维条理性，弥补考虑问题的疏漏，因此被广泛应用于商务策划活动中。

(二) 行停法

行停法是由美国企业家、创造学家阿里克斯·奥斯本提出的一种通过设问方式而开展的思维创新方法。该方法通过 "行" (Go)提出创造性设想，通过 "停" (Stop)对创造性设想进行理性的思考和分析。商务策划人可以通过 "行" 和 "停" 的循环往复，逐步实现策划目标。行停法的主要步骤如下所述。

"行"：商务策划人及其团队开展创新思维活动，准确界定商务策划问题；

"停"：商务策划人及其团队判断商务策划问题是否界定得清晰、明确；

"行"：商务策划人及其团队考虑解决策划问题所需要的信息及资源；

"停"：商务策划人及其团队思考如何进行市场调查，如何获取相关一手信息和二手信息；

"行"：商务策划人及其团队针对商务策划问题，依据现有的资源条件，提出商务策划备选方案；

"停"：商务策划人及其团队对备选方案进行分析和比较；

"行"：商务策划人及其团队对策划方案进行优选并实施；

"停"：商务策划人及其团队对实施过程中的商务策划方案进行过程管理，即监控和不断修正。

行停法主要是根据循环反复的 "行" 与 "停"，引导商务策划人不断地进行 "头脑风暴" "思考" "验证"，将思维创新贯穿商务策划活动的始终。

(三) 六项思考帽方法

六项思考帽方法是由英国牛津大学心理学家爱德华·德·博诺博士提出的一种全面思考模型。六项思考帽方法将各种基本思维功能比作不同颜色的思维帽，戴上一种颜色的帽子就代表使用这种颜色对应的思维功能进行思考。这样，就可以从不同的角度依次对问题进行思考。比如，打印彩色照片时，先对图片中的图案色彩进行识别，并分解成对应的基本色，然后将这些基本色分别打印在一张相纸上，就得到想要的彩色照片。与打印彩色照片的过程类似，在开展商务策划思维创新活动时，商务策划人围绕策划问题，围绕各项基本思维功能对同一问题进行思考，最终汇总整理后得到了对策划问题的"彩色"思考。下面，简要介绍一下六项思考帽。

1. 白色思考帽

白色象征中立而客观，白色思考帽也是"事实和数据帽"，主要思考我们现在有什么信息，我们还需要获取什么信息，我们通过什么途径或渠道获取这些信息。"戴"上这顶帽子，主要是为达到策划目标而搜寻各环节的事实、数据，评估其关联性和准确性，并利用这些基础信息对相关思维观点提供支持。需要说明的是，这些信息既包括已明确的事实，也包括有待核实的问题，既包括客观的数据资料，也包括主观的个人观点。如果这些信息之间有矛盾，则既可以简单地平行罗列，也可以稍后进行检验。

2. 绿色思考帽

绿色是富有创意的颜色，象征生命与生机。绿色思考帽也是"创造帽"，主要思考针对当前的策划问题，我们能提供什么样的策划方案、是否还有其他备选策划方案。"戴"上这顶帽子，主要是寻求各种可供选择的备选方案以及创新性的解决方案，修正已有方案的不足，为创造力、想象力的发挥创造条件。简而言之，绿色思考帽就是寻求各种可能性，允许策划人及其团队做出多种假设，而不需要以理性思考为基础。

3. 黄色思考帽

黄色代表乐观、希望和活力，黄色思考帽是顶"乐观帽"，代表与逻辑思维和理性思考相符合的正面观点，主要思考策划方案可以有哪些优势、能够获得哪些策划收益和效果、是否具有较强的可行性。"戴"上这顶帽子，主要是识别事物的有利因素，寻求解决策划问题的可能性，这也是一个追求策划利益和策划价值的过程。

4. 黑色思考帽

黑色是阴沉的颜色，侧重逻辑上的否定。黑色思考帽也是"谨慎帽"，主要思考策划方案哪里可能会出现问题。"戴"上这顶帽子意味着警示与批判，即策划人运用否定、怀疑的态度，对策划方案的实施细节事先进行合乎逻辑的评价，提出质疑，及时发现策划方案中可能存在的逻辑错误、不利因素、缺点、隐患和风险，进而做出最佳决策，同时为策划方案制定合理的应急预案。当黑色思考帽在黄色思考帽之后使用时，它是一个强效有力的评估工具；在绿色思考帽之前使用时，可以提供改进和解决问题的方法。

5. 红色思考帽

红色是富于情感的色彩，红色思考帽也是"情感帽"。红色思考帽与白色思考帽恰好相反，白色思考帽追求客观事实和数据，而红色思考帽追求主观评价。"戴"上这顶帽子，策划人依据经验和直觉对策划问题进行分析判断，形成主观感受，它是策划人的情感和直觉反应，不需要客观数据的支撑，也不用给出推理过程。

6. 蓝色思考帽

蓝色是天空的颜色，象征纵观全局。蓝色思考帽是"控制帽"或"指挥帽"，策划人主要思考策划方案已经获得了哪些收益、实施过程中还有什么需要修正或者改进的地方、下一步应如何实施。"戴"上这项帽子，策划人主要对整个商务策划的实施过程进行控制和管理，同时"控制帽"还负责调节各种思考帽的使用顺序，规划和管理整个商务策划思维创新过程，在明确商务策划目标的前提下，不断修正、不断总结、不断决策。

综上，颜色不同的帽子分别代表不同的思维特点，商务策划人戴上不同颜色的帽子，意味着从不同角度去思考策划问题。六项思考帽为商务策划人提供了"创新思维"的工具，使商务策划方案的生成以及实施更加科学、完善、合理，具有较强的可行性和可操作性。

(四) 头脑风暴法

在群体决策中，碍于权威或多数人意见，个人意见有时无法充分表达，这就削弱了群体的批判精神和创造力，影响了最终决策质量。为了保证群体决策的创造性，提高决策质量，美国BBDO广告公司的阿列克斯·奥斯本提出了头脑风暴法。在商务策划实践中，与传统讨论方法相比，头脑风暴法直接针对当前的策划问题，在融洽轻松的讨论氛围中，策划团队及其他参与者可以自由地提出想法和观点，大家相互启发、相互借鉴，从而诱发更多的策划创意和灵感。头脑风暴法在商务策划思维创新活动中的应用大致包括以下几个步骤。

1. 会前准备阶段

商务策划人明确需要解决的问题，确定会议的主题，选定合适的参与者(以5～10人为宜)、主持人(1人)、记录员(1～2人)。其中，参与者最好覆盖当前商务策划问题所涉及的相关专业或岗位，并在会前将会议议程通报给所有参与者，使其做好充分准备。

2. 头脑风暴阶段

会议上，主持人阐述会议主题，即当前亟待解决的策划问题和初步的策划任务，再次明确会议要求。这里需要指出的是，虽然头脑风暴法倡导自由讨论，但并不意味着可以无序讨论，而是要在统一规则的约束下进行，具体包括以下几项：第一，在进入最后的评价和选择阶段以前，不允许对别人的意见、观点等进行过度评价，充分保护所有参与者的积极性，营造自由的氛围；第二，注重数量，鼓励参与者尽可能多地提出想法，而不必过多地关注想法的质量，当提出的想法和观点的数量达到预期或者参与者已无法提出新思路时，共同对所有想法和观点进行回顾，剔除重复的，整合相近的，并加以分类；第三，鼓励取长补短，允许在其他参与者提出意见的基础上进行补充和改进；第四，主张独立思考，禁止私下讨论、交换意见；第五，主持人引导会议参与者逐一提出自己的想法和观点，由记录员进行记录，并向所有参与者展示，保证全过程清晰、透明。

3. 评价选择阶段

在该阶段，应对头脑风暴阶段产生的想法和观点进行初步归纳和整理，对列出的所有想法观点进行讨论，并重点从策划效果和收益以及策划可行性两个方面进行评价，从中选择最合适的想法和观点。

(五) 逆向思维法

任何事物都具有两面性，事物总是以正反两面一起出现的，但这是在统一基础上的两面性，事物的两面既对立又统一，不可分割，没有对立的统一或没有统一的对立是不存在的。同理，思维也具有正反两个方向，即正向思维和逆向思维，它们之间相互关联，甚至可以相互转化。

通常，人们在遇到问题时，总是习惯按照经验和习惯，沿着传统的思维路径去寻找问题的解决办法，这就是我们所说的正向思维。有时通过正向思维可以顺利地找到解决问题的办法，但有时会束手无策。此时，可以反其道而行之，让思维摆脱既定轨道，沿着相反方向去思考、探索，这样的思维方式就是逆向思维。在现实生活中，运用逆向思维破解难题的事例比比皆是。例如，班级里有一个男同学特别淘气，上课不仅不听课，还去和前后左右的同学说话，影响别人学习。班主任先教育，再批评，还找了家长，但问题不仅没有解决，这名男同学反而变本加厉。这时，隔壁班老师向班主任建议，可以反过来试试，让这名同学去当班长，专门负责管理全班的课堂纪律。结果，这样简单的举动，却取得了意想不到的效果，这名男同学自从当了班长，从破坏纪律的反面典型一跃成了遵守纪律的模范。这就是逆向思维的力量。

为了进一步了解逆向思维，提高商务策划思维创新能力，下面简要介绍逆向思维的几种常用类型。

1. 反转型逆向思维法

该方法是指从事物的功能、结构、因果关系、状态等方面对其进行反方向思维。例如，在发明流水线以前，工厂生产主要是工人围着零件转，这样不仅将大量时间、精力浪费在非生产活动上，而且对工人技能的全面性和多样性要求高。有人发现这个问题后，尝试对生产流程进行改造，设计了"流水线"，这样工厂的效率大大提高。

2. 转换型逆向思维法

该方法是指在解决某个问题的过程中，采取转换视角的方式，寻求突破的思维方法。家喻户晓的故事"曹冲称象"就是转换型思维的典型事例。当曹操提出称一称大象有多重时，大多数人都是按照传统路径去思考，"砍一棵大树造一杆大秤""把大象割成一块一块分别称"，等等。年仅六岁的曹冲转换了思维方式，将称大象的重量转换为称对应石头的重量，使问题迎刃而解。

3. 缺点逆向思维法

该方法是指对事物的缺点加以利用，使其成为对实现目标有利的东西，是一种化弊为利的思维方法。例如，贵州地处中国西南部高原地区，交通不便，虽然拥有较为丰富的自然资源，但不利的地理位置在一定程度上制约了贵州的经济发展，成为贵州的短板。随着信息技术的不断发展，贵州开始在地理位置这一短板上做文章。由于其地处北纬24°～29°，平均海拔1100米，平均气温14℃～16℃，且不在主要地震带上，是适合建设大数据中心的地区之一。贵州省凭借这一优势成功吸引了很多国际国内知名的IT厂商入驻，并成功打造了"数字经济"这一经济发展的新引擎。

事实证明，逆向思维是一种重要的思考能力，是摆脱常规思维羁绊的一种有效的思维方式，对帮助策划人创造性地解决策划问题具有重要的现实意义。商务策划人在进行创新性思维活动的时候，应敢于打破常规，突破原有的思维模式和框架，积极找寻解决策划问题的突破口，才能制定出新颖的商务策划方案。在实践中，策划人应针对不同的策划问题，以上述三种逆向思维方法为指导，开展不同类型的逆向思维活动，从而取得商务策划的成功。(逆向思维在商务策划实践中的应用详见本书第三章)

思考与练习

一、填空题

1. 间接性、( )和逻辑性是思维过程的三大基本特征。

2. 商务策划的( )是包含多种思维形式的一种复杂的复合思维系统。

3. ( )是指以变化发展视角认识事物，反映和符合客观事物辩证发展过程及其规律性的思维方式。

4. 当人们在对事物进行( )时，会抓住事物的不同发展阶段所具有的特征进行考量、比较、分析。

5. 形象思维的高级形式就是( )。

6. 在商务策划活动中，常见的逻辑思维形式有( )和辩证逻辑思维。

二、判断题

1. 创新思维能力是创新能力的核心。( )

2. 横向思维从单一的概念出发，并沿着这个概念一直推进，直到找到最佳的方案或办法。( )

3. 形象思维的高级形式通常称为具体形象思维。( )

4. 与理性策划相比，直觉策划的速度更快、时效性更强。( )

5. 逻辑思维是人脑的一种理性活动，也称为抽象思维。( )

三、单项选择题

1. 有关思维的陈述，下列说法的正确的是( )。

　A. 思维的逻辑性反映出人类对事物的感性认识

　B. 思维就是感知，它是对事物的直接反映

　C. 思维无法用语言来表达和概括

　D. 思维是人类逻辑推导的过程

2. 下列选项中，属于发散思维特征的是( )。

　① 流畅性

　② 变通性

　③ 独创性

　A. ①②　　　　　　　　　　　　B. ①③

　C. ②③　　　　　　　　　　　　D. ③

3. "有的时候优势可以变成劣势，劣势也可转化成优势，优势劣势可以相互转化。"上述观点属于(　　)的思维形式。

  A. 辩证思维   B. 发散思维

  C. 逻辑思维   D. 形象思维

4. 人们把柳树、杨树、桦树等进行比较，发现它们都有根、干、枝、叶等本质特征，以及绿色、高大等非本质特征。在此基础上，把这些本质特征综合起来，并推广到同类植物中去，就把具有这些特征的植物都称为树。这是逻辑思维的(　　)。

  A. 分析与综合   B. 分类与比较

  C. 归纳与演绎   D. 抽象与概括

5. 下列关于直觉思维的陈述，正确的是(　　)。

  A. 直觉思维是线性、顺序式的逐步推进式思维

  B. 直觉思维是一种从大处着眼、总揽全局的思维

  C. 商务策划人运用直觉思维寻找"最优方案"

  D. 直觉思维常常是不科学的，是商务策划中不可取的

四、思考题

1. 简述六项思考帽方法的内容。

2. 结合实际案例，简述七何分析法的内容。

3. 请举例说明，商务策划人运用直觉思维进行的直觉策划与运用逻辑思维进行的理性策划有何区别。

五、案例分析题

1998年，娃哈哈、乐百氏等品牌已经占领了中国饮用水市场的半壁江山，刚刚问世的农夫山泉显得势单力薄。农夫山泉的策划人在品牌的策划和宣传上强调"只从千岛湖取水"，其广告词"农夫山泉有点甜"一下子深入人心。虽然农夫山泉的生产和运输成本相对市场同类产品较高，但是在短短几年内稳居行业三甲。"农夫山泉"真的有点甜吗？我们不得不佩服其策划人提出的简单形象的概念创意，不仅让消费者直观形象地联想到农夫山泉的水源是千岛湖的"甘泉"，还直接让消费者联想到饮用甘甜爽口的泉水的感觉，从而传递了天然优质的产品品质。

请用本章所学的理论知识来分析上述案例。

六、实训练习题

对全班同学进行分组，4～5人为一个小组。以小组为单位，尝试找到一种产品，赋予该产品一种人格。找到该产品的独特卖点，并为该产品进行一次有创意的商务策划。

第三章
商务策划的基本原理

【策划格言】

条条大路通罗马，商务策划就是寻找最近的那条路。

——王志纲工作室

【主要内容】

商务策划的求异原理；

商务策划的统筹原理；

商务策划的博弈原理；

商务策划的裂变原理；

商务策划的平衡原理。

【学习目标】

知识目标：

商务策划求异原理的内涵；

商务策划统筹原理的全局观念；

商务策划博弈原理的基本思想；

商务策划裂变原理的含义；

商务策划平衡原理的动态平衡。

技能目标：

掌握商务策划基本原理的内涵及意义；

领悟商务策划基本原理在实际商务策划中的运用；

运用商务策划的基本原理来解决实际的商务策划问题。

【开篇案例】

北京故宫博物院邀请您到宫里过年

北京故宫博物院成立于1925年，是以明清两代皇宫(紫禁城)和宫廷旧藏文物为基础建立起来的，以宫廷建筑群、古代艺术品及宫廷文化史迹为主要展示内容的大型综合性国家级博物馆。依据历年全国游客流量数据分析，每年冬季北京故宫博物院游客量较低。2019年春节前夕，北京故宫博物院发出了官方邀请函，邀请游客到"宫里过大年"，即首次推出"贺岁迎祥——紫禁城里过大年"主题展览。本次展览是故宫史上规模最大的展览，共设有"祈福迎祥、祭祖行孝、敦亲睦族、勤政亲贤、游艺行乐、欢天喜地"六大主题。为了全面地向游客展示清代宫廷的过年习俗，本次展览首次最大限度地还原昔日清代场景，为游客呈现一个充满年味的紫禁城。展览分为文物展览和实景体验两部分，其中，文物展览集中于午门、正殿和东西雁翅楼展厅，一共展出文物885件(套)。实景展览不局限在展厅里，还包括整座紫禁城的开放区域，恢复多种昔日皇宫过年的装饰和活动。工作人员还会根据皇家的膳档记录，还原皇家年夜饭场景，让游客感受古代最高规格的皇家交响乐团。

在大力宣传和精心策划下，"北京故宫邀您到皇宫过大年"的消息频频登上微博热搜，使广大游客知道"普通人能在宫里过年了"。中国新闻周刊、中国新闻网、央视新闻网、人民日报等各大主流媒体争先报道，微博、微信朋友圈的用户奔走相告，"我们是有史以来第一届能在宫里过年的普通人"。大量游客被在紫禁城中过年的"特殊待遇"所打动，纷纷在春节期间赶赴紫禁城。早在年前，初一到初六每日8万张的门票便已售罄，仅在大年初一故宫游客就同比增长了42.9%。春节故宫游客激增爆棚，等待进宫感受年味的游客排成长龙，堪比春运场面。故宫博物院有史以来首次在淡季启动8万人限流措施，这也是故宫首次在淡季达到参观人数的极限。

故宫门票预售系统显示，年后故宫门票销售依然火爆，游客纷纷前来"打卡"。元宵节前夕，故宫博物院再次开放普通观众预约平台并发布邀请函，"故宫首次晚间对公众开放，邀你正月十五夜游紫禁城"。

2019年2月19日(正月十五)、2月20日(正月十六)举办"紫禁城上元之夜"文化活动。活动地点主要安排在故宫博物院的午门展厅、太和门广场、故宫东城墙、神武门等区域。游客可近距离感受千米长的布满红灯笼的城墙、投影于屋顶的《千里江山图卷》等绘画作品，感受人在画中游的氛围。故宫94年来首开夜场的消息一夜之间再次刷屏，很多网友熬夜刷网站抢票，导致门票"秒光"。很多网友表示，自己连网站都没进去，票就已经被抢完了！

跨入2019年，北京故宫博物院在网上天猫商城的官方旗舰店销量激增，尤其是"宫里过年专题"热卖。其中"祥瑞"主题系列产品是最受欢迎的文创产品，就连神武门外的故宫角楼咖啡店，也是客满为患，"千里江山""抹茶卷"等故宫特色甜点受到了游客的热捧。

资料来源：新浪微博.

评析：北京故宫博物院这次策划的成功归功于策划人把握了商务策划的基本原理。例如，在人们的传统观念中，能够有幸接受康熙、雍正、乾隆、嘉庆、道光五代皇帝的皇家赐福，新的一年一定会福气满满。正月里，紫禁城内盛大气派，游客"奉旨入宫"，近距离感受传统、隆重、喜庆、吉祥的年味，在感受中国文化魅力的同时，满足了中国人皇城过年，象征祥瑞华贵的情结。商务策划是科学和艺术有机结合，以获得社会交换中更多优势和利益为目标的一系列创造性思维活动。博古论今，成功的策划都需要遵循一定的基本原理并加以运用，本章我们将学习商务策划的基本原理。

第一节　商务策划的求异原理

求异，是指追求标新立异，即勇于创新，敢于打破陈规，提出新的见解。商务策划的求异原理是指商务策划应独具创意、与众不同。国外一家专业统计机构曾针对某大城市繁华路段的广告投放效果开展了广泛的信息调研，最终结果出乎意料。大多数市民表示，对于投放在城市繁华路段上的昂贵广告路牌，即使每天经过，他们对广告内容仍毫无印象，甚至张冠李戴。现代城市中，人们对一些策划信息见得多了就会习以为常，自动屏蔽，这些策划信息的效果微乎其微。2005年，某卫视成功策划并举办了大型选秀节目"超级女声"，但是随后不断出现的各类选秀节目，就犹如繁华路段的广告牌，人们已经出现了视觉疲劳，红极一时的选秀节目因此渐渐被人们忽视直至淡忘。由此可见，商务策划人在人们习以为常的地方，使用人们习以为常的商务策划手段和方法，策划了人们习以为常的活动，仅仅是策划人在进行单方面的信息输出，无法激发受众对象的认知与共鸣。成功的商务策划是别出心裁的创新，只有这样才能在激烈的市场竞争中获得胜利。商务策划的求异原理是建立在思维创新的基础上的，思维创新是打破常规，突破人们惯常的思维定式，形成新的概念、新的理念、新的形象，并据此创造出新的具有社会价值和经济效益的新产品、新形象，等等。求异原理是商务策划的重要原则，商务策划的求异原理包括以下几个方面的创新。

一、运用逆向思维

逆向思维，又称求异思维，它是指对人们已成定论的观点或者习以为常的事物反过来思考的一种思维方式。换句话说，从问题的对立面深入地进行探索，树立新思想，创立新形象。当人们都朝一个固定的思维方向思考问题时，商务策划人却朝相反的方向进行思索，只有采取不同寻常的方式，才能够给受众对象留下深刻的印象。其实，针对某些问题，运用逆向思维，从结论倒推，反过来思考，或许会使问题简单化。例如，我们熟悉的"司马光砸缸"的故事，有小伙伴落入水缸，人们惯常的思维方式是想办法将小伙伴从缸里面救出来，而司马光急中生智，运用逆向思维，在短时间内无法将小伙伴从水缸里救出来的情况下，反过来思考，想办法让水流出来，他果断用石头将水缸砸破，挽救了小伙伴的生命。这里还有一个生动的例子，曾经有一位裁缝在吸烟时不小心将一条高档裙子烧了一个洞。人们的常规做法是想方设法弥补漏洞，而这位裁缝别出心裁，将错就错，在裙子四周又剪了许多洞，并精心饰以金边，然后，将其取名为"凤尾裙"。此举不但让这条裙子卖了个好价钱，还一传十、十传百，甚至有不少女士上门求购，生意异常红火。

以上例子说明，循规蹈矩的思维方式，以及按照传统方式解决问题虽然顺理成章，但不见得有好的效果，当人们受到习惯的束缚，"惯常"的思维和方法可能会显得僵化、刻板。其实，任何事物都具有多方面属性。通常情况下，由于受经验的影响，人们容易看到事物熟悉的一面，而对事物相对不熟悉的那一面视而不见。逆向思维能帮助人们克服这一障碍，当人们能够变换一下角度，反过来思考，结果往往出人意料，给人以耳目一新的感觉。

如今，逆向思维在商务策划活动中应用广泛。商务策划人运用逆向思维是指商务策划人采用与常规性的、常识性的、公认的、习惯的想法与做法恰恰相反的想法与做法，挑战传统与惯例，克服思维定式，破除由经验和习惯造成的认知模式。商务策划人通过采用造成巨大心理落差或差异化的品牌定位，往往能在形成品牌独特风格、突破常规广告受众对象认知、完成年轻化转型等方面取得独特效果。例如，英国消费品巨头利洁时集团于2017年2月宣布以每股90美元的价格、总价约179亿美元收购美赞臣，双方将强强联合，扩大规模，实现多元化经营，通过资源整合、区域互补，携手共创世界领先的消费者保健公司，更好地服务全球万千家庭及婴幼儿。最初，消费者并不买账，甚至持怀疑态度，但杜蕾斯脑洞大开的一句广告语"那些没有被我们挡住的孩子，我们负责养大"瞬间引起轰动，并在各大社交网络上广泛传播，微博话题"杜蕾斯收购美赞臣"的阅读量瞬间突破230万人次，不仅完美逆转之前尴尬的位置，还制造了一场规模浩大的品牌热点话题。由此可见，不按套路出牌的商务策划方案往往能出奇制胜，斩获意想不到的战果。这里，杜蕾斯运用了逆向思维，用与众不同的方式将原本的不利因素转化为可以利用的东西。在产品的宣传上，杜蕾斯并不以克服事物的缺点为目的，化弊为利，找到解决问题的突破口。

现实中，运用逆向思维的商务策划案例还有很多。多年前，杀毒软件并不是免费的，当时的瑞星、卡巴斯基、金山等正版杀毒软件的售价都在200元/年左右。360公司成立之初，奇虎360刚刚进入市场的时候，考虑采取以低价位取胜的方式，可是当创始人周鸿祎把360杀毒软件以25元/年的价格出售，公司仍然难以在市场竞争中获取一席之地。后来，周鸿祎完全转换了思路，率先推出免费杀毒软件，这一举动不仅改变了杀毒软件的盈利模式，开启了互联网免费时代，也为奇虎360迅速收获了大量用户。该公司主要依靠在线广告、游戏、互联网和增值业务创收。周鸿祎从已知事物的相反方向进行思考，从身处"绝境"到求得"生机"，转换思考的角度重新策划进入市场，最终使问题顺利解决。

上述两个例子不难看出，在商务策划中，运用逆向思维的宝贵价值体现在对人们现有认知的挑战。人们对事物的认知不断深化，常规思维难以解决的问题，通过逆向思维却可能获得最佳方法和途径。商务策划人运用逆向思维能够发现竞争对手没有注意到的地方，从而有所建树。商务策划运用逆向思维，会将复杂问题简单化，从而使办事效率和效果成倍提高。

需要指出的是，运用逆向思维时，需要注意以下几个问题：第一，商务策划人必须深刻认识策划对象的本质，逆向思维不是单纯地"反其道行之"，真正的逆向思维要建立在充分认识策划对象的基础上，必须考虑一定的科学性；第二，商务策划人在考虑运用逆向思维的同时，还需要考虑受众对象是否能够接受，或者在多高程度上接受其"与众不同"的方案。综上所述，商务策划人运用逆向思维要求以真实客观的信息为基础，保持自我、独立思考，敢于抛开固有的印象和陈旧的信息。同时，深入市场进行调查，提高判断事物的准确性和预见性，防止因片面宣传和信息诱导而误判。此外，商务策划运用逆向思维不可盲目，如果商务策划人对市场时机的把握不够准确，就会发生较大的偏差，而这种偏差有可能导致商家走向失败。

二、植入干扰信息

干扰信息是指那些能够使受众对象陷入"思维陷阱"的信息，这些信息能够在一定程度上分散受众对象的注意力。在商务策划中，植入干扰信息是指商务策划人利用另辟蹊径的策划方法和手段，将企业产品或服务话题的相关信息植入另一个产品或服务话题或宣传中，以提升企业的曝光率和知名度；或者将具有代表性的企业产品及服务的相关信息融入其他产品或服务的策划活动中，分享其曝光率和关注度，以达到潜移默化的宣传效果，从而达到某种商务策划目的。

研究发现，由于受众群体潜意识对商务策划宣传有抵触心理，多数情况下，商务策划人通过植入干扰信息的方式对企业进行宣传，往往会得到意想不到的效果。例如，1984年，洛杉矶奥运会的鞋类官方赞助商为匡威，然而奥运会期间，耐克标识和耐克代言运动员的巨幅海报却包围了作为奥运会主赛场的洛杉矶圆形体育场。该届奥运会结束后对美国人的相关调查显示，42%的被调查者认为耐克是奥运会的正式用鞋品牌，而官方赞助商匡威的身份认知度仅为15%。毫无疑问，耐克成功"抢镜"。现如今，随着国际上保护赞助商相关赞助权益条款与措施的强化，官方赞助商已拥有重要比赛场馆周围户外广告牌的优先购买权。不过，利用通往赛场的交通工具，如公交车、地铁等载体进行品牌传播，同样是一种效果较好的"偷袭"策略。在观赛之前和观赛结束这样两个关键时间节点上，迎合比赛的气氛和观众心态，无论是品牌形象展示还是产品促销广告，都有望取得较好的效果。

近几年来，随着各大体育赛事越来越受到大众的关注，商家也在绞尽脑汁尝试各类商务策划方案，旨在体育赛事期间，能使自身的产品和服务名声大噪。例如，"超级碗(Super Bowl)大赛"是美国职业橄榄球(即美式足球)大联盟NFL的年度冠军赛，胜者被称为"世界冠军"。超级碗一般在每年1月最后一个星期日或2月第一个星期日举行，那一天被称为"超级碗星期天(Super Bowl Sunday)"。超级碗多年来都是全美收视率最高的电视节目，并逐渐成为美国一个非官方的全国性节日。2015年的超级碗大赛开始前，沃尔沃汽车播出了一条广告，广告内容大意是：在超级碗比赛期间，看到其他汽车品牌的广告，观众只要发推特并带有沃尔沃的信息(类似于微博中@话题的操作)，就有机会赢取一辆沃尔沃汽车。通过这波神操作，沃尔沃只花了5辆汽车的价钱，就蹭到了其他做广告的汽车品牌在"超级碗"大赛的热度，观众只要在电视上看到相关汽车品牌的广告信息，或与朋友谈论起汽车就会想到沃尔沃的活动信息，并在线参与沃尔沃的活动。这一举动成功提高了品牌的关注度，沃尔沃汽车凭借美国"超级碗"大赛的热度进行广告策划，将沃尔沃汽车的营销广告成功植入其他汽车品牌的广告中，分散了原有的效果，使消费者淡化甚至淡忘了原有的策划主题，产生了计划以外的效果。

通过上述实例不难看出，商务策划人植入干扰信息，可将受众对象不知不觉地引向策划对象。这里，引导受众对象的方式不是直接推销，而是商务策划人努力挖掘受众对象的喜好和潜意识，激发受众对象的潜在需求，达到心灵上的共鸣。但需要指出的是，植入干扰信息时应注意以下几个问题：第一，随着相关法律法规的建立健全，干扰信息的植入不可以有悖于商务策划所在地区的相关法律法规；第二，多数情况下，植入干扰信息只适用于已经具有一定品牌知名度的品牌，受众对象需要在相当短暂的时间内识别该品牌的基本信息；第三，植入干扰信息的方式仅仅支持在较短时间内引起话题或者提高受众对象的广泛关注度，企业产品或服务的长期发展还需要商务策划人进一步的策划。

三、采用"Bug"营销

"Bug"一词一般泛指系统错误和系统缺陷，"Bug营销"又称为"漏洞营销"。然而，现实中并非所有的"漏洞"或"Bug"都是被企业管理者或决策者"漏"掉的缺口。"漏洞营销"是指企业将推出的优惠活动包装成暂时性的系统错误和系统缺陷，以此引导受众对象感知自己得到了力度很大的优惠，从而参与体验甚至是发生实际购买行为的一种策略。在商务策划中，商务策划人往往可以利用大众喜欢占便宜和猎奇等多种心理，有意识地制造一个系统错误和缺陷，从而引起人们热议，使策划信息深入人心，并迅速传播，将策划信息短时间内传向更多的受众对象，最终实现商务策划的目的。例如，2017年，肯德基App被网友爆料系统出现Bug，将账号生日改成"2016-08-28"即可在五分钟内获赠一张六人全家桶半价券。很多人原本对肯德基全家桶不感兴趣，但是考虑优惠力度很大，都纷纷去下载肯德基App，于是，肯德基App在短时间内进入应用市场排行榜前50，肯德基全家桶销量大增。其实，很多情况下，即使商家将产品五折销售，很多人不一定知晓促销活动的信息，即使获得信息也不一定去下载肯德基App并发生购买行为，而商务策划人有意识制造出来的系统"Bug"，能够准确抓住受众对象的心理，利用受众对象进一步开拓客户资源，起到了"病毒式营销"的宣传效果，同时培养了用户下载肯德基App并使用肯德基App的消费习惯。

通常情况下，商务策划人采用的"Bug"营销有以下几种形式。

(一) 网络支付系统"Bug"

支付"Bug"是指商务策划人在商品购买支付系统中设置"Bug"，以系统漏洞的形式让利，从而获得更多的话题关注度和用户数量的增长。

2013年6月21日晚，一则关于百度云支付系统出现Bug的消息在微博、各大论坛、新闻网站广泛传播，在百度云上只需要0.1元就可以购买原价近百元的会员服务。一时间，许多网友纷纷购买百度云套餐，特别是一些网友原本没有百度云的账号，也纷纷下载App并注册账号购买套餐。百度云在几十个小时之后修复了该项支付Bug，几天后，百度宣布百度云用户数突破7千万人，且正以每天20万人的速度增长。同时，百度推出的C2C支付平台——百付宝，也顺势通过宣传提高了知名度。支付系统"Bug"的例子还有很多，2018年11月17日凌晨，东方航空官网和官方App的国内航线机票出现"Bug价"，从2018年11月到2019年3月，飞往北京、上海、三亚、厦门、哈尔滨等主要城市的机票低至几百元甚至几十元，促销的航班非但不局限于"红眼航班"，还包括普通经济舱和头等舱，很多网友立刻制订出游计划并积极预订机票。事实上，这次东航提供的白菜价机票虽然横跨2018年11月到2019年3月，但完美地避开了春节期间，春节期间的所有机票都是正常价格。通常情况下，每年的11月到来年3月是航空行业传统的淡季(春节期间除外)，本来各大航空公司一般会在这个时间段打折促销，而东航独辟路径，利用系统Bug赚足了人气。

(二) 网络投票系统 "Bug"

各大网站常常会举办各类投票活动，不仅可以增加网站的点击量，还能提升网站的活跃度。其实，很多网络投票活动都存在系统 "Bug"，针对重复投票以及投票次数虽有相应的规则，但实际上没有严格的限制，用户可以通过浏览器的安全模式或上网无痕功能来反复刷票。例如，商务策划人设置一个 "萌宝投票" 的话题，受众对象一旦发现网络投票系统存在可以无限次投票的 "Bug"，就会号召亲朋好友反复无限次刷票，毋庸置疑，这个网站的点击量和活跃度直线上涨。

(三) 促销活动系统 "Bug"

1. 活动截止时间 "Bug"

通常情况下，商家的促销活动往往会设置活动截止日期，利用活动截止时间来使受众对象在浏览商品时产生时间紧迫感，从而迅速做出购买决策。这是商家常用的商务策划手段之一。但有些商务策划人会故意设置一些系统 "Bug"，即使到了截止时间，受众对象依然可以进行购买行为。当受众对象发现这个系统 "Bug" 时，就会产生奇妙的心理反应，即使原本没有购买计划，也会因为这个系统 "Bug" 而产生购买行为。

2. 重复购买系统 "Bug"

有些商家促销活动往往会限制购买数量，即限购，一些商务策划人会针对限购设置系统 "Bug"。例如，当用户在App购买一次，通过好友分享将链接发送给亲人朋友以后，还能继续购买。通过这种方式，不但能够刺激销量，还能获得更多的潜在用户。又如，某网站举办抽奖活动，每个ID原本仅有一次免费抽奖的机会，但只要好友通过用户分享的链接参与抽奖，该用户将获得多一次的抽奖机会，这样商家不仅获得了广泛的关注度和曝光率，还扩大了用户群。

综上所述，从寻常的思维角度来看，"缺陷" 与 "漏洞" 很难与广泛的市场关注度相关联。然而，从另一个不同寻常的角度来看，在瞬息万变的市场中，通过缺陷与漏洞能够发现市场的 "缝隙"，开辟新的市场，寻找新的商机。商务策划的经验告诉我们，创新才能脱颖而出，墨守成规、邯郸学步往往落入俗套，富有创意的商务策划需要策划人有意识地运用与传统思维和习惯不同的逆向思维方法，打破常规、另辟蹊径，才能出奇制胜。需要注意的是，商务策划活动需要设置一个止损点，即各类 "Bug" 在损失一定金额之后，应能及时被修复。

商务策划需要创新、创意、创造，不拘泥于普通人已有的思维和习惯，要做到出人意料又在情理之中。商务策划人应勇于实践创新并能平衡利弊，往往能收到意想不到的策划效果。

第二节 商务策划的统筹原理

统筹，是指通盘筹划。商务策划的统筹原理是指商务策划需要全盘规划、统筹考虑，换句话说，商务策划人需要从整体把握和驾驭全局。商务策划人应用系统的视角进行分析，将企业看作由若干相互联系、相互作用、相互依赖的因素组成的，具有一定的结构和功能，并处在一定环境下的有机整体。具体来讲，各因素之间、因素与整体之间，以及整体与外部环境之间，存在一定的联系，并具有一定的结构。商务策划人应始终围绕策划目标，把握每一个因素及因素间的联系，既要考虑诸多因素之间的相互作用，又要考虑诸多因素和整体之间的相互作用，还要考虑整体和环境之间的相互作用。通常，企业内部环境因素和企业外部环境因素相互作用，任何一个因素的变化都会影响其他因素的变化，进而影响整体的发展，所谓牵一发而动全身。同时，因素的发展也要受到整体的制约，这是因为企业整体的发展是各因素或部分存在和发展的前提。取得局部、阶段性的商务策划活动成果固然重要，但最终的策划目标是企业整体获得成功。商务策划的统筹原理包含以下几个方面。

一、全面布局规划方案

商务策划的早期发展阶段又称为"点子时代"，"点子"与策划方案的主要区别就在于"点子"仅强调一个创意和想法，并未从全局出发进行整体的策划。然而，商务策划如果要达到预期的目标与效果，需要各部门之间的紧密协作，而不能仅考虑某一个方面的因素或者实施某种单一的手段和方法。例如，20世纪90年代初期，海尔集团已经在中国市场占据优势地位，树立了自己的品牌，但是海尔的领导者张瑞敏认为，海尔和国外同类企业相比较，还存在一定差距，还不具备和国际大企业竞争的实力，张瑞敏提出海尔想获得长期的生存和发展，就必须全面实施国际化战略。于是，海尔实施了"三位一体"的本土化战略，即设计中心、营销中心、制造中心三位一体，全面展开全球化品牌战略策划。几年间，海尔在"思路全球化，行动本土化"的引领下，逐步在海外设立了10个信息站和6个设计分部，专门开发适合当地人消费特点的家电产品，提高产品的竞争力。海尔的国际化战略能够有效整合分布在不同地区的资源和资金，充分利用当地的人力资源和资本，并在全球范围内形成企业的竞争优势。短短几年时间，海尔已经在美国、欧洲等地区建立了有竞争力的贸易网络、设计网络、制造网络、营销网络和服务网络。海尔集团的全球布局策划使海尔成功踏出国门，成为全球大型家电品牌。目前，海尔在全球有10余个研发中心、21个工业园、66个贸易公司、143 330个销售网点，用户遍布全球100多个国家和地区。世界权威市场调查机构欧睿国际(Euro Monitor)发布的2016年全球大型家用电器品牌零售量数据显示：海尔大型家用电器2016年品牌零售量占全球市场的10.3%，居全球第1位。2018年12月，世界品牌实验室编制的《2018世界品牌500强》揭晓，海尔排名第41位。

二、全面考虑长远目标

商务策划人在商务策划活动中应具有全局观念和全局意识，即从整体利益出发，全面考虑局部和整体之间的关系，考虑企业内部与外部各因素相互联系和相互作用的发展过程，对未来的发展进行策划，不仅要考虑空间上的延展性，还要考虑时间上的延续性。商务策划人应通观全局，向长远看，在认清局势的前提下，用系统的眼光看问题，用联系和发展的眼光分析问题，尊重既定的、已有的市场规则和已经建立起来的平衡与秩序，强调各个部分、各个因素之间的团结协作，在明确局部、阶段性成果的基础上，梳理长期目标和短期利益之间的关系，通盘考虑进行策划决策。与此同时，商务策划方案是完整、长久的规划，需要细致、深入地实施，在保证可操作性的同时，强调管理的科学性和有效性，而不应盲目、片面地关注局部和阶段性成果。例如，菜鸟网络成立于2013年5月28日，它是一家以大数据为基础的智能物流网络公司，菜鸟网络的核心目标不是自建物流，而是为电商企业、物流公司等各类企业提供平台服务，从而为消费者提供极致的物流服务。该公司在成立之初，业内很多人都认为马云的想法过于大胆和理想化，无法想象菜鸟网络未来的发展趋势。随着新零售的发展，菜鸟网络旨在结合新零售，实现中国任何地方24小时送货必达、全球范围72小时送货必达。菜鸟网络将现有的社会物流解决方案重新定义，一方面加大在相关基础设施、运营网络、智能技术等领域的投资，另一方面联合现有的物流企业，前瞻布局面向新零售、全球化的菜鸟网络，搭建一张物流网络。2017年的"双十一"，菜鸟网络针对快递公司推出了更为详细的大数据预测支持。每个快递公司网点每天都能在线看到精准的预警信息，及时调拨人力和车辆。现如今，菜鸟智能仓配网络已经为全国1000多个区县提供当日达、次日达服务，天猫超市在生鲜领域推出了1小时送达的极速物流。在农村网络方面，菜鸟网络搭建了覆盖全国近3万个村庄的送货进村服务。在全球化方面，菜鸟网络联合全球物流伙伴加大世界电子贸易平台的全球物流枢纽建设、海外仓布局，为全球买、全球卖提供解决方案。

三、全面整合有效资源

商务策划的全面整合是指商务策划人对不同来源、不同层次、不同结构、不同内容的资源进行识别与选择，进行有机融合，并创造出新资源的一个复杂的动态过程。整合不是简单地叠加，而是优劣互补，实现智能匹配。有时候，看似不相关的事物，经过整合，可以产生意想不到的效果。例如，2005年湖南卫视和蒙牛乳业联手推出"超级女声"大型选秀活动，双方的合作不仅仅是活动冠名，通过产品推广和宣传形式的创新，以低成本运作获得了轰动效应。在赛制设置上，湖南卫视规定，选手在唱区选拔进入前十名后，比赛结果交由场外观众短信投票决定。在"超级女声"长沙赛区决赛的当晚，观众累计奉上了超过27万张短信选票。节目制作方、移动运营商、"超女"三方共赢，实现了销售系统和媒体的完美整合。2005年6月，蒙牛酸酸乳在广州、上海、北京、成都四城市的销售超过百万元。2005年"超女"决赛结束，在落下帷幕后的24小时之内，神舟电脑用7位数的代言费签下李宇春，同时推出售价在万元左右的神舟电脑"超女版"。当年，"超级女声"的策划案例，无疑成为年度最热门的商务策划案例之一。

综上所述，商务策划的统筹原理要求商务策划人始终围绕商务策划的整体目标，要保证整体目标和企业战略目标相一致。在商务策划的决策过程中，要将各个因素(如策划对象、策划目标、策划环境以及策划主体等)统筹安排，有机整合。商务策划人应有全局观念，不可盲目追求短期的效果和利益。但商务策划人也不可好高骛远，脱离实际地追求目前不可能实现的过高、过远的目标。此外，商务策划最终目标的实现也离不开局部的成功以及阶段性成果的取得。

第三节　商务策划的博弈原理

博弈，原义是指下棋，引申义是指在一定条件下，两个或多个参与者遵守一定的规则，为谋取某种利益而实施适当的行为或策略，并从中取得相应成果或收益的过程。博弈论，又称为对策论，既是现代数学的一个新分支，也是运筹学的一个重要学科。博弈论考虑参与者的个体预测行为和实际行为，参与者在平等的"游戏"对局中各自谋划，依据对方的策略变换自己的对抗策略，并研究它们的优化策略，以达到获取胜利的目的。博弈论的思想，在中国古代就已经出现了，相关的著作如《孙子兵法》。商务策划的博弈原理，假定商务策划人是理性的，借鉴博弈论的基本理论和基本方法，以最大化自己的利益为目标进行决策，在此过程中应遵循以下几项原则。

一、追求"满意"原则

"满意"原则是由美国学者西蒙提出的，从管理学的意义上讲，西蒙认为，所谓最优方案，就是对最好的资源采用最好的组合方式加以利用，从而获得最好的收益。然而，获得"最优"方案的理论假设企业管理者和决策者为完全理性的人，以"完全理性"为指导，按最优化准则进行选择和判断并做出决策，但现实中处于复杂多变环境中的企业管理者和决策者，要对未来做出"完全理性"的判断是不可能的。"满意"原则就是针对"最优"原则提出来的，西蒙主张采用"满意"原则代替传统决策理论的"最优"原则，即"最优"是不存在的，存在的只有"满意"，这才是合理的，也是能实现的。

西蒙在论述"满意"原则时，曾经举了一个例子：两个饥肠辘辘的人，来到一片玉米地，便再也走不动了，因体力不支倒地不起。其中一个人希望找到一个最大的玉米充饥，于是他在玉米地里不停地寻找，最终饿死在途中。而另一个人认为先找到一个相对比较大的玉米就可以充饥，于是他在伸手可及的范围内，摘下一只较大的玉米，等他的体力逐渐恢复，便在力所能及的活动范围内继续寻找，又找到一个较大的玉米，就这样，他的生命终于得救，体力也完全恢复。由此可见，追求"最优"的人，可能什么也得不到；而追求

"满意"的人，得到的可能是最佳收益。

在商务策划实践中，我们应借鉴"满意"原则的博弈思想，商务策划人应考虑限制决策的诸多影响因素，如时间、成本、环境、策划人信息处理能力等，对于策划结果不求最优而求最满意。例如，春秋时期的陶朱公是协助越王勾践灭吴的智者范蠡，他是中国历史上弃政从商的鼻祖。相传陶朱公在离开越国以后，来到了齐国境内，他在一个繁华地段发现了商机，便在那里开了家饭店，从菜色的价格、品质到种类都和当地的其他饭店相当。令人意外的是，饭店开业数日却无人问津。经过一段时间的观察，陶朱公发现其他饭店生意红火是因为他们的顾客相对稳定，这些回头客多半是这条街上的脚夫，他们食量较大，只关注饭菜是否耐饥饿。于是，陶朱公没有为了竞争食客而采取价格战，而是将小号碗换成大号碗，在价格不变的基础上不仅增加了饭菜的分量，还提高了菜品的质量，加入更多的鸡蛋、蘑菇和肉类。一个月下来，陶朱公不仅积累了一定数量的回头客，还不断有新客人闻名而至。就这样，陶朱公的生意越来越红火，慢慢地扩大规模，短短几年，就在当地先后开了几十家分店。陶朱公成功的例子说明，商务策划人在进行策划决策的时候，不能仅关注眼前的利益得失，也不能急于追求"最优"的策划方案。在这里，"最优"的方案当然是指价格不变、分量不变却能赢得顾客的方案，但由于各方面的限制，陶朱公选择了当前最"满意"的方案，即价格不变，加大分量和提高品质，他放弃了眼前的盈利，却获得了成功。

同样的"满意"原则，也在可口可乐和百事可乐的"百年大战"中被完美地运用。在早期的美国软饮料市场上，可口可乐占据垄断地位，当时的价格是5美分。百事可乐为了顺利进入市场，也将价格定为5美分，但容量是可口可乐的2倍。处于经济大萧条时期的美国消费者对性价比是敏感的，他们纷纷购买百事可乐，为百事可乐赢得了美国软饮料市场的一席之地。几年后，百事可乐扭亏为盈，在市场上打响了知名度，通过运用"满意"原则，打破了可口可乐一家独大的局面。

二、平衡取舍得失

商务策划的博弈原理，还包括"以己之长、克己之短"，即暂时舍弃局部利益，从而赢得整体利益。这需要商务策划人在心态上对得失的把握得当，懂得取舍，懂得放弃，先舍后得才能取得最终胜利，切不可患得患失。就如同中医可以将几百种中药进行不同的组合来治愈各种疾病，组合是中药药效的关键，依据博弈原理，商务策划运作得成功与否，不仅取决于单一要素的较量，更多时候取决于多项要素组合的竞争，商务策划人可以将手中的不同要素进行组合，对技巧策略的运用得当与否是成败的关键。古有"田忌赛马"的例子，比赛采取三赛两胜制，田忌通过"下等马VS上等马""上等马VS中等马"和"中等马VS下等马"而获三局两胜，最终取得了比赛的胜利。在"田忌赛马"的故事中，田忌就是策划人，"要素"就是上等马、中等马和下等马，要素之间的组合方式尤为重要，田忌放弃了其中一场比赛，却赢得整体比赛的胜利。

19世纪60年代，休布雷公司生产的史密诺夫酒在美国伏特加酒的市场占有率达到23%，另一家公司推出了一种新型伏特加酒，其质量与史密诺夫酒相当，然而每瓶酒的定价比史密诺夫酒低1美元。面对竞争，休布雷公司的营销策划专员既没有采取降价的措施，也没有增加广告投放费用和推销活动预算，而是将史密诺夫酒的价格再提高1美元，同时推出一种与竞争对手的新伏特加价格一样的瑞色加酒和另一种价格更低的波波酒。该公司的做法至今为人称道，为避免单一产品的"价格战"，推出不同产品。这里，产品是策划人手中的"要素"，策划人采用多种"要素"的组合，在提高一种产品价格的同时，推出与竞争对手产品极其相似的平价酒和低价酒，不仅实现了产品多元化，还通过多种产品组合的方式竞争，掌握了一定的主动性。

三、力争"双赢"局面

"双赢"译自英文"Win—Win"，"双赢"强调兼顾双方的利益。市场经济是竞争经济也是协作经济，因此在市场经济条件下的企业运作中，竞争与协作不可分割地联系在一起。在市场竞争中，竞争对手也可以是合作伙伴。商务策划人要善于利用各种要素，不再拘泥于"你死我活"的恶性竞争，而是迈向更高层次的竞争。企业管理者或决策者应懂得商业联盟，在有共同目标的前提下，强强联合或优势互补，以达到"双赢"的局面。曾经有这样一个故事，一个僧人夜行时看到有人提着灯笼向他走过来，在微弱的灯光下，僧人发现提灯笼的竟然是盲人，僧人感叹盲人的做法是为了路人在漆黑的夜里不被撞倒，然而盲人却说灯笼照亮了别人，也照亮了自己，路人再也不会因为夜色漆黑不能视物而撞倒盲人了。在激烈的市场竞争中，相同的道理随处可见。随着全球经济的不断发展，市场成为由生态链相互依存形成的生态系统，商务策划人应该充分借鉴博弈论的思想，市场上的每个参与者，如供应商、竞争者、消费者等都是博弈论的局中人，商务策划人的每一项策划决策都会对其他参与者产生影响，参与者的应对策略亦会同时作用到策划人下一步的策划方案，所以，商务策划人应尽量考虑多方面的利益相关者，力求"双赢"。例如，在蒙牛公司成立之初，中国的乳业市场主要被伊利、光明、三元垄断，蒙牛并没有针对任何一家公司发起攻势，而是打出了"向伊利老大哥学习"的口号，并号召与同在内蒙古地区的伊利公司携手共同将呼和浩特建为"中国乳都"。如此一来，化解了与伊利集团的正面"冲突"，创造了共存共荣的"双赢"局面，赢得了广大消费者和供应商的支持。与其相似的案例数不胜数，电子零售商亚马逊在踏入玩具市场的时候，为了快速占领市场，选择和当时全球最大的玩具零售商"玩具反斗城"联盟，成为合作伙伴，共同经营联合品牌网站，利用各自的优势进行合作竞争。亚马逊负责提供专业的电子商务网站开发、市场营销、履行订单和客户服务等业务，玩具反斗城负责为亚马逊提供品牌支持和解决购买需求。这样的战略避免了它们在未来可能发生的竞争，还一起抵御了来自其他玩具公司的竞争。

综上所述，商务策划的博弈原理不仅是针对实力和资源的博弈，也是博弈规则、博弈逻辑和博弈思维的竞争。商务策划人要善于借鉴博弈的思想，力求以弱胜强、以小博大。需要指出的是，在实际运用中，存在许多牵强附会和似是而非的不恰当应用现象，商务策划人要考虑实际环境，有的放矢地进行商务策划。

第四节　商务策划的裂变原理

　　裂变，是指由一些质量较重的原子核分裂成两个或多个质量较小的原子的一种核反应形式。有学者发现，核能量可以不断发生核子碰撞，释放能量的同时，又能使别的原子核发生核裂变，该过程持续下去称为链式反应。商务策划是一项极富创造性的思维活动，商务策划的裂变原理是指商务策划人的创意和创意之间进行碰撞，也如同原子核裂变一般，不断"裂变"，不断产生"火花"，不断聚集新的能量，不断创造出多样化的策划方案，不断产生新的理念和新的模式。一系列的"裂变"将最初的创意进一步延伸、完善和丰富，为进一步促进生产、拓展市场提供了保障。商务策划的"裂变"主要有以下几个思路。

一、扩大现有优势

　　"裂变"意味着企业不断分裂出与自身相同或相似的个体，在分裂的过程中，企业也在复制与传递竞争优势，如战略架构、组织结构、公司治理制度、决策体系、激励机制、品牌建设等，通过量的不断增长而扩大现有优势，将某项业务增加的新产品和服务拓展到新地域，以实现连锁品牌扩张。例如，肯德基在全球范围内不断连锁扩张，并在不同的国家根据当地人不同的饮食习惯，添加了不同口味风格的小食，进一步扩大其现有的品牌优势。百胜餐饮连锁企业通过肯德基的连锁扩张获得了较大的市场占有率，尤其是在中国的快餐市场取得了巨大成功以后，百胜餐饮又推出了"东方既白"中式餐饮连锁，根据中国人的饮食习惯进行菜饭配比，宣传语强调"中国人的快餐"，突出其营养均衡的特点。相似的例子还有很多，在微信朋友圈取得巨大成功以后，微信团队开始尝试测试朋友圈的广告功能。2015年1月25日，来自"宝马中国""Vivo""可口可乐"三个品牌的首批微信广告上线，立即成为当晚朋友圈热议的焦点。微信朋友圈广告与平常能够看到的朋友圈原创形式相似，由文字、图片信息共同构成，用户可以点赞或者评论，形成互动，受到很多商家和消费者的青睐。

二、复制成功模式

　　当企业在某一个领域取得了成功，可以顺势发挥其自身的优势和能力，在新的领域复制其成功模式，以此取得进一步的成功。例如，北京故宫博物院在2019年正月里举办了一系列活动，激发了人们对清代文化的热情。在这些活动的带动下，故宫博物院天猫旗舰店的文创产品销售火爆，故宫角楼咖啡厅生意红火，神武门的故宫火锅店也开张了。再如，小米公司成立之初主营智能手机，以高性价比和时尚的外观赢得了广大年轻消费群体的喜爱。随着"互联网+"的出现，智能家居渐渐兴起，小米公司进一步拓宽业务领域，复制其在手机行业的成功模式，仍旧以高性价比为主要特色涉足智能家居领域，实现手机和家用电器的智能联动。小米先后推出了无人机、平衡车、助力自行车、电动滑板等，使得小米公司在智能家居方向形成先发优势。现如今，小米又涉足儿童玩具领域，不断尝试拓宽其业务领域。

三、重建市场定位

"裂变"与转型具有相似的内涵，它们都意味着一种创新和全方位的转变。企业需要不断审视环境的变化，依据环境的变化，进行适当的转型和升级。企业往往通过购买或出售业务重新进行市场定位，以进一步为自身增加新的竞争优势。例如，联想兼并收购IBM的PC业务，加强了自身在PC领域的优势，为日后联想PC业务在全球占据霸主地位奠定了坚实的基础。

四、重塑企业基因

重塑基因意味着策划人对整个企业进行改造重塑，对企业整个价值创造方式进行全方位的改造。这意味着要从组织、文化、价值和能力诸方面着手，用新的方式创造价值。企业需要优化基因、重塑基因，通过重塑竞争优势，来适应不断变化的商业环境。很多企业敢于抛弃过去的成绩和经验，用重塑基因的方式来完成自身的裂变式转型。19世纪80年代，李宁凭借"体操王子"的美誉以及对运动行业的了解打造了同名运动品牌。随后，公司发展顺利，业绩一路攀升，1993年建立特许专卖营销体系；1998年建立运动品牌设计研发中心，并在2003年创造了销售额10亿元人民币的神话；2010年，李宁全年营业收入高达94.79亿元人民币。但是，由于市场细分不够科学，过度生产加上销售渠道管理不善，李宁公司在大踏步前进后，于2011年进入大踏步后退的阶段。李宁连续3年亏损总额高达31亿元，仅在2012年，李宁公司共计关店1821家。李宁公司为了扭转亏损的现状，开始尝试对企业进行全方位改造，试图通过提升产品、渠道和零售运营能力来重塑企业基因。李宁对渠道结构进行了积极改造，加强经销商和销售渠道管理，重新塑造品牌文化，加强产品高科技研发并增加投入，提升品牌附加值。在平衡本土化与国际化经营的同时，分别在北京、上海开设iRun俱乐部，并在上海开设了第一家跑步品类店，集专业跑步装备、跑姿测试、运动社交于一体。2018年上半年，公司中期业绩公告显示，李宁上半年营收达到47.13亿元，同比增长17.9%；净利润2.69亿元，同比增长42%。

综上所述，企业为了在市场竞争中获得可持续发展，需要成功的商务策划。商务策划的裂变原理意味着企业能够从裂变中扩展现有优势、增强新的优势，并创造出新的商业模式、扩宽新的市场、发现新的商机。福特在汽车行业率先实行标准化流水线生产，为自己带来了巨大的收益；Uber在全球率先尝试共享经济模式，颠覆了传统汽车出租行业，为自己缔造了高额的估值；小米在中国率先采用互联网思维，通过C2B预售方式改造了传统的手机销售模式，为自己创造了销售神话……商务策划人应顺应时代的发展，依据裂变原理，制定具有前瞻性的策划方案。

第五节　商务策划的平衡原理

平衡，原是指一个或多个事物对立的各方面在数量上相等或相抵，或者是指两个或两个以上的力作用在一个物体上，各个力互相抵消，物体仍保持原来的运动状态。系统的变化总是处于从一种平衡状态到另一种平衡状态的循环中，任何事物都有保持和趋向平衡的本能，系统在不平衡时极力自动趋向平衡，达到平衡时又竭力维持平衡，平衡意味着相对的统一。商务策划的平衡原理是指商务策划方案要尽量考虑"系统的平衡"，策划人在考虑创新和创意的同时，不可打破事物原有的平衡规律，才能够稳中求胜。

一、平衡程序与主题

现实中，很多商务策划方案的思路非常复杂，过分强调了商务策划的艺术性。比如，有一些广告策划中运用大量的电脑特效，这样不仅操作难度大，而且成本很高；还有一些平面广告由于策划人给出的信息量过多、过杂，导致画面复杂难懂、杂乱无章，受众对象在困惑的同时完全领会不到策划主题，更谈不上接受策划主题。所以，上述策划方案不如操作简单的程序和简单生动的画面更加引人入胜。由此可见，商务策划方案应简单易行，越是简单的事物，越是能给人留下深刻的印象，简洁明了的策划方案切实可行，且成本低；复杂的策划方案，如果牵强附会反而让人困惑，同时难以操作，并加大成本。当然，简单易行并不是纯粹的简单，往往简单的主题却充满奥秘，令人回味。

许多餐饮业的经营者常常费尽心思，设法制定不同的策划方案，以此来吸引顾客，如推出特色菜、价格优惠等，但效果时好时坏，往往都不太理想。提到咖啡厅，人们首先会想到星巴克，到星巴克喝咖啡的顾客并不仅仅是为了喝咖啡，而是寻找一种时尚的感觉与突显品位。吸引以及满足于他们的并不在于事物的本身，而是在于事物所赋予的其他意义。星巴克之所以成功，就是把握了人们这一心理，赋予了咖啡另一重意义，并且通过各种各样的方法去调动人们的感官。比如，消费者来到星巴克就会听到轻缓而浪漫的音乐，看到落地的橱窗，以及充满了情调的装饰布置，就连咖啡杯、咖啡勺都是精挑细选的。这一切都给消费者带来了品尝咖啡之外的心理满足，让消费者得到了与众不同的消费感受与体验。星巴克的营销本质就是调动人们的感觉器官，创造一个特殊的氛围，让人们去感受。所以说，餐饮业的经营之道并非想象中那么复杂，注重消费者的心理感受，满足消费者对食物之外的需求，调动消费者的感觉器官，让他们从内心深处感受到一种氛围，往往能取得意想不到的效果。成功的商务策划方案，应牢牢抓住策划目的，简化烦琐的程序和环节，至简至易地体现策划目的。

二、平衡市场规律

市场的基本特征是交换，商品是交换行为的客体，商品所有者是市场的主体，即生产者和消费者。商品交换的规律反映到市场经济中，形成了市场经济发展的一般规律，如价格机制、供求机制、竞争机制、决策机制等。平衡市场，是指市场上的众多参与者处于价格、供求、竞争等各方面的平衡状态，在多方力量相互制约下稳定而又均衡运行的市场。在商务策划中，当多重策划信息涉及多方面的利益相关者或受众对象时，商务策划人需要尽量维持市场规律的平衡，失去平衡将对自身形成不利影响。例如，2005年国美电器曾掀起平板电视降价风暴，以大幅度低于市场其他商家的价格进行售卖，这个举动无疑打破了原有市场的价格体系，导致市场失去了价格的平衡体系。这一举动遭到中外各大彩电厂商的联合抵制，他们纷纷表示，将实施全国统一定价，禁止任何卖场任意降价。一时间，国美的促销活动陷入有名无实的困局，卖场中的许多促销商品被打上"暂时缺货"的标签。

三、平衡策划收益和活动效果

在第一章中，我们提到了商务策划的基本原则。其中，利益主导原则意味着商务策划活动都有其特定的利益目标，成功的商务策划会为企业带来收益。商务策划的活动效果是指商务策划活动本身产生的效应，策划活动影响的受众人数，即策划知名度。一般来说，接受策划信息的受众人数越多，商务策划知名度越高，说明商务策划活动的效果越好。但在现实中，商务策划知名度和商务策划收益不一定相关联，商务策划活动知名度高，但收益不一定好。有时候，商务策划方案的知名度很高，商务策划活动的效果很好，但是离预期的商务策划收益目标相差很多。因此，成功的商务策划是指那些策划效果和策划收益双丰收的策划。

2019年初，贺岁电影《小猪佩奇过大年》成功举办了全球亲子首映礼，开展了"年俗""全家福""配音秀"等超多主题互动，六百名亲子家庭共享欢乐。随后，电影《小猪佩奇过大年》宣布定档大年初一，并推出首款"行大运"版海报。海报以中国传统民间艺术——窗花为造型，佩奇、乔治与新角色熊猫双胞胎在镂空窗花的周围微笑招手，其间点缀的梅花傲雪绽放，象征"幸福运"，传统的中国结匠心编织，寓意"团圆运"，整张海报洋溢着中国传统春节的祥和气氛。英国动画片《小猪佩奇》一直深受孩子们的喜爱，策划人又推出了创意先导片《啥是佩奇》作为预告片和宣传片。先导片中，孩子们熟悉的羚羊老师讲解春节习俗，佩奇和伙伴们舞龙舞狮。之后，电影《小猪佩奇过大年》发布了一款分外应景的"南极行"剧照，佩奇全家驾飞机出游南极，在一片银装素裹中不仅遇见了好朋友苏茜，还和极地企鹅一同玩耍，一家人其乐融融，享受了一次冬日欢乐之旅。就这样，在一系列商务策划的推动下，大大提高了电影《小猪佩奇过大年》的关注度。该电影预售票房火爆，斩获春节档亲子电影预售票房、排片、上座率等多项冠军，各大网络平台"想看"指数呈大幅上涨之势。动画电影在春节档一直是刚性需求，而《小猪佩奇过大年》正好填补了低龄向动画的空缺。可是，该片上映后在竞争激烈的春节档不仅口碑垫底，票房也垫底，与上映之前的火爆形成了强烈的反差。

不难看出，电影《小猪佩奇过大年》的前期策划是成功的，可以说产生了轰动效应，但最终的收益不甚理想，甚至产生了负面影响。由此可见，商务策划人应将策划活动的效果与策划收益紧密结合起来，策划活动是否具有影响力，关键在于能否真正影响消费者的购买行为，能否为企业带来最终的实际收益。能够直接影响收益，这是商务策划活动的宗旨。

四、平衡商品的价格与品质

在市场经济中，商品的价格是商品同货币交换时商品价值的表现。商品的品质是指商品的内在质量和外观形态的综合表现。通常情况下，不同品质的商品具有不同的使用价值，商品的品质是决定商品价格的关键性因素。不同的商品品质可以满足不同的需求，也对应不同的商品价格。所以说，商品的价格传递着重要的信息，价格高，则传递的信息是高品质、好品牌(信誉、服务、形象等)。曾有人在北京著名的天意小商品批发市场做过一个有趣的实验，将一款纯棉T恤衫以18元一件的价格出售，商品销量一直不理想，然后店主将价格提高了10倍，销量一下好了起来。

20世纪中期，索尼彩电在日本已经取得广泛的知名度，但在美国一直不被顾客接受。索尼公司的调研人员前往芝加哥市进行调查后才得知，为了打开索尼彩电在美国的市场，索尼公司的管理者曾多次在当地媒体上发布降价销售的广告，导致当地消费者对索尼彩电产生了低廉价格、低端品质的糟糕印象。显而易见，试图通过降价策略来提升索尼彩电销售量是错误的策划方案。

由此可见，商务策划人在进行商务策划时需要平衡产品或服务价格与其品质的关系。在消费者心目中，低价格往往意味着低成本，难以实现真正的高品质。通常，低价格、低品质不符合市场消费者的需求，消费者在追求低价的同时往往不能接受低品质，而高价位、低品质必然引起消费者的不满，适当的高价位同时提供高品质的产品和服务往往能取得可持续的成功。

好利来创立于1992年9月，以现场制作、即刻销售的经营模式和风格新颖的蛋糕样式，赢得了万千消费者的喜爱。好利来以经营蛋糕、面包、咖啡、饮料、月饼、汤圆、粽子等产品为主，拥有分布于全国的庞大的连锁经营体系。随着米旗、面包心语等竞争对手进入市场，竞争激烈。由于食品行业本身差异化小，技术含量低，难以形成独特的卖点。好利来的策划人认为，价格战不可取，低价不能赢得消费者的认可，相反只能让消费者得出低价、低品质的结论。好利来首先推出高端产品"黑天鹅"系列，在产品创新的同时，其店铺也装潢一新，统一的白色店面，体现了高端与华丽的特色。区别于传统的连锁店经营模式，好利来也开始从单一的贩卖向多元的服务转型，率先采用传统渠道与电子商务相结合的经营模式，在销售的城市建立了呼叫中心、制作中心和配送中心。消费者可以通过店面订购、网络订购和电话订购多种方式预订蛋糕。同时，在一些繁华的商业地段，好利来推出"好利来Coffee"，不仅提供饮品类产品，而且实行24小时营业。烘焙行业的连锁经营，在产品结构上无法实现太快的革新，但是可以在经营模式和服务模式上进行充满新意的策划。好利来通过推出高端系列产品、装修店面、提高价格、改变经营模式和服务模式，一下子就突出了品牌的差异化，在烘焙行业一路领先，成为行业的领导者。

五、平衡多种策划信息

信息，泛指人类社会传播的一切内容。人类通过获得、识别自然界和社会中的不同信息来区别不同事物，进而认识和改造世界。策划信息，是指商务策划人希望传递给受众对象的内容。然而，商务策划人在进行策划活动的时候，可能会有多种策划信息同时存在的情形，策划人需要平衡处理，以避免冲突、失去平衡，否则最终将影响策划效果。例如，《变形金刚2》中强行出现的伊利舒化奶，《变形金刚4》中惊现乐视超级电视的广告车和中国建设银行的ATM机，《变形金刚5》中出现"hello，酷狗"、魅族手机、中国银行建筑和优信二手车网页，都让观众感到自己被"策划"了，大呼不妥，纷纷吐槽。然而，在2018年11月上映的电影《蜘蛛侠：平行宇宙》的首个预告片中，迈尔斯·莫拉莱斯穿着经典的乔丹1代战靴发射蜘蛛网，人们却被影片和乔丹战靴同时吸引。2018年12月14日，跟随《蜘蛛侠：平行宇宙》北美首映的脚步，耐克在官网发售了新款的Air Jordan 1(AJ1)运动鞋"Origin Story"，售价为160美元，发售不久即显示"售罄"，其他球鞋零售商如Foot Locker、East bay和Finish Line的线下销售点也迅速被抢购一空。在良好口碑的加持下，《蜘蛛侠：平行宇宙》和"Origin Story"背后的索尼和耐克实现了双赢。

近年来，中国国产品牌纷纷展开了与漫威的合作。例如，安踏的KT3和"黑豹"的联名球鞋，李宁的"钢铁侠""绿巨人"复古运动板鞋，等等。这些案例都说明，多种策划信息恰到好处地呈现，能实现多种策划目标的共赢。如果商务策划人过度添加策划信息，难免顾此失彼。当商务策划需要添加多种策划信息时，务必要与受众对象相匹配，同时，多种策划信息之间也要完美匹配。

思考与练习

一、填空题

1. 商务策划的(　　)原理是指商务策划应独具创意、与众不同。

2. (　　)，又称求异思维，它是指将人们已成定论的观点或者习以为常的事物反过来思考的一种思维方式。

3. 随着法律法规的建立健全，干扰信息的植入不可以违反商务策划所在地区的相关(　　)。

4. 商务策划的(　　)原理是指商务策划人需要从整体把握和驾驭全局。

5. 商务策划的博弈原理，假定商务策划人是(　　)，借鉴博弈论的基本理论和基本方法，以最大化自己的利益为目标，从而进行决策。

6. 商务策划的博弈原理，还包括暂时舍弃(　　)从而赢得整体利益。

二、判断题

1. 逆向思维是指从问题的对立面深入地进行探索，树立新思想，创立新形象。（　　）

2. 简单来说，运用逆向思维即"反其道而行之"。（　　）

3. 现实中处于复杂多变环境中的企业管理者和决策者，要对未来做出"完全理性"的判断，永远选择最优的方案来解决问题。（　　）

4. 多数情况下，植入干扰信息只适用于已经具有一定知名度的品牌。（　　）

5. 通常，商务策划运作得成功与否，仅取决于商务策划人手中单一要素的较量。（　　）

6. 市场竞争中，竞争对手永远无法成为合作伙伴。（　　）

7. 成功的商务策划人，能够尽量减少不必要的程序和环节，化繁为简，抓住策划目的，至简至易地体现策划目的。（　　）

三、单项选择题

1. 下列选项中，不符合商务策划求异原理的是（　　）。

A. 运用逆向思维

B. 植入干扰信息

C. 采用"Bug"营销

D. 追求"满意原则"

2. 下列有关商务策划统筹原理的描述中，不正确的是（　　）。

A. 商务策划的统筹原理，是商务策划人对不同来源、不同层次、不同结构、不同内容的资源进行识别与选择，进行有机融合，并创造出新资源的一个复杂的动态过程。

B. 商务策划最终目标的实现离不开局部的成功以及阶段性成果的取得，所以偶尔为了取得阶段性成果，可以暂时放弃整体布局。

C. 商务策划人应有全局观念，不可盲目追求短期的效果和利益。

D. 商务策划如果要达到预期的目标与效果，需要各部门之间的紧密协作。

3. 下列关于满意原则的选项中，正确的是（　　）。

A. 现实中，"满意"原则不能代替传统决策理论的"最优"原则

B. 满意原则假设策划人或决策者是完全理性的人

C. 在商务策划中，商务策划人应考虑限制策划人决策的诸多影响因素，商务策划人对于策划结果不求最优而求最满意

D. "最优"方案，就是最好的资源，采用最好的组合方式并加以利用，从而获得最好的收益。只要策划人努力，就可以实现

4. "田忌赛马"的故事运用的是商务策划中的（　　）。

A. 求异原理

B. 博弈原理

C. 平衡原理

D. 裂变原理

5. 麦当劳通过连锁扩张获得更高的市场占有率，这是运用了商务策划中的(　　)。

    A. 求异原理

    B. 博弈原理

    C. 平衡原理

    D. 裂变原理

6. 2005年，国美电器掀起平板电视降价风暴，但是结果并不尽如人意，原因是(　　)。

    A. 受众对象(消费者)无法领会商务策划主题

    B. 商务策划人的策划方案缺乏艺术性

    C. 商务策划人的策划信息量巨大

    D. 商务策划人打破了原有市场的价格体系，失去了价格的平衡体系

四、思考题

1. 举例说明商务策划的基本原理与作用。

2. 简述商务策划的基本原理。

3. 商务策划中的"裂变"意味着一种新的商业模式、一个新的商业机遇的出现。请对上述观点进行论述。

4. 市场上销售的洗发水往往有多种功能，如深度损伤护理、柔滑滋养水润、去屑清洁柔顺、养根韧发修护等。经调查，对洗发水进行有针对性的分类，更容易得到消费者的青睐，有利于产品的销售。试用商务策划的基本原理来分析这一现象。

5. 商务策划中的求异原理和商务策划实践中的可行性之间是否存在矛盾？商务策划人应如何解决？

五、案例分析题

1. 每年圣诞节，NBA都会安排几场重量级比赛，这些比赛被称为"圣诞大战"。在2015年中国区域的NBA圣诞大战直播中，魅族与NBA网络独家转播平台腾讯体育合作，魅族手机当起了"圣诞老人"，发起了"进一个三分球送一部手机"的抽奖活动，成为最受球迷期盼的一个品牌。腾讯NBA赛事直播期间，任意一方只要投进一记三分球，魅族就送出一部MX5手机，这也就意味着，场上的每一次三分远射都会撩动观众的心弦。魅族将一部手机和每一个三分球紧紧联系在一起，于是观赛弹幕频频显示"多进三分，我要手机"等内容。这样一来，不需要魅族抢镜，球迷观赛的热情与品牌自然地连接在一起。三场圣诞大赛直播，球员一共命中39个三分球，腾讯体育社区中"魅族三分时刻"活动帖获得了超过87万条留言，占据当日论坛总回复的一半以上，再搭配腾讯体育App、腾讯新闻客户端以及腾讯网迷你页的品牌露出，魅族这一波39部手机的投入，掀起了用户参与的新高潮。在中国赛事直播史上，这也是第一次以全新的形式引发了全民狂欢的热潮。湖人VS快船单场比赛在两个半小时内，回复量就攀升至49万，这样大的体量无疑创造了中国互联网直播互动史上的新纪录。

2. 2017年，共享经济共起，摩拜和ofo之间的竞争进入白热化阶段，在摩拜的"充一百送一百一十元"的活动中，支付程序中也出现了"Bug"，用户只需支付一元钱即获

得一百一十元的账户余额。这次支付"Bug"为摩拜吸引了大量新用户，成功赢得市场占有率。

请用商务策划的基本原理来分析上述商务策划案例取得成功的原因。

六、实训练习题

通过查阅相关资料，寻找商务策划的实际案例，谈谈商务策划基本原理在策划中的应用。

第四章
商务策划的基本方法

【策划格言】

想出新办法的人，在他的办法没有成功以前，人们总说他是异想天开。

——马克·吐温

良好的方法能使我们更好地发挥天赋的才能，而拙劣的方法则可能妨碍才能的发挥。

——贝尔纳

【主要内容】

商务策划方法概述；

商务策划的一般方法；

商务策划的专用方法。

【学习目标】

知识目标：

商务策划方法的概念；

商务策划一般方法的特征及分类；

商务策划专用方法的特征及分类。

技能目标：

理解商务策划方法的内涵及意义；

领会商务策划一般方法的实际应用价值；

掌握商务策划专用方法的实际应用价值。

【开篇案例】

"白加黑"感冒药成功的启示

在20世纪90年代，我国感冒药市场中同类药品甚多，市场竞争日益激烈，产品高度同质化情况严重，无论中成药还是西药，都难以做出实质性的突破。康泰克、三九等大品牌凭借强大的广告攻势和品牌优势，早已经占据一席之地。在这样的背景下，实力不算雄厚的江苏启东盖天力制药股份有限公司推出了"白加黑"感冒药。"白加黑"感冒药的产品策划受众人群是希望病症能够得到快速有效缓解，而又不影响日常生活作息的上班族和学生族。与其他同类产品相比，"白加黑"在主要成分、功效、作用等方面并没有本质上的改变，产品策划人尝试改变的仅是受众群体的用药习惯。市场同类产品在服用后会影响原本的作息时间，人们会在瞌睡中影响白天的工作和学习，而"白加黑"针对该问题，在策划产品时把感冒药分成白片和黑片，并把感冒药中的镇静剂"扑尔敏"放在黑片中，采用黑白分明的药效配方，在迅速消除感冒症状的同时，做到白天不瞌睡、晚上睡得香。同时，在产品命名上，受众群体很容易区分白片与黑片。"白加黑"感冒药上市仅半年就后来者居上，销售额突破1.6亿元，在竞争白热化的感冒药市场上"抢走"了15%的市场份额，坐上了行业第二品牌宝座，堪称商务策划的一个奇迹。

资料来源：卜庆锋.市场营销与策划[M].北京：电子工业出版社，2011.

评析："白加黑"感冒药在多个方面实现了突破，取得了成功，主要归功于盖天力公司综合运用了多种商务策划方法。首先，在产品策划方面，策划人率先采取白天夜晚分别服药的方法，在感冒药市场上开了先河。其次，在产品命名外观设计上，使用"白加黑"，简单、明了、直白，直指产品的内涵，很容易让消费者入耳、入脑、入心，"白片"和"黑片"形象直观，与消费者的用药场景完全契合，切中了现实需求，引起了消费者，尤其是上班族与学生族的强烈共鸣。再次，"白天吃白片，不瞌睡；晚上吃黑片，睡得香""治感冒黑白分明，效果分明"等广告词直接传达了产品核心信息，清晰准确，至今仍耳熟能详。最后，盖天力公司在进行广告宣传和推广的同时，在新闻媒体上发表了大量宣传"医治感冒新概念"的科普文章，在一定程度上为刮起"白加黑"旋风扫清了障碍。本章我们将要学习和探讨商务策划的基本方法。

第一节　商务策划方法概述

人类在认识和改造世界的过程中，始终要面对这样或那样的问题。我们做任何事情，都需要梳理清楚"做什么""为什么做""怎么做"。"方法"针对的就是最后一个环节"怎么做"。我们在探讨商务策划的基本方法之前，首先应明确何谓"方法"。

一、方法

(一) 方法的概念

人类对方法的认识和把握经历了从无到有、从简单到复杂、从低水平到高水平的发展过程。人类对方法的认知起源于2400多年前的一种木工，木工借助工具"规"与"矩"去操作，就可以达到预期目的。由此可见，原始意义上的方法是物化的工具，类似于今天所说的手段。在现代意义上，方法不再是物化的手段和工具，而是人类认识客观世界和改造客观世界应遵循的某种方式、途径和程序。英国哲学家培根把方法称为"心的工具"，他认为方法是在黑暗中照亮道路的明灯，是条条蹊径中的路标，它的作用在于"能给理智提供暗示或警告"。列宁曾引用德国哲学家黑格尔关于方法的论述："在探索认识中，方法是工具，是主观方面的某个手段，主观方面通过这个手段和客体发生关系……"从上述分析可以看出，方法是主体和客体间的桥梁，即方法在主体和客体的共同参与下展开，方法是主体在已有理论和经验的基础上对客体进行思维加工，从而认识客体并揭示其发展规律，使主体获得新知识的途径。在这一过程中，方法也在主体和客体的相互作用中得到发展。

综上所述，方法是解决思想、说话、行动等方面问题的法则与技巧，是理论的具体化，是对经验的总结，也是人们以理论或实践的方式认识和把握世界的中介。人们通过将相关方法作用于客体，使客体能够满足实际需要，进而实现目的。

(二) 方法的要素与特性

方法的发展往往要受到多种因素的制约，一般情况下，它与人们的知识、经验、文化、观念等紧密联系，是由生产方式和生活方式决定的。

1. 方法的五要素

人们普遍认为方法具有结构性，即由目的、知识、程序、格式、规则五个要素构成。这五个要素在方法中各有不同的作用和地位。

(1) 目的是方法的核心和灵魂，在方法中起决定性作用，其他要素都为其服务，并随着目的变化而进行相应的调整。

(2) 知识是方法的前提和保障，在方法中起基础性作用，它为其他要素的运行提供理论、经验等方面的支撑，有时也可直接转化为方法。

(3) 程序规定了方法展开的过程，指明了方法的发展道路。

(4) 格式是目的由一种程序过渡到另一种程序的中介和桥梁。

(5) 规则是方法中各要素的总纲，它规定了方法的适用范围，并约束规范主体的行为。

2. 方法的特性

(1) 目的性。任何方法都是为了实现某一目标或达到某种目的而存在的，有什么样的预期目标，直觉决定采用什么样的方法。

(2) 统一性。方法具有主观和客观的统一性。方法是为了实现主观目的而存在的，人们在选择方法时需要主观做出判断和决策，因此方法具有主观性；与此同时，方法与预期的目标存在客观联系，当客观条件不具备时，也会制约方法的展开。

(3) 层次性。方法的内涵主要包括三个层次：第一层次是普遍适用的一般方法，第二层次是解决一类问题的通行方法，第三层次是解决特定问题的个别方法。需要说明的是，这三个层次并不是完全独立存在的，而是具有一定的联系。例如，一般方法可以从其他方法中概括总结而来，同时渗透在其他各类方法中，并通过各类方法而发挥作用。

(三) 方法的重要性

方法是人类观察问题、思考问题和认识问题的途径与方式，也是人类解决问题、处理事务、改造世界的路径与手段。方法得当，问题便会迎刃而解；方法不当，问题只会不断出现。毛泽东同志在领导革命和治国理政过程中经常强调方法问题，他指出："我们不但要提出任务，而且要解决完成任务的方法问题。"不解决方法的问题，提出任务也是空谈。毛泽东同志之所以能够领导党，带领人民摆脱艰难困苦，原因之一是他重视方法研究，能依据不同的战略形势，有针对性地提出不同的作战方法。例如，土地革命战争初期，敌我力量悬殊，红军以游击战为主；红一方面军成立后，开始转变战略，以运动战为主，并取得了四次反"围剿"战役的胜利；抗日战争开始时，根据敌我关系和形势的变化，主动进行战略调整，再次以游击战为主。

下面通过两个故事来说明方法的重要性。

故事一：和尚分粥。在一座寺庙里，因为粥少和尚多，每天大家都要分着吃粥，一旦有人吃多了，其他和尚就吃得少，甚至吃不着。于是，大家共同推选了一位资历较深的和尚，让他负责分粥。开始的一段时间，粥分得比较平均，大家相安无事，可是时间一长，分粥的和尚就根据亲疏远近的不同，分粥有多有少。于是，有和尚提议大家轮着分粥，避免因为某一个和尚独占分粥权利而导致不公。这个办法得到了大家的认可，在刚开始执行的时候效果确实不错，可是时间一长问题又来了，好不容易轮到一次分粥的机会，每个人都想尽办法给自己多分一些、多留一些。这时候，又有一位和尚提出，为了避免分粥的人留私心，提前把所有的粥都按照人数分好，每个人都可以选择其中一碗，但是负责分粥的和尚必须最后一个去选。从此以后，分粥不均的事彻底得到解决。

故事二：推广马铃薯。马铃薯原产于美洲，法国的巴蒙蒂埃发现马铃薯产量大，营养价值、食用价值高，非常具有推广价值，便采用很多办法宣传马铃薯的好处，介绍其种植方法。但是无论他怎么推介，人们始终无法接受这种农作物，甚至有人将马铃薯看成破坏环境、损害健康的"魔鬼"。最后，他找到了国王，请求其派全副武装的士兵在白天帮他守卫马铃薯田，晚上士兵全部撤出。这一举动立即引起邻居们的注意，他们很好奇这块田地到底有什么特别，竟然有这么多士兵来守卫。于是，这些邻居白天偷看巴蒙蒂埃在做什么，晚上则偷挖马铃薯种到自己的田地里，就这样一传十、十传百，马铃薯种植迅速传遍整个法国。

以上事例说明，做任何事情只要选择了正确的方法，就会事半功倍，商务策划也不例外，下面我们来探讨商务策划方法的内涵。

二、商务策划方法的内涵

商务策划起源于近代商业制度出现之后，近年来得到广泛应用。商务策划总是与一定的方法和手段联系在一起，近年来经过不断地发展和完善，商务策划方法已越来越系统化、专业化，并逐渐成为一门新兴学科。商务策划既具有相对独立的研究内容，又与运筹学、管理学、统计学、信息学等学科紧密联系。运筹学、管理学、统计学、信息学等学科的进步和发展为商务策划的发展提供了有力支撑，而商务策划在不断丰富和完善的同时，也对其他关联学科有一定的促进作用。

商务策划方法是为了达到某种商业目的而存在的，为了达到商务策划委托方的商业目的，商务策划既可以做战略性策划，也可以做战术性策划，既可以用定量分析方法，也可以用定性分析方法。对于某一场特定的商务策划来说，所使用的具体策划方法又是不同的。本书所介绍的商务策划方法侧重于共性、通用的方法，对个性化、特殊化的方法不作详细描述。

第二节 商务策划的一般方法

在介绍商务策划的一般方法之前，有三个方面的问题需要予以明确：第一，按照前文对方法层次性的介绍，商务策划方法从属于一般方法。因此，商务策划方法要在一般方法的指导下，运用相关的策划手段开展商务策划活动。这里提到的"一般方法"主要包括系统方法、综合分析法、逻辑分析法等。第二，现代科学方法论为商务策划提供了支撑，使相关活动的开展能够更加科学化、程序化、专业化。因此，商务策划活动的开展要充分借鉴运筹学等科学方法。第三，从本质上看，商务策划是一种思维活动，商务策划人及其团队在开展商务策划时，采取科学的思维方法，遵循科学的思维规律，可以有效地帮助其实现商务策划目标。对于"5W2H"头脑风暴法等思维方法，本书第二章已经做过较为详细的介绍，本章不再赘述。为便于了解和学习商务策划的基本方法，本节主要介绍几种在商务策划活动中经常使用的一般方法。

一、系统分析法

(一) 系统分析法的概念

系统分析法是商务策划中较为常见的一般方法，它是将商务策划等问题视为一个系统，又把系统分解为若干个子系统，在开展系统目标分析、要素分析、环境分析、资源分析等基础上，进行综合、分析、整理、加工和判断，从而找出最佳商务策划方案的一种方法。

系统分析法源于系统科学，系统科学是一门新兴的综合性、交叉性学科，它以不同领域的复杂系统为研究对象，从系统和整体的角度探讨复杂系统的性质和演化规律，为人类认识和改造世界提供了科学的理论和方法。系统分析方法最早由美国兰德公司在第二次世界大战结束前后提出并加以使用。兰德公司提出，系统分析能够在不确定的情形下帮助人们探查问题的本质和起因，确定问题的目标，找出各种可行方案，并通过一定标准对这些方案进行比较，帮助管理者及决策分析者做出科学的决策。

(二) 系统分析法的基本步骤

1. 定位问题

依据系统分析法的核心思想，商务策划人应先找出商务策划的问题及原因，再寻求解决商务策划问题的最优方案。这里所说的"商务策划问题"可以理解为现实情况与商务策划目标之间的差距，而定位问题就是要明确商务策划问题的本质、特性、范围、影响程度，以及该策划问题产生的原因和背景等。显然，如果商务策划问题定位错了，那么解决方案自然无法实现商务策划目标，因此，准确定位策划问题是系统分析法成功的关键。

2. 确定目标

在明确商务策划委托方诉求的基础上，商务策划人应从组织的整体要求出发，进一步确定商务策划的目标，并逐级梳理商务策划目标的层次结构，明确层级关系和范围，最终形成一个完整的策划目标结构体系。在对商务策划目标进行表述时，应尽可能给出一个可度量的标准，这样便于对策划目标的实施进行评价与分析。此外，商务策划目标应尽量简练，确实无法精简整合的，要明确目标之间的联系，分清主次，避免交叉。

3. 调查研究

商务策划人开展调查研究，收集事实、观点、看法等信息或数据，并加以验证，在探究、剖析策划问题产生原因的同时，对定位问题阶段形成的相关假设进行验证，并为下一阶段提出解决商务策划问题的备选方案做好前期工作。一般情况下，调查研究阶段采取的方法主要有查阅文献资料、访谈、观察和调查等。对收集到的信息和数据，为保证其真实性、准确性，通常要对数据和信息进行核实验证，去除干扰信息和虚假数据。

4. 提出方案

通过调查研究，商务策划问题产生的原因进一步明确，商务策划人及其团队可以围绕商务策划目标，有针对性地提出若干可能的解决方案作为备选方案，以便管理者及决策分析者进一步评估和筛选。这里需要注意的是，商务策划备选方案应尽量避免交叉重复。

5. 方案评估

为了对商务策划备选方案进行评估，需要根据商务策划问题的性质和相关条件提出评价标准，从实用性、完整性、可预测性、价值性和满意程度等方面对备选商务策划方案进行评估和比较，找出各个备选方案的优劣势。通常，备选方案的评估可采取定量分析法、定性分析法等方法。其中，定量分析法主要是通过建立数学模型，计算出备选方案的各项评价指标值，为管理者及决策分析者提供决策支持；定性分析法主要基于管理者及决策分析者的主观经验来判断，该方法主要适用于目标多、方案多、标准不统一的情况。

6. 方案选择

通过商务策划备选方案评估阶段的计算、分析和比较，从备选方案中，选择一个最可行或最优的方案。这里需要指出的是，最优方案并不一定是收益最大化的方案，它是在相关约束条件下，根据方案评估结果，权衡利弊后，由管理者及决策分析者最终选择出的最现实可行的方案。

7. 跟进调整

由于商务策划活动具有前瞻性和预见性，在商务策划方案的实施过程中，很可能会出现实施效果与预期目标不符或者超出预期的问题。因此，商务策划人及其团队通常需要对商务策划方案的执行情况进行跟进，并根据商务策划方案实施情况及时对策划方案进行调整和修正，从而保证商务策划目标的实现。

二、综合分析法

综合分析法是商务策划主体全面、完整地认识策划目标，掌握其各种属性、各种关系，从而使商务策划主体对策划客体形成准确认识的一种策划方法。综合分析法的特点是全面完整，力求把握商务策划目标的所有方面、所有要素和所有条件。

商务策划人及其团队应理解并合理运用综合分析法，要注意以下三个方面：一是商务策划的客体由实体及属性两方面构成，而实体和属性又分别由要素和特性构成。因此，商务策划客体是要素、特征及它们的关联关系构成的集合体。了解并掌握商务策划客体，就要将其分解成若干要素和特性，并对要素、特性之间的关系进行综合，避免用个别要素和特性代替整个客体，用某个要素、特性之间的关系代替全部关系。二是商务策划客体的要素、特征之间不仅存在直接关联，同时存在以第三方载体为中介的间接关联。把握这些中介，进而掌握商务策划客体的要素、特征之间的间接关联对准确认识和把握商务策划客体也有着积极的作用。三是任何事物都是在一定条件下存在和发展的，商务策划客体也不例外。认识影响商务策划客体的这些条件对理解和把握客体，进而开展行之有效的商务策划活动具有重要意义。在认识并了解商务策划的条件时，应注意将商务策划主体的策划目标联系起来，既要考察客体的外部条件，也要考察内在条件；既要考察主观条件，也要考察客观条件；既要考察主要条件，也要考察次要条件；既要考察有利条件，也要考察不利条件。这样，才能从多个方向、多个角度认识商务策划客体所处的条件和环境，并准确认识和衡量每一个条件在商务策划客体发展过程中所起的作用。

在运用综合分析法的过程中，以上三个方面并不是独立发展并发挥作用的，只有对它们综合使用，使其交叉汇聚，才能更加准确地认识商务策划客体，进而开展科学有效的商务策划活动。

三、逻辑分析法

逻辑分析法是在思维中以逻辑的形式将商务策划客体的发展进程表现出来，进而有针对性地制定相关策划方案，开展商务策划的方法。逻辑分析法从考察商务策划客体的内部发展规律入手，探究其发展的本质、规律和必然性，在揭示其内部逻辑关系和结构的基础上，对商务策划客体的发展进行重构和再现。下面，我们来探讨逻辑分析法的特征。

(一) 抽象性和概括性

商务策划客体的发展具有曲折性，其本质经常被表面现象所遮盖，其必然性也经常借助若干偶然性间接体现出来。逻辑分析法则从纯粹的、抽象理论的形态上对商务策划客体的本质进行归纳和总结，并在此基础上开展商务策划活动。因此，逻辑分析法是以抽象的、理论上前后一贯的形式对商务策划客体的发展进行概括研究的方法。

(二) 典型性

在商务策划客体的发展初期，其本质尚未显露，很难认识它的本质和规律。当客体发展到成熟时期时，相关本质特性充分显现，其发展比较完善，具有一定的典型性。就像植物生长一样，在种子萌发阶段，植物的相关属性特征未能显现，在经历营养体、生殖体形成等阶段后，植物的一些典型特征逐渐显现。因此，在成熟时期，也就是最能体现商务策划客体典型特征的时期，运用逻辑分析法开展研究，能够快速、准确地发现其本质和规律。

四、人文法

人类既是商务策划的策划者，也是决策者和执行者，能够最高程度发挥人类潜能的就是成功的商务策划方法，我们统称为人文法。下面，我们简要介绍几种常用的人文法。

(一) 集思广益法

由会议主持人引导参加会议的全体人员，在融洽的气氛中，针对某个商务策划问题阐述自己的观点和看法。这些观点和看法不分先后、不分好坏和重要性，参会人员也不得提出反对意见。然后，把大家的意见分类整理、综合提炼，初步形成商务策划方案，该策划方案基本上能够反映参会人员的主要想法和思路。集思广益法的优点是能够快速、较全面地反映大家的想法。

(二) 调查法

针对某个商务策划问题，组织人员较为全面地收集问题的相关信息和资料，并进行分析和整理，进而得到相关结论，再根据这些结论进行商务策划。

调查法的优点是能获取商务策划所需的第一手资料，体现其客观性。但由于各种原因，调查对象给出的数据(或调研得到的数据)可能存在偏差，从而导致商务策划的实际效果可能与策划目标产生差距，这也是调查法的缺点。

(三) 经验法

商务策划人及其团队通过对已实施的商务策划活动进行归纳与分析，使其系统化、理论化，成为商务策划人的经验。当商务策划人及其团队遇到新的商务策划问题时，可迅速搜索与该问题情况相似的历史案例，并根据实际条件、对象、要素的不同，有选择地对已形成或实施过的商务策划方案等进行复制。这种方法也是商务策划人经常运用的方法，其效果与商务策划人的知识、阅历、判断力等方面息息相关。

第三节　商务策划的专用方法

交换产生"商务"，竞争产生"策划"，商务策划的目标是在交换中获得更多的经济利益。商务策划的主要对象是企业和市场经营活动，因此，商务策划有其专门的规律，同时也有一些专门的方法可以应用于商务策划。下面，我们来学习商务策划的专用方法。

一、罗列细分法

一般情况下，人们在思考某个问题并试图解决它时，首先要做的就是把这个问题涉及的各方面以及所面临的问题，进行全面、详细的罗列与分解。通过罗列把问题涉及的相关方面和问题都摆出来，通过分解使问题更加简单、清晰，寻求思考和解决问题的机会和突破口。由此可见，罗列与分解相辅相成、不可分割。在商务策划实践中，罗列细分法就是围绕商务策划目标，将一个商务活动分解成若干子事项或若干步骤，在不断细分的过程中，进一步加深对商务活动的认识和理解，并找到与其他客体的差异和区别，发现自身优势和劣势，进而找到商业机会和利润点。

随着社会经济的不断发展，商业竞争日趋激烈，在商务策划活动中寻求差异和优势的难度大幅提高，这就要求商务策划人及其团队能够利用罗列细分法，将商务活动罗列、分解，再罗列、再分解，力求在细分市场和细节上实现突破和创新，从中创造商业价值。例如，威露士有氧倍净洗衣液在其产品介绍中提出"去除污渍、有氧洗、洁白快"，并且罗列了100种污渍，如血渍、汗渍、酱油渍、泥渍、油渍、番茄汁、海鲜酱……这些都是生活中经常遇到的污渍，有很多还是很难去除的污渍。这样一一列举后，只要其中的一种或者几种污渍与消费者的购买诉求相吻合，就会大大增加消费者购买威露士有氧倍净洗衣液产品的概率，使商家获得更多的利润回报。

二、组合求异法

组合求异法是指把不同的商务对象或商务过程创造性地组合在一起，构成一个完整的新事物的过程，并形成与其他类似事物之间的差异。这里所说的"组合"，并不是物理上的简单拼接和堆叠，而是围绕商务策划的目标，开展具有目的性、创新性的整合，这样既与组合前的事物具有相似性，又具有明显的差异和特征。

为了便于理解这种方法，下面举一个简单的例子。近年来，有一个网红产品无论在线上还是线下都火爆异常，并发展成为一个全新的产品品类，这就是"枣夹核桃"。它的做法很简单，就是将红枣(干枣)剖开，夹入核桃仁。虽然从表面上看，这仅仅是将两个事物放在一起，但背后有很多学问，涉及养生、饮食、观念等方面的整合，实质上是一种新颖的产品创新。为什么是把大枣与核桃组合在一起，而不是把大枣和油桃或酸枣和核桃组合在一起？一是因为大枣可以补脾益气、养血安神，而核桃有补养气血、补肾固精、润燥化痰的功效，把它们放在一起共食更有利于养生；二是将剥好的核桃仁夹在红枣里，不仅口感和味道得到了很大的提升，而且不用洗、不用砸，拿起来就吃，非常方便，符合当今人们享受人生的生活观念，尤其适应年轻人快节奏的工作与生活方式；三是枣夹核桃还有"早(枣)想和(核)你在一起"的美好寓意，这也是"枣夹核桃"火爆网络的重要原因之一。

三、重点强化法

前文介绍的罗列细分法是通过将相关问题进行罗列和分解，找到可行的商务策划创新点，从中找到解决当前商务策划问题的突破口。这里需要指出的是，这些创新点的商务价值不仅存在差异，还会随着商务策划环境的变化而变化。此外，商务策划人及其团队的人力、财力、物力、时间等资源条件有限，不可能面面俱到。因此，商务策划人及其团队应首先在众多商业环节和商务活动等要素中找到商务策划的"重点"突破口或创新点，然后随着对策划问题的深入分析，逐步将辅助性或附属性等非重点要素进行剥离，使策划问题的"重点"突破口更加明了。商务策划人及其团队抓住当前的主要策划问题和解决该策划问题的主要突破口开展策划工作，以获得商业价值，达到预期的商务策划目标。

2019年初，华为公司在开展P30系列手机产品的商务策划中，将"照相"功能作为P30系列手机产品的重点属性和特性，在市场上进行广泛宣传和推广。在2019年元宵节，华为高管余承东在微博上晒出了手机实拍图片，并留言"研发的同学给大家的祝福，他们拍了今晚的月亮，人月两团圆，祝大家元宵节快乐"。2019年3月26日，P30系列手机产品在法国巴黎会议中心发布，在预热宣传片中就有法国标志性建筑物的远景和特写镜头，完美展示了P30系列手机产品主打的多倍变焦和超级微距等拍照功能。2019年4月11日，P30系列手机产品在中国上海正式发布，发布会的主题是"未来影像"。同时，华为还联合相关导演拍摄了《未来之眼》等电影短片，而拍摄使用的手机就是华为P30 Pro手机产品。与此同时，P30系列手机产品以"夜色，出色"为主打广告语，强调"超感光拍摄，暗色尽赏"，广告中的"近赏，远方月色"深入人心。这一系列策划活动，让很多消费者跃跃欲试，都想尝试一下如此强大的拍摄功能。P30系列手机产品刚一上市就销量可观，网上秀图(P30系列手机的拍摄图片)成为热门，而拥有P30系列手机也成为时尚的象征。

四、借势增值法

人类对社会现象的普遍感受和理解，是社会意识形态的一种形式，普遍表现在人们的言论、情绪、态度和习惯之中。而社会心理就是一个时期内社会及其群体存在的心理状态，是整个社会的情绪基调、共识和价值取向的总和。人们的社会心理状况，直接形成于现实生活中的各种迹象对人们的刺激和人们的理解与感受，最终取决于社会生活实际。

通常，追求高价值回报是商务策划的最终目标，而商务策划对象的价值往往与其所处的社会环境和社会心理有关。这样，借助社会环境变化使商务策划对象得到更广泛的心理认同，进而获得更高的市场价值成为现代商务策划的常用方法之一。

所谓借势增值法，是指通过寻找外部环境资源或创造出更加有利于商务策划对象的社会环境，提高社会对其认知程度，进而提升商务价值的方法。借势增值法的前提是"借势"，目的是"增值"，两者相辅相成。

2017年3月10日上午，李克强总理来到"两会"安徽代表团参加审议时，全国人大代表、安徽科大讯飞股份有限公司董事长刘庆峰借着这个机会现场向总理展示公司最新研发的人工智能技术产品。他在平板电脑上播放了一段李克强总理在人民大会堂作政府工作报告的内容，很快这个产品就将语音实时转换成的字幕在电脑屏幕上显示出来，总理称赞道"转得很快啊"。这则新闻很快就在主要媒体、互联网上广泛传播，科大讯飞也随之成功地被打上了"创新科技""真国货""AI翻译行业领头羊""民族企业"的标签，在社会上赢得了口碑和赞誉，也赢得了市场。

五、逆向变通法

在商务策划实践中，特别是当商务策划人按照经验和习惯，用传统的思维路径无法找到当前商务策划问题的解决办法时，逆向思维方法往往是解决问题的良方。例如，某商场一段时间以来经常发生商品被盗事件，商场经理采取了安装摄像头、增加保安人员等措施，但效果不大。后来，商场经理转换了思路，他雇佣两个"小偷"，让他们到商场里偷东西，"小偷"被保安人员抓到后，送到保卫部，然后偷偷放掉。就这样，一方面，商场的职工多次看到小偷被抓，不但警惕性会增强，而且识别和抓住小偷的能力也会提高；另一方面，真正的小偷看到此情此景，也不敢对商场下手了。

在商务策划实践中，逆向变通法是指从不同的角度观察和理解策划对象，并从相反的方向设定商务策划的课题，开展商务策划活动。简而言之，逆向变通法强调放弃原有的方向和思路，通过"逆向"进行"变通"，最终达到商务策划的目标。

下面举一个逆向变通法的实际应用案例。"黑色星期五"是美国各大商场开展大促销的日子，各大商场和生产商都会联合推出折扣力度很大的优惠活动。然而，美国知名户外运动产品生产商巴塔哥尼亚(Patagonia)反其道而行之，在"黑色星期五"推出了"反黑色星期五"的营销活动，鼓励消费者不再购买新产品，而是把已有产品送去维修。该品牌认为，生产销售的产品应该持久耐用，这样既环保又省钱。虽然从表面上看，劝导消费者不要购买新品的策划活动会在短期影响产品销售额，但实际上该策划活动取得了巨大的成功。随着绿色环保理念的深入人心，通过这样的策划活动，这个品牌所倡导的理念和生活方式被越来越多的消费者接受，在市场上树立了良好的品牌形象，巴塔哥尼亚品牌也逐渐成为环保型产品和创新式户外功能产品开发的倡导者和引领者，其销售利润也得到了较大幅度的增加。

六、连环伏笔法

商务策划既是企业发展道路上的一个新起点、新跳板，也是企业面临新竞争、新环境的开始。连环伏笔法是指为了保证商务策划对象能够在激烈的市场环境中获得持续的关注和认可，保持其价值和收益的连续性，商务策划人应站在市场前沿，面向未来，充分考虑未来市场环境和需求可能发生的变化，在制定第一个商务策划方案的时候，同时考虑到后续为了适应环境变化所准备的一系列商务策划活动，确保始终为可能出现的环境变化或市场需求埋下伏笔，实现策划思路步步为营，确保一切尽在掌握，为今后组织的可持续发展打下基础。简而言之，连环伏笔法就是要通过实施"连环"的商务策划活动，为组织的可持续发展奠定基础，即埋下"伏笔"。

运用连环伏笔法的关键在于对未来有打算、有预期、有判断。开展商务策划要时刻培养危机意识，既兼顾当前亟待解决的商务策划问题，又要考虑组织的长远利益；既要有效地推动当前的组织发展，又要与组织的未来目标相结合。

下面介绍一个连环伏笔法的实际应用案例。华为在进入通信行业后，任正非要求各部门主管先做好计划，然后才能"猛打猛冲"。华为早在20多年前就成立了"蓝军部门"，代表了面向未来的战略发展模式或主要的竞争对手，基本任务是跟华为站在对立面，虚拟各种对抗性声音，尽可能找出打败华为的更多种方法，从而为公司的未来发展提供各种参考和建议，确保华为走在正确的道路上。随后，华为就根据当前业务开展情况和未来发展走向，陆续启动了一系列"备胎计划"，从芯片到操作系统再到数据库，一个个针对未来可能出现的极端情况的战略谋划逐渐展开，涵盖研发、采购、制造、全球技术服务等领域。2019年5月，美国BIS将华为列入"实体清单"，这意味着没有美国政府的许可，美国企业不得向华为供货。而华为经过多年的未雨绸缪，做出回应：公司早已做好准备，即使没有高通和美国其他芯片供应商供货，华为也不会有事。

七、移植模仿法

移植模仿法就是将已经成功的商务策划方案作为模板进行复制、模仿，根据策划委托方的实际需求和市场环境有针对性地进行本地化、个性化改造，并加以实施的方法。在具体运用该方法的时候，分为直接移植和间接移植两种方式：直接移植方式主要是模仿，即商务策划人及其团队对已有商务策划模板进行全面复制；间接移植方式除了模仿以外，还在已有商务策划模板的基础上进行改造和创新，是商务策划人及其团队找到事物间的相似性并应用其规律的结果。

移植模仿法的核心是人类的模仿本能。虽然这种方法常见又有效，但能真正成功运用的商务策划人并不多。使用这种商务策划方法的前提是商务策划人要有深厚的知识储备、丰富的策划经验以及敏锐的判断力。一方面，要能够找到与当前的商务策划具有共同点的模板，如果没有找对或者没有找准，很可能事与愿违；另一方面，要求商务策划人能够把找到的商务策划模板恰当地复制到当前的商务策划中去，并根据实际环境和现实条件进行有针对性的修正，使其充分适应甚至实现创新。在商务策划实践中，许多成功的商务策划案例在本质上都有相似之处，这说明商务策划的思路和创意可以在更深、更高的层面上进行模仿与复制。这里需要指出的是，这里所说的"移植、复制、模仿"等并不是简单地抄袭，而是挖掘商务策划模板的优势要素，结合自身实际情况进行学习再消化，并在此基础上实现突破，创造不同，达到更优。尽管从本质上看，移植模仿法缺少创新性，但从商务策划人所面对的市场环境等来看是新颖、有效的。

下面介绍一个成功应用移植模仿法的案例。经历了移动互联网的飞速发展，中国大部分人都在使用腾讯公司的产品，仅微信产品的全球用户就已超过10亿人，截至2019年7月其市值已经达到3.36万亿港元，在2018年12月世界品牌实验室编制的《2018世界品牌500强》中排名第39位。不可否认，腾讯已成为一个名副其实的"帝国公司"，但腾讯公司在中国的发展也经历了移植和模仿，不断做强、做大，直至将最初的"模板"远远甩到身后。在1996年人人都使用ICQ的时候，腾讯公司还没成立，那时ICQ在国内的用户占有率超过80%，与QQ现在的地位相当。1999年，腾讯公司模仿ICQ开始做QQ产品，经过不断完善、发展，QQ逐渐崛起，而ICQ却退出了历史舞台。再如，QQ游戏与联众游戏。1998年，联众游戏平台上线，并逐步发展成拥有两亿注册用户、年利润破亿元的休闲游戏平台，那时的人们只要想在网上玩扑克、打麻将，首先想到的就是联众游戏。2003年，腾讯公司注意到了游戏市场，推出了与联众游戏相似的QQ游戏平台，依靠广大的QQ用户群和更好的游戏体验，仅用一年时间就将联众游戏挤出市场。通过以上案例可以看到，除了依靠模仿能力，腾讯公司之所以能够在很多行业市场中后来居上、独占鳌头，凭借的就是其强大的学习能力和消化吸收再创新的能力。

思考与练习

一、填空题

1. 方法的三个基本特征包括(　　)、主观和客观的统一性、层次性。

2. (　　)是指把不同的商务对象或商务过程创造性地组合在一起，构成一个完整的新事物的过程，形成与其他类似事物之间的差异。

3. 系统分析法的基本步骤包括定位问题、(　　)、调查研究、提出方案、(　　)、方案选择、跟进调整。

4. 罗列细分法就是围绕(　　)，将一个商务活动分解成若干子事项或若干步骤，在不断细分的过程中，进一步加深对商务活动的认识和理解，并找到与其他客体的差异和区别，发现自身优势和劣势，进而找到商业机会和利润点。

5. 商务策划专用方法主要有罗列细分法、(　　)、重点强化法、借势增值法、逆向变通法、(　　)、移植模仿法。

二、判断题

1. 由于每个商务策划所处的实际环境不同，加之商务策划委托方的诉求也不尽相同，因此对应的商务策划方法也是千差万别，没有共同特点。(　　)

2. 综合分析法的特点是全面完整，力求把握策划目标的所有方面、所有要素和所有

条件。（　　）

3. 逻辑分析法是以抽象的、理论上前后一贯的形式对商务策划客体的发展进行概括研究的方法。（　　）

4. 移植模仿法就是模仿与复制，完全不具有创新性。（　　）

5. 综合分析法属于商务策划的专用方法。（　　）

三、单项选择题

1. 下列选项中，关于商务策划方法的说法错误的是（　　）。

    A. 方法是由生产方式和生活方式决定的

    B. 知识、经验决定了方法

    C. 方法具有结构性

    D. 目标在方法中起决定性作用

2. 下列选项中，属于逻辑分析法特征的是（　　）。

    ① 抽象性

    ② 实用性

    ③ 概括性

    ④ 典型性

    ⑤ 可预测性

    A. ①③④   B. ①②⑤

    C. ②③④   D. ②③⑤

3. "商务策划对象的价值往往与其所处的社会环境和社会心理有关，社会环境和社会心理发生变化，则在其影响下的商务策划对象价值也会发生变化。"上述观点属于（　　）。

    A. 罗列细分法   B. 重点强化法

    C. 综合分析法   D. 借势增值法

4. 由会议主持人引导参加会议的全体人员，针对指定商务策划问题阐述自己的观点和看法，这些观点和看法不分先后、不区分好坏和重要性，参会人员也不得提出反对意见，然后把大家的意见分类整理、综合提炼，形成商务策划方案。这是人文法中的（　　）。

    A. 头脑风暴法   B. 调查法

    C. 集思广益法   D. 经验法

5. 下列关于重点强化法的陈述，正确的是（　　）。

A. 重点强化法与罗列细分法是两种方向相反的方法，相互之间没有可借鉴性。

B. 重点强化法的目的是找到这个"重点"

C. 重点强化法相对其他方法而言，实施过程比较简单，直接在"重点"上努力获得优势和价值回报即可

D. 重点强化法在"重点"上取得局部优势和效果后，还要向整个商务策划对象进行传递和延伸

四、思考题

1. 简述逻辑分析法的原理。

2. 结合实际案例，简述逆向思维法如何应用。

3. 简述人文法的原理，并列举两种常用的具体方法。

五、案例分析题

1. 来自中国浙江的品牌OROLAY(欧绒莱)是中国原创时尚品牌，创立于2006年。那时候的中国羽绒服市场已经接近饱和，很难再有突破。该公司经市场调查后发现，北美很多羽绒服和外套品牌定位为户外用品，强调面料的防水性、功能的多样性等，但是大多数户外用品缺少时尚气息。于是，OROLAY公司发现了商机，将目标市场定为北美和西欧等地，在注重产品品质和保暖的基础上，加入了时尚元素。从2016年开始，OROLAY成立设计中心，针对北美和西欧市场开发了很多款式。亲民的价格，保暖、时尚、防水等特性，让OROLAY在欧美市场迅速受到时尚人士追捧。现如今，该公司的羽绒服饰产品，即户外用品在美国电商平台亚马逊上成为爆款，一件不到140美元的羽绒服获得5000多个五星好评，甚至很多中国网民纷纷在论坛上发帖询问"在国内可以买到OROLAY羽绒服吗""如何代购OROLAY羽绒服"……

2. 雀巢咖啡刚进入中国市场时，就遇到了难题。中国人几千年的传统是喝茶、品茶，根本就没有喝咖啡的习惯。如果将"提神醒脑"作为产品卖点去和茶叶市场竞争，除了打价格战，似乎没有更好的解决方法。后来，雀巢咖啡商转换了思路，他们放弃和茶叶在快消品行业的竞争，把咖啡包装成礼品，告诉人们咖啡在国际上是上流社会的专属，雀巢咖啡作为礼品，高端有档次，不仅有"面子"还有"品位"。就这样，消费者在选择咖啡时就不会去和茶叶进行对比，而是和传统的礼品烟酒相比较，雀巢咖啡很快就在礼品市场占据一席之地。

请用本章所学的商务策划基本方法来分析上述案例。

六、实训练习题

通过查阅相关资料，找出商务策划实际案例，谈谈商务策划的基本方法在商务策划实践中的应用，并形成报告。

第五章
商务策划的常用工具

【策划格言】

比起任何特殊的科学理论来，对于人类的价值观影响最大的恐怕还是科学的方法。

——梅 森

【主要内容】

五力竞争模型；

SWOT分析法；

波士顿咨询集团矩阵；

GE矩阵；

鱼骨图。

【学习目标】

知识目标：

五力竞争模型的构成；

SWOT矩阵的构成；

波士顿咨询集团矩阵的应用；

GE矩阵的构成；

鱼骨图的类型及原因型鱼骨图的基本构成。

技能目标：

明确企业竞争威胁的来源；

理解GE矩阵；

掌握SWOT分析法、波士顿咨询集团矩阵。

【开篇案例】

脑白金成功的"秘密"

史玉柱这位轰动中国、争议不断的商界奇人带领他的"脑白金"一路疾奔，在21世纪初的十年间狂赚十亿元，引发了商界地震。那个时候，几乎所有人都在议论"脑白金"，其巨大的成功让无数人欣美不已，无数在商界打拼的企业经营者都在探寻"脑白金"成功的秘密。

1997年，当史玉柱带领的"巨人"倒下时，没有人想到史玉柱能够再有所作为。而策划人何学林先生却公开在媒体放言，史玉柱会东山再起，而且时间不会太晚。何学林为史玉柱出了解决方案："反弹琵琶——零收购巨人集团，将错就错——进军保健品市场，捏紧拳头——集中优势兵力做一个产品，踏准节拍——形成良性循环，根据产品生命周期和企业财务现金流逐步推出新品。"

2002年3月14日，有媒体在头版发表了长篇报道"脑白金真相调查"，对脑白金中褪黑激素的功用提出了学术质疑，引起舆论一片哗然。脑白金的销量、史玉柱的形象都受到了极大的损伤。又是何学林为史玉柱制定了危机公关策划方案，成功解决这突如其来的信誉"危机"。策划内容主要包括：①围魏救赵——回避就事论事，即避免在"脑白金"上纠缠不休，将公众的视线引向史玉柱一落二起所折射出来的深刻社会背景、典型社会意义及精神价值，呼吁给中国民营企业营造一个宽容的社会环境；②避实就虚——仍然采取不与媒体在微观层面对垒的手法，将敌手置于低层次的"抓小辫子"的层面，营造"蚍蜉撼大树"的不光彩感觉；③三方联合——策划史玉柱、报告文学作家(媒体记者)、经济学者三方联合，集体登场；④媒体联动——策划媒体联合大行动，比如，《报告文学》杂志8个页码发表类似《哥德巴赫猜想》的鸿篇巨制，中央电视台《对话》栏目做精彩节目等，同时以软性文章形式分别在各种媒体上刊登。

资料来源：何学林大策划"脑白金"成功的惊天秘密 [J]. 看世界，2009(10).有改动.

评析：这两个经典策划包含一系列商务策划方法的应用，这些策划方法应用的前提是何学林先生采用了各种工具对巨人集团的内外部环境进行了充分的分析，如此才能有效地应用各种策划方法，成就了史玉柱的东山再起，这也正是"脑白金"成功的秘密。

商务策划的制定基于企业对内外部环境的详细分析，发现自己的优势与劣势，扬长避短，才能在竞争中取胜。企业对内外部环境进行分析时，需要借助一些工具，下面我们重点介绍五种常用的商务策划工具。

第一节 五力竞争模型

行业由许多生产可相互替代的产品的公司组成。在竞争中，这些公司相互影响，而行业环境相对于总体环境对企业战略竞争力和获利能力有更直接的影响。20世纪80年代初，迈克尔·波特提出了五力竞争模型，指出行业的潜在盈利能力是由五种竞争力量共同决定的，包括新进入者的威胁、供方议价能力、买方议价能力、替代产品的威胁以及竞争对手间的竞争强度，如图5-1所示。

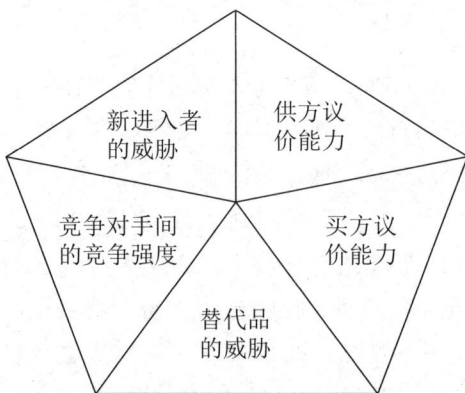

图5-1 五力竞争模型

一、新进入者的威胁

新进入者是指刚刚涉足或即将涉足产业的参与者。新进入者是受产业中存在的超额利润的吸引而进入这个产业。新进入者可能威胁到现有竞争者的市场份额，因为它们能够带来额外的生产能力，导致企业的收入和回报下降，所以识别新进入者对企业来说是非常重要的。

新进入者是否会对产业绩效构成威胁依赖于进入成本的高低。进入威胁由进入成本决定，而进入成本则取决于进入壁垒的高低。进入壁垒是指产业结构中能够提高进入成本的各种力量。影响进入壁垒高低的因素主要包括规模经济、产品差异、资本需求、转换成本、销售渠道等。

二、供方议价能力

供方是指为企业提供原材料、设备和其他投入品的企业。提高价格和降低产品质量是供方影响行业中现有企业盈利能力与产品竞争力的主要手段。以下几种情形会使供方更具有议价能力。

(一) 供方市场由少数几家大公司控制

如果供方市场由少数几家大公司控制，市场集中程度高，这对企业而言是一个很大的威胁。因为企业除了从这些供方购买投入品外，几乎没有其他选择，在谈判的过程中就会处于劣势。供方可以利用强大的谈判力，通过提高投入品价格、降低投入品质量或其他方法压榨下游企业的利润。

(二) 供应商的产品没有很好的替代品

如果供应商的产品没有能显著替代的产品，那么供方就成为一个很大的威胁。因为不存在有效的替代品，供应商可以利用其占据的有利地位压榨下游企业。

(三) 供应商的产品是行业内公司获得成功的关键

当供应商提供的产品是行业内公司获得成功的关键，那么供应商就成为产业的一个巨大的威胁，将会具有强有力的议价能力。

(四) 对供应商而言，行业内企业不是重要客户

如果企业并不是供应商的重要客户，那么企业的要求往往得不到供应商的重视，在谈判中也容易处于不利地位，那么供应商也可能成为较大的威胁。

(五) 供应商可以采取前向一体化战略

当供应商可以采取前向一体化战略，即可以进入下游领域同其客户进行竞争时，供应

商就成为产业内企业的一大威胁，其议价能力也会更强。

三、买方议价能力

买方是指购买企业产品或服务的其他企业或个体。压低价格和要求提供较高质量的产品或服务的能力是买方影响行业中现有企业盈利能力的主要手段。以下几种情形会使买方更具有议价能力。

(一) 买方数量少

如果只有一个买家或买家数量很少时，买方的议价能力会更强。买方可以利用强大的谈判力，通过压低价格和提高产品质量压榨上游企业的利润，这对企业而言是一个很大的威胁。

(二) 出售给买方的是非差异化或标准化产品

如果买方购买的是非差异化或者标准化的产品，买方就可以挑选供应者，并造成供应者之间的相互竞争，买方议价能力上升。

(三) 买方购买的产品占其最终成本的比例很高

当买方购买的产品占其最终成本的比例很高时，他们议价的动力较强，在购买时对价格就更为挑剔，那么买方就成了产业的一个巨大威胁。

(四) 买方无法从中获得显著经济利润

当买方没有获得显著的经济利润时，会对价格非常敏感，议价动力较强，会坚持供应商以尽可能低的成本供货，那么买方就成了产业的一个巨大威胁。

(五) 买方有采取后向一体化战略的可能

当买方具有后向一体化的能力时，即可以进入上游领域同其供应商进行竞争时，买方就成为产业内企业的一大威胁，其议价能力也会更强。

四、替代品的威胁

替代品是指外部特定行业生产的与本行业的产品和服务具有类似或相同功能的产品和服务。例如，互联网对传统纸媒的替代。如果顾客的转换成本很低，甚至为零，或者替代品的价格更低而质量或功能等同于甚至超过竞争产品，那么替代品就会给企业带来很大的威胁。

五、竞争对手间的竞争强度

大部分行业中的企业都是相互制约的，一家企业的行为会引起其他企业的竞争反应。在许多行业中，企业之间的竞争相当激烈。竞争维度一般包括价格、广告、售后服务等。大量的或势均力敌的竞争者，缓慢的行业增长，高额的固定成本或库存成本，缺少差异化或转换成本低，重要的战略，高退出壁垒等，都会造成激烈的市场竞争。

企业可以利用五力模型分析企业参与竞争的行业和可能选择竞争的行业的潜在盈利能力。但是需要注意，对于不同的行业或在不同的时期，各种力量的作用是不同的。因此，在分析行业竞争结构时，必须抓住处于支配地位、起决定性作用的竞争力量。

第二节　SWOT分析法

SWOT分析法是一种常用的企业内外部环境战略因素综合分析法，由安索洛夫于1956年提出。SWOT代表优势(Strengths)、劣势(Weaknesses)、机会(Opportunities)和威胁(Threats)。SWOT分析是对研究对象的内外部竞争环境和竞争态势进行分析，通过调查列举研究对象的内部优势、劣势和外部机会和威胁，按照矩阵形式排列，从而制定合理有效的企业战略的分析工具。

一、SWOT的内涵

优势是研究对象的内部因素，预期能够给企业带来竞争优势的内部资产，具体包括有利的竞争态势、充足的财政来源、良好的企业形象、技术力量、产品质量、成本优势等。劣势也是研究对象的内部因素，与竞争对手相比缺乏内部能力或专业性，具体包括设备老化、管理混乱、缺少关键技术、研究方法落后、资金短缺、经营不善、竞争力差等。

机会是研究对象的外部因素，可预见的、可能有力地影响企业竞争能力的外部变化，具体包括新市场、新需求、外国市场壁垒解除、竞争对手失误等。威胁也是研究对象的外部因素，可能影响企业的竞争能力的外部环境因素，具体包括出现新的竞争对手、替代产品增多、市场紧缩、行业政策变化、客户偏好改变等。

二、SWOT矩阵的构建

通过SWOT分析方法可以对研究对象所处的情境进行全面、系统、准确的研究，从而得到四类战略，即优势机会(SO)战略、劣势机会(WO)战略、优势威胁(ST)战略和劣势威胁(WT)战略，见表5-1。

表5-1　SWOT矩阵

SWOT	优势——S	劣势——W
	1. …… 2. …… ……	1. …… 2. …… ……
机会——O	SO战略	WO战略
1. …… 2. …… ……	发挥内部优势、利用外部机会的战略	利用外部机会来弥补内部劣势的战略
威胁——T	ST战略	WT战略
1. …… 2. …… ……	利用本企业优势回避或降低外部威胁的影响	弥补内部劣势的同时回避外部威胁的战略

(一) 填列企业内外部环境要素

将企业内部优势与劣势、外部机会与威胁分别填入SWOT矩阵的四个因素格中。

(二) 制定SO战略

将各项内部优势因素与各项外部机会因素相匹配，构思可行的战略措施，把结果填入SO战略格中。

(三) 制定WO战略

将各项内部劣势因素与各项外部机会因素相匹配，构思可行的战略措施，把结果填入WO战略格中。

(四) 制定ST战略

将各项内部优势因素与各项外部威胁因素相匹配，构思可行的战略措施，把结果填入ST战略格中。

(五) 制定WT战略

将各项内部劣势因素与各项外部威胁因素相匹配，构思可行的战略措施，把结果填入WT战略格中。

下面以某空调公司为例，对其进行SWOT分析，分析公司的内部优势和劣势、外部的机会与风险，建立SWOT分析矩阵，见表5-2。

表5-2　某空调公司SWOT分析矩阵

SWTO	优势——S	劣势——W
	1. 产品质量高，消费者口碑较好 2. 市场销量较大，所占份额较高 3. 价格优惠，销路比较宽 4. 具有互联网优势，开展电子商务业务 5. 售后服务良好，消费者满意度较高	1. 市场品牌影响力不是很强 2. 经济效益因价格战而不断下滑 3. 缺乏核心技术，产品比较单一 4. 领导者对员工技能提升重视不够
机会——O	SO战略	WO战略
1. 主推性价比 2. 来自大型企业的需求增量 3. "家电下乡"政策的推动作用 4. 有进入国际市场的可能	把握机会 发挥优势 加快发展步伐 向更高水平迈进	改善条件 转变发展模式、运行机制或发展方向 把握机会 重新制定战略方向
威胁——T	ST战略	WT战略
1. 原材料价格上涨 2. 因价格战的胁迫难以形成规模优势 3. 同行业企业竞争激烈 4. 消费者偏好变化	根据市场的变化、需求的变化制定灵活的战略目标	保持自己的市场份额，密切关注形势变化，时刻等待新机会

第三节　波士顿咨询集团矩阵

波士顿咨询集团矩阵(BCG Matrix)，又称市场增长率-相对市场份额矩阵、波士顿矩阵、四象限分析法等，由美国著名管理学家、波士顿咨询公司创始人布鲁斯·亨德森于1970年首创。

一、波士顿咨询集团矩阵的构成

波士顿咨询集团矩阵认为，市场引力与企业实力是决定产品结构的两个基本因素。市场引力包括整个市场的销售量(额)增长率、竞争对手强弱及利润高低等。其中，较为主要的是反映市场引力的综合指标——销售增长率，这是决定企业产品结构是否合理的外在因素。企业实力包括市场占有率，以及技术、设备、资金利用能力等，其中，市场占有率是决定企业产品结构的内在要素，它直接反映企业竞争实力。

波士顿咨询集团矩阵的结构如图5-2所示，矩阵的横轴代表某项业务的相对市场占有率，是企业某项业务的市场份额与该市场中作为比较的竞争对手的市场份额之比，取值范围为0.0～1.0，中位值一般设为0.50，表示企业的市场份额为本产业领先企业的一半。矩阵的纵轴代表市场增长率，是企业所在行业的某项业务前后两年市场销售额增加的百分比，代表的是某项业务所处行业在市场上的吸引力，取值范围为-20%～+20%，中位值为0.0。必要时，X轴和Y轴的数值范围可根据企业的具体情况进行调整。

在产业中的相对市场占有率

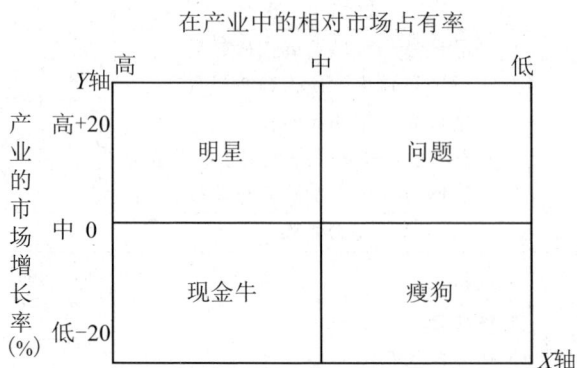

图5-2　波士顿咨询集团矩阵

二、波士顿咨询集团矩阵的应用

根据有关业务或产品的市场增长率和相对市场占有率，波士顿咨询集团矩阵把企业全部的经营业务定位在四个区域中。

(一) 问题业务区

此区域内的业务或产品的市场增长率高，但是市场占有率低。高增长率说明市场机会多、前景好，而低市场占有率说明现金创造能力较低，能够生成的资金很少。对于这一类型的业务或产品，企业需要考虑是否投入大量资金，采取市场渗透、市场开发或产品开发等战略，使其向明星业务区转移。

(二) 明星业务区

此区域内的业务或产品的市场增长率和市场占有率都高。此类业务或产品是企业具有长期发展机会和获利能力的业务或产品，是企业最佳的长期获利机会所在。但这并不意味着明星业务一定可以为企业带来源源不断的现金流，因为市场还在高速成长，企业必须继续投资，以保持与市场同步增长，并击退竞争对手。企业要对明星业务或产品采用增长战略，投入资金，保持或增强其在市场中的主导地位。

(三) 现金牛业务区

此区域内的业务或产品的市场增长率低，但是市场占有率高。此类业务或产品已经进入成熟期，因此增长率低、占有率高。销售量大，产品利润率高，负债比率低，可以为企业提供资金，而且由于增长率低，也无须增大投资，因此称为"现金牛"。对于强势的"现金牛"业务或产品，企业应该采取维持型战略，尽可能维持其市场增长率或延缓其下降速度，利用它贡献的资金发展新业务。对于弱势的"现金牛"业务或产品，企业应该采取紧缩战略，快速收回现金。

(四) 瘦狗业务区

此区域内的业务或产品的市场增长率和市场占有率都低。此类业务或产品处于饱和的市场当中，竞争激烈，利润率低，无法为企业带来收益。对于这类业务或产品，企业应该采取紧缩战略，将其清算或剥离。如果某项业务或产品刚沦为"瘦狗"，企业可以缩小经营范围，加强内部管理，力争起死回生；如果回天乏力，则应尽早采取措施，清算或退出经营。

企业可以通过波士顿咨询集团矩阵模型对现有业务或产品的战略地位有非常清晰的认识，通过采取发展战略(扩大产品市场份额)、维持战略(保持产品市场份额)、收获战略(增加短期现金收入)和放弃战略(出售或清理某些业务)合理安排业务组合或产品组合。一般来说，企业安排业务组合应遵循五项基本原则。

(1) 保持正常的业务分布，即"现金牛"业务和"明星"业务的数量较多，"问题"业务和"瘦狗"业务的数量较少。

(2) 合理配置资源(主要指现金)，资源主要由"问题"业务和"瘦狗"业务向"明星"业务和"现金牛"业务转移。

(3) 将管理重心向"明星"业务倾斜。

(4) 避免出现业务区域真空，真空区域的出现说明企业业务很可能出现高成本转移。

(5) 业务转移速度适当，要符合业务本身的发展规律和企业战略变革目标的要求；资源转移与资源需求相配合，要正确处理当前收益与未来收益的关系。

波士顿咨询集团矩阵把企业生产经营的全部业务或产品的组合作为一个整体，用来分析企业相关经营业务之间现金流量的平衡问题，是多元化企业制定战略的有效工具。例如，企业在进行品牌策划时，可以根据波士顿咨询集团矩阵分析出的四种业务类型分配各个产品的品牌角色。有些业务可以视为企业战略性品牌，因为它们是企业未来的销售和利润主力；有些业务是企业的关键性品牌，因为它们关系到企业核心竞争力的建立；有些业务是企业的"银弹"品牌，因为它们可以用来帮助企业创造、改变、提升形象；有些业务则是企业的"现金牛"品牌，因为它们是企业目前的销售和利润主力，是企业开展其他业务的供养者。品牌策划人必须知道自己所负责的产品或业务属于哪种品牌类型，其市场份额和发展前景如何，然后根据相应的品牌角色规划其品牌战略。

第四节　GE矩阵

波士顿咨询集团矩阵能够帮助开展多种经营的企业确定哪些产品适宜投资，哪些产品能够获取利润，哪些产品适宜从业务组合中剔除，从而使业务组合达到最佳经营成效。波士顿咨询集团矩阵是较为著名的业务组合规划架构，通用电气公司在此基础上开发了更为高级的组合分析工具，即GE矩阵，又称为业务评估矩阵、麦肯锡矩阵，吸引力/实力矩阵。

波士顿咨询集团矩阵用市场增长率来衡量吸引力，用相对市场占有率来衡量实力，GE矩阵也提供了产业吸引力和业务实力之间的类似比较，而GE矩阵使用数量更多的因素来衡量这两个变量。GE矩阵用市场/行业吸引力代替市场成长，用竞争实力代替市场份额。市场/行业吸引力取决于外部环境因素，如进入壁垒、代替品威胁、买方议价能力、卖方议价能力、竞争程度等，通常分为高、中、低三个档次。因为外部环境因素众多，所以企业需要识别哪些是关键因素，并据此来评价行业吸引力。竞争实力取决于企业内部的可控因素，如市场占有率、研发能力、财力、质量管理等，通常分为强、中、弱三个档次。内部因素也很多，所以企业需要识别哪些是关键因素，针对选取的关键因素与竞争对手比较，从而评价企业实力。

市场/行业吸引力的三个等级和竞争实力的三个等级构成了一个九象限矩阵，企业中的每一个战略事业单元都可以放置于矩阵中的一个位置。九个象限可以分成三种具有不同战略含义的区间(见图5-3)。落入第Ⅰ、Ⅱ和Ⅳ象限的属于增长和建立型业务，应当采取增长型战略，如市场渗透、市场开发、产品开发和一体化战略等；落入第Ⅲ、Ⅳ和Ⅶ象限的应当采取维持型战略；落入第Ⅵ、Ⅷ和Ⅸ象限的可以采取紧缩型战略，以尽快收获或剥离。

市场/行业吸引力				
	高	Ⅰ	Ⅱ	Ⅲ
	中	Ⅳ	Ⅳ	Ⅵ
	低	Ⅶ	Ⅷ	Ⅸ
		强	中	弱
			竞争实力	

图5-3　GE矩阵结构

GE矩阵可以用于预测战略事业单元业务组合的产业吸引力和业务实力，只要在因素评估中考虑未来某个时间每一个因素的重要程度以及影响大小，就可以建立预测矩阵。GE矩阵可以针对企业实际和产业特性，比较全面地对战略事业单元的业务组合进行规划和分析。

第五节　鱼骨图

一、鱼骨图的概念

问题的特性总是受到一些因素的影响，通过头脑风暴法找出这些因素，并将它们与特性值一起，按相互关联性整理成的层次分明、条理清楚并标出重要因素的图，就叫特性要因图，因其形状如鱼骨，所以又叫鱼骨图。鱼骨图是日本管理大师石川馨先生于1953年提出的，故又名“石川图”。鱼骨图是一种发现问题产生的“根本原因”的方法，也是一种透过现象看本质的分析方法。它在不断提出问题的过程中，使问题得以有效地逐个解决，一般比较适用于商务策划思维的开始阶段，广泛地应用在企业和个人商务策划及管理实践中。

二、鱼骨图的类型

(一) 整理问题型鱼骨图

这类鱼骨图的各要素与特性值间不存在原因关系，而是结构构成关系。例如，在图5-4的整理问题型鱼骨图中，特性为"产品命名"，即对产品命名工作进行梳理，而命名原则、命名程序、命名策略这三个要素都是特性"产品命名"的组成部分，它们之间不存在因果关系。

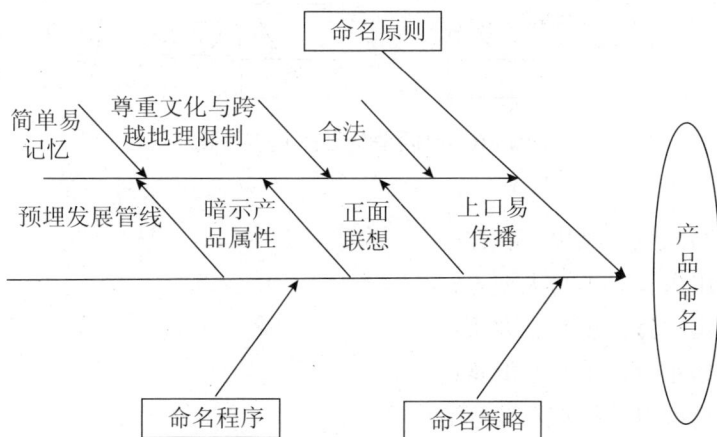

图5-4　整理问题型鱼骨图

(二) 原因型鱼骨图

原因型鱼骨图的鱼头在右，特性值通常采用"为什么……"的形式，即针对导致问题的原因进行分析，如图5-5所示，对门店销售额下降的原因进行分析。

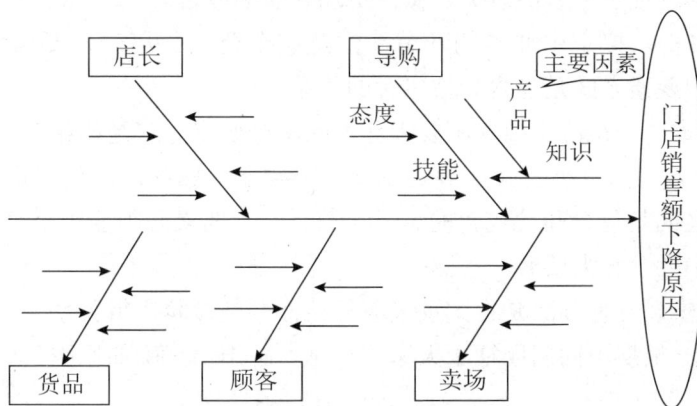

图5-5　门店销售额下降原因分析

1. 基本结构

原因型鱼骨图的基本结构包括绘图结构和内容结构两个部分(见图5-6)。其中，绘图结构包括：①特性；②主骨；③大骨；⑤中骨；⑦小骨。内容结构包括：④大要素；⑥中要素；⑧小要素。

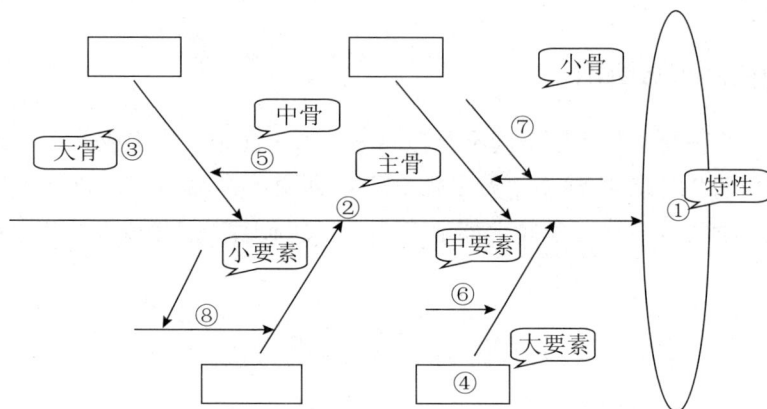

图5-6　原因型鱼骨图基本结构

2. 制作步骤

第一步：填写鱼头，画出主骨；

第二步：画出大骨，填写大要素；

第三步：画出中骨，填写中要素；

第四步：画出小骨，填写小要素；

第五步：用特殊符号标识重要因素。

3. 制作要点

(1) 确认问题。确认问题是鱼骨图分析的基础，查找要解决的问题并填写在鱼头中。

(2) 拟定大要素。在拟定大要素时，一定要做到不重复、不遗漏。各大要素之间如果存在并列关系，则内容会有交叉或者重复。

(3) 检视大要素。拟定大要素后，需要对所有大要素进行检视。大要素的数量为3～5个，可根据不同问题征求大家的意见，做出更加客观的取舍。

(4) 拟定中要素。拟定中要素的环节要注意两个要点：第一，要做到不重复、不遗漏；第二，大、中要素之间是包含和被包含的关系。

(5) 检视中要素。一是确定拟定中要素环节的两个要点；二是找相关人员进行验证。

(6) 拟定小要素。拟定小要素环节要注意三个要点；第一，做到不重复、不遗漏；第二，中、小要素之间是包含和被包含的关系；第三，小要素必须能小至可采取行动，否则就需要重新检视中要素和大要素。

(7) 检视小要素。一是判断是否刻意采取行动；二是检验逻辑关系。

(8) 确定要因。根据不同问题征求大家的意见，总结出正确的原因。

(三) 对策型鱼骨图

对策型鱼骨图的鱼头在左，特性值通常采用"如何提高/改善……"的形式，即针对某个问题提供改善对策。以图5-5为例，通过鱼骨图分析，确定了导致销售额下降的关键原因是新导购对产品知识不熟悉，接下来就可以用对策型鱼骨图来分析如何改善这个问题，见图5-7。

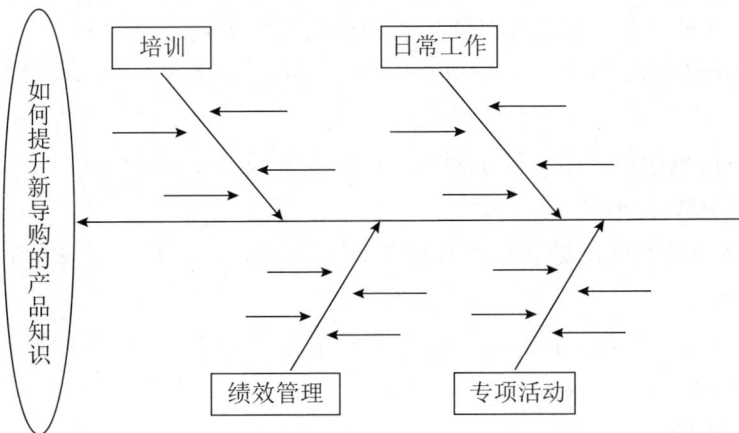

图5-7　如何提升新导购的产品知识

在策划思维模型中，策划人可以使用鱼骨图分析问题，进行结构分析和因果分析，即整理问题型鱼骨图和原因型鱼骨图，较为常用的是原因型鱼骨图。

思考与练习

一、填空题

1. 20世纪80年代初，迈克尔·波特提出了五力竞争模型，指出行业的潜在盈利能力是由五种竞争力量共同决定的，包括(　　)、(　　)、(　　)以及(　　)。

2. (　　)是指外部特定行业生产的与本行业的产品和服务具有类似或相同功能的产品和服务。

3. GE矩阵，又称为(　　)、(　　)、(　　)。

4. GE矩阵用(　　)代替了市场成长作为纵轴，用(　　)代替了市场份额作为横轴。

5. 问题的特性总是受到一些因素的影响，通过头脑风暴法找出这些因素，并将它们与特性值一起，按相互关联性整理而成的层次分明、条理清楚并标出重要因素的图就叫特性要因图，因其形状如鱼骨，所以又叫(　　)。

二、判断题

1. 新的进入者可能威胁到现有竞争者的市场份额，因为它们能够带来额外的生产能力，导致企业的收入和回报下降，所以识别新的进入者对企业来说是非常重要的。(　　)

2. SWOT分析法中，优势是研究对象的外部因素。(　　)

3. SWOT分析法中，机会是研究对象的内部因素。（　　）

4. SWOT分析法被用于决定组织和它的内外部环境战略的契合程度。（　　）

5. 波士顿咨询集团矩阵中，处于问题业务区内的业务或产品的市场增长率高，但是市场占有率低。（　　）

6. 波士顿咨询集团矩阵中，处于明星业务区内的业务或产品是企业具有长期发展机会和获利能力的业务或产品，是企业最佳的长期获利机会所在。（　　）

7. 波士顿咨询集团矩阵中，处于现金牛业务区内的业务或产品尚未进入成熟期，因此增长率高。（　　）

8. 波士顿咨询集团矩阵中，处于瘦狗区内的业务或产品的市场增长率和市场占有率都低，企业应该采取紧缩战略。（　　）

9. 鱼骨图是一种发现问题"根本原因"的方法，也是一种透过现象看本质的分析方法。（　　）

10. 原因型鱼骨图的鱼头在左，特性值通常采用"为什么……"的形式，即针对导致问题的原因进行分析。（　　）

三、单项选择题

1. 下列选项中，不会造成激烈的市场竞争的是(　　)。

　　A. 大量或势均力敌的竞争者

　　B. 高额的固定成本或库存成本

　　C. 缺少差异化或转换成本低

　　D. 低退出壁垒

2. 根据SWOT分析法，(　　)不属于企业的优势。

　　A. 有利的竞争态势

　　B. 充足的财政来源

　　C. 竞争对手失误

　　D. 良好的企业形象

3. 根据SWOT分析法，下列选项中，不属于企业威胁的是(　　)。

　　A. 新的竞争对手　　　　　　　　　　B. 替代产品增多

　　C. 市场扩张　　　　　　　　　　　　D. 客户偏好改变

4. 在波士顿咨询集团矩阵中，市场增长率低，但是市场占有率高的业务或产品应处在(　　)。

　　A. 问题业务区　　　　　　　　　　　B. 现金牛业务区

　　C. 明星业务区　　　　　　　　　　　D. 瘦狗业务区

5. 在波士顿咨询集团矩阵中，市场增长率和市场占有率都高的业务或产品应处在(　　)。

　　A. 问题业务区　　　　　　　　　　　B. 现金牛业务区

　　C. 瘦狗业务区　　　　　　　　　　　D. 明星业务区

6. GE矩阵中，市场/行业吸引力取决于外部环境因素，下列选项中，(　　)不属于外部环境因素。

A. 研发能力   B. 进入壁垒

C. 代替品威胁   D. 买方议价能力

7. GE矩阵中，竞争实力取决于企业内部的可控因素，下列选项中，（　　）不属于外部环境因素。

A. 市场占有率   B. 市场竞争程度

C. 财力   D. 质量管理

8. 下列选项中，（　　）不属于原因型鱼骨图的绘图结构。

A. 特性   B. 主骨

C. 大骨   D. 小要素

四、思考题

1. 根据五力竞争模型，使供方更具有议价能力的情形有哪些？

2. 根据五力竞争模型，使买方更具有议价能力的情形有哪些？

3. 波士顿咨询集团矩阵的四个区域叫什么名字？代表怎样的业务状况？

4. 请阐述GE矩阵九个象限的战略含义。

5. 请简述鱼骨图的类型。

五、案例分析题

波士顿矩阵下的糖果产品结构简析

A企业是一家糖果生产企业，产品主要有鲜奶糖、喜糖、喉糖、咖啡糖、水果糖、软糖。各种产品的价格各不相同，针对的目标群体也不一样。

1. 明星产品

在波士顿咨询集团矩阵中，明星产品专门是指销售增长率和市场占有率"双高"的产品。这类产品在与主要竞争对手的竞争中处于领先地位。A企业的明星产品主要有鲜奶糖和软糖。

2. 问题产品

在波士顿咨询集团矩阵中，问题产品专门是指销售增长率高、市场占有率低的产品。这类产品的市场销售增长率处于上升阶段，需要企业投入大量资金支持，单产品的市场占有率不高，或者存在强大的竞争对手，或自己的营销通路手段等有重大缺陷，但该产品市场潜力较大。A企业目前的问题产品是喉糖。

3. 现金牛产品

在波士顿咨询集团矩阵中，现金牛产品专门是指销售增长率低、市场占有率高的产品。这类产品处于产品生命周期中的成熟期，销售规模较大，能够带来大量稳定的现金收益。A企业目前的现金牛产品主要有咖啡糖和水果糖。

4. 瘦狗产品

在波士顿咨询集团矩阵中，瘦狗产品专门是指销售增长率和市场占有率"双低"的产品，处于产品生命周期中的成熟后期或衰退期。A企业目前的瘦狗产品是喜糖。

请根据以上案例内容，应用波士顿咨询集团矩阵模型，帮助A企业制定糖果系列产品的发展战略。

六、实训练习题

1. 请为一家企业建立SWOT矩阵，并制定备选战略。

2. 应用SWOT分析法分析自己具备的主要优点和缺点，面对的主要外部机会和威胁，并应用分析结果确定个人职业发展战略。

第六章
商务策划的运作与执行

【策划格言】

细节做好叫精致，细节做不好叫粗糙。

没有执行力，就没有竞争力。

——马　云

【主要内容】

商务策划的基本程序与流程；

商务策划的沟通与运作；

商务策划的方案生成及优选；

商务策划的实施及过程管理。

【学习目标】

知识目标：

商务沟通的重要性、基本原则及相关技巧；

商务策划运作的基本流程；

商务策划方案论证的评价标准及内容；

商务策划的选择方法及意义；

商务策划过程监管及主要措施。

技能目标：

理解商务策划与商务沟通之间的联系；

掌握商务策划实施的步骤及流程；

熟悉商务策划方案的提案、论证及决策流程；

领会商务策划过程管理在商务策划方案实施中所体现的意义。

【开篇案例】

"酷骑"单车的兴衰历程

2010年开始，随着Uber、Airbnb等一系列实物共享平台的出现，以获取一定报酬为主要目的，基于陌生人关系及物品使用权暂时转移的"共享经济"悄然兴起。在这一背景下，被称为"中国新四大发明"之一的共享单车应运而生。共享单车，是指在校园、地铁站点、公交站点、居民区、商业区以及公共服务区等提供自行车单车共享服务，这是一种分时租赁新模式。由于共享单车使用方便，费用低廉，能改善日益拥堵的交通现状，为上班族和学生族节省了大量时间，一经推出，广受欢迎。

酷骑(北京)科技有限公司成立于2016年11月,该公司成功推出"酷骑"单车,在整合线下产品和服务,实现资源合理配置,让资源得以最大化地"共享"和有效利用的策划创意下,一场关于共享单车的营销策划活动拉开了序幕。不可否认,该公司最初的营销策划是成功的,"酷骑"单车的收费标准极具吸引力,用户成功注册并缴纳押金后,"酷骑"单车提供10次免费骑行服务,超过10次以后,用户花费0.3元可以骑行30分钟。"酷骑"单车按照投放城市地理和人口分布的特点,将单车重点投放在地铁站、公交站、写字楼、商业区、居民区、大学校园等人流量比较大的地段。从2017年4月开始,"酷骑"单车平均每天增加新用户10万~20万人,平均每天押金收入3000万元。截至2017年6月初,"酷骑"单车的用户数量已经超过1400万人,"酷骑"单车也顺利进入北京、南京、天津、西安、郑州、洛阳、开封、沈阳、太原、石家庄、合肥、唐山、兰州、深圳等50个城市。

然而,在这场营销策划中,"酷骑"单车只关注最初的策划创意,却没有关注策划方案的执行与运作,甚至没有基于过程管理的有效措施。该公司在盈利面前盲目扩张,过分注重增加城市投放车辆,而忽略了"酷骑"单车的线下管理。一个运维人员大约负责500辆"酷骑"单车,"酷骑"单车损毁率和被盗率高居不下。以沈阳为例,2017年5月,沈阳拥有超过130万人的注册用户,而"酷骑"单车的有效、无故障单车数量却仅有12万辆,"酷骑"用户常常找不到单车,找到了又无法顺利开锁使用,且报修程序复杂,使用了又常常无法顺利锁车还车,短短几个月,"酷骑"用户体验越来越差。与此同时,摩拜、ofo等竞争对手顺利完成融资,陆续开展大力度优惠活动,如"一元骑一月""五元办理季度卡""免押金"等。"酷骑"单车仍然没有采用有效的措施及时修正其营销策划方案,而是依旧使用大量用户押金继续"闭门造车"。2017年7月开始,一些"酷骑"用户开始申请退款,该公司管理层又一次决策失误,以系统升级为由关闭了App自动退还押金功能,导致用户不满意的情绪升级,经网络传播一时间造成"退押金恐慌",越来越多的"酷骑"用户选择蜂拥退押金,事态一发不可收拾。然而,此时的"酷骑"公司已将大部分用户押金用来购买和制造新的"黄金"单车。2017年8月,"酷骑"公司陷入资金链断裂的困境,无法及时退还用户押金,在大量的资金缺口下,该公司欠款越来越多,用户仅剩不足150万人,入不敷出。2017年9月底,"酷骑"单车因押金难退、多处运营单位与工商局失去联系等问题,一些城市开始对"酷骑"单车进行清理。2018年,央视"315晚会"点名批评"酷骑"公司拖欠用户押金,涉嫌金额数亿元,已被投诉21万次。至此,一场轰轰烈烈的"酷骑"单车策划案落幕了,"酷骑"单车正式退出市场。

评析:"酷骑"单车的迅速崛起归功于企业能够准确抓住市场机遇,源于一个优秀的商务策划创意。然而,仅仅拥有创意是不够的,"酷骑"单车的失败源于其策划的执行力不足、运维能力不足,无法保证产品和服务的质量和功能,没有将预期的方案有效地贯彻和落实,且企业上下缺乏有效沟通,策划方案的实施过程中缺乏有效的过程管理,没有根据市场的动态变化及时对方案做出修正。由此可见,一个成功的商务策划离不开强而有效的策划执行和运作,所以,本章我们将学习商务策划的运作与执行。

第一节　商务策划的基本程序

成功的商务策划离不开优秀的策划创意和强大的策划执行力，两者缺一不可。商务策划的运作与执行是指商务策划的运行与操作及贯彻施行。马云曾经说过：“一流的想法(创意)和三流的执行力，三流的想法(创意)和一流的执行力，我宁愿选择后者而不是前者。”由此可见，商务策划得以顺利实施，依靠的不仅是商务策划人的创意，还需要策划执行人的执行力。执行力是指策划执行人为了实现策划目标，将商务策划方案付诸实施的操作能力。执行力是将商务策划方案转化成效益和成果的关键，其中包括：完成商务策划方案的意愿，完成商务策划方案的能力，完成商务策划方案的程度。

一般情况下，商务策划的执行力包括组织执行力、团队执行力和个人执行力三个层面，三者之间相互关联。其中，组织执行力是指组织能够实现商务策划目标的能力，不仅包括有效建立沟通渠道、合理构建组织结构、合理部署人员安排、积极培育组织文化等，还包括对策划方案的实施进行有效的过程管理。团队执行力是通过个人执行力表现出来的，是整个团队为实现商务策划目标所展现出来的凝聚力。个人执行力是指个体员工认真履行工作职责，完成具体策划任务，并为组织创造价值的能力。通常，策划主体(组织)的商务策划职能可以外包，也可以由组织的商务策划部门来承担。商务策划部门的主要工作是协调各部门形成共识、拟定组织各种类型的策划方案，从而实现组织各阶段的目标。现实中的组织内部，由于组织的性质、分类和经营方式不同，策划部门的命名可能也会有所差异，但是其职能是相似的。

商务策划的基本程序是指商务策划的一系列步骤，包括多个阶段和必要的程序，是商务策划合理执行的有效途径，也是商务策划人科学的思考程序。关于商务策划的程序，很多学者对其进行了研究，由于研究方向、学术领域的不同以及商务策划类型的具体差异，学者的研究各有不同，但总体来看有很多相似之处，都是在确定了商务策划主题的基础上对商务策划对象进行深入调研，产生策划创意，据此制定商务策划方案并实施策划方案。通常，一个商务策划项目是由多项商务策划任务构成的。商务策划的基本程序包括制定策划目标、收集相关信息、分析策划环境、设计策划方案、选择策划方案、组织方案实施和调整方案细节等。为了方便学习和理解，我们将商务策划的运作与执行分为以下三个阶段。

一、商务策划的沟通与运作

商务策划的第一个步骤是商务策划人接受委托方(企业管理者及决策分析者)的邀请，双方需要针对当前的策划问题和策划项目进行初步沟通。

具体来说，首先，商务策划人与商务策划委托方应在策划背景分析和策划主体(组织)现状分析的基础上，界定当前企业面临的“问题”。这里的“问题”，是指企业的现实状况与未来远景之间的差距，可以是企业当前面临的困境，是企业管理者和决策分析者想突破的瓶颈，也可以是企业未来的发展方向与规划，如开辟新市场、推广新产品等。其次，双方应针对外部环境和企业内部环境进行合理分析和判断，选择适合的商业项目进行策划。再次，在明确策划项目和策划对象以后，双方应制定策划目标。最后，商务策划人及其团队应围绕策划主题和目标进行市场调查，收集和整理相关资料，从中找出突破点，从而激发策划创意，形成商务策划的基本思路。

二、商务策划的方案生成及优选

商务策划的方案生成是指策划人及其团队依据当前的环境分析和市场调查，运用专业知识和经验，通过一系列可行性分析及备选方案论证，形成创新性的理念，确定商务策划的内容，并给出商务策划的若干备选方案的过程。商务策划的方案优选是指商务策划人考虑委托方的需求和利益，遵循一定的评价标准，从若干备选方案中选择最优方案的过程。通常，备选方案的优选方式有以下三种。

(一) 基于策划目标的优选方式

该方式以能否达到商务策划目标为标准来衡量商务策划方案的优劣。如果策划方案能够科学、严谨地给出实现策划目标的有效途径和具体措施，将被视为最佳策划方案。

(二) 基于方案比较的优选方式

该方式是指对备选方案进行综合权衡和比较，基于各备选方案之间的差异以及实施后所带来的利弊进行权衡，最终选择最佳策划方案。

(三) 基于方案修正的优选方式

该方式是指当备选方案各有利弊，难以决策的时候，策划人结合各备选方案的优势和劣势，采用头脑风暴法对策划方案进行适当的修正和补充，从而确定最优策划方案。

综上所述，无论采取哪一种方式进行备选方案的优选，都应该全面考虑策划方案是否针对当前的问题进行了细致的市场调查，同时该商务策划方案在现实中是否具有持续的可操作性。必要的时候，策划委托方和策划人应召开可行性与可操作性分析的专项会议，围绕策划委托方的需求制定商务策划目标，判断策划方案是否符合当前的策划环境条件和策划资源条件，通过对备选方案的综合分析、整理与不断论证、修改，最终确定商务策划的内容与方案。

这里需要指出的是，商务策划方案应具备一定的灵活性，应急预案的整理与准备是必要的，即当策划环境、策划主体(组织) 、受众对象发生变化时，商务策划方案也应做出相应的调整。完成上述基本流程之后，商务策划人应着手准备商务策划文案。换句话说，经过前文所述的协调与沟通，商务策划人应将优选后的商务策划方案整理成能够体现商务策划委托方利益的商务策划文案，即商务策划书，以便进行最终确认。

三、商务策划方案的实施及过程管理

当商务策划委托方与商务策划人针对最终的商务策划方案达成共识以后，商务策划方案进入实施阶段。商务策划方案的实施就是策划人及其团队协同商务策划委托方指导和监督该策划主体实施此项策划案的过程。商务策划方案的实施过程离不开有效的商务策划过程管理。

首先，为了商务策划方案在商务策划主体(组织)内能够顺利实施，商务策划人及其团队应在方案确定以后，即刻组织员工培训，旨在使组织的各级管理者、全体员工以及策划执行团队能够对策划方案的基本思路和基本实施步骤达成共识、统一思想并积极采取行动。

其次，在商务策划方案的实施过程中，如果由于外部和内部环境因素以及策划受众对象的个体差异而出现一些变化，商务策划人及其团队务必及时修正策划方案。商务策划方案的修正必须始终围绕商务策划目标，同时积极获取各方面的反馈，以便进行适当的调整。

最后，商务策划方案实施后，商务策划人及其团队要针对商务策划方案实施的各方面情况进行有效评估。

商务策划是一项系统性工作，策划过程中的每一个阶段都相互关联、相互影响。一方面，每个阶段的工作都为下一个阶段的工作奠定基础；另一方面；每个阶段的工作都是上一个阶段工作的延续和反馈。商务策划人应按照科学、合理的策划步骤，在符合客观规律的前提下开展工作。

四、商务策划方案运作与执行中的常见问题

现实中，很多商务策划人的策划创意新颖，策划方案合理，但是"规划"和"畅想"后的策划方案实施无法顺利展开。究其原因，主要有如下三个方面。

(一) 组织内部问题

作为商务策划主体，组织内部往往积累了一些管理问题，如弱组织文化、员工观念陈旧、组织结构庞杂、人际关系复杂等。这些问题会直接影响商务策划方案的顺利实施。即使是非常专业的策划团队，也不可能避免这些组织问题；即使是非常优秀的策划方案，也无法避免上述问题带来的难题。

(二) 员工能力制约

商务策划人及其团队不可能独立承担整个商务策划方案的实施，商务策划方案得以顺利实施离不开策划主体(组织)的大力支持与配合。然而，商务策划方案的执行人包括组织内部的管理者和员工，他(她)们的能力与素质水平参差不齐，对于商务策划方案的理解和把握也不尽相同。从思想上的认识和理解，到实际中对实施方案的细化与分解，都会产生

差异，这就极大地影响了商务策划方案的贯彻与落实，甚至会产生其他问题。

(三) 过程管理缺失

过程管理是现代组织管理中的基本概念之一。商务策划的过程管理是指为了获得稳定和最大化的收益，对商务策划的过程进行全面控制，即策划主体(企业与组织)应当建立过程绩效评价指标，明确过程控制方法，对商务策划方案的实施进行持续的改进和创新。

商务策划方案实施的过程管理包括有效的监督机制和激励机制。其中，监督机制是指商务策划人及其团队针对策划方案实施过程中的问题给予及时、有效的指导，并对策划方案适时地进行动态修正和调整。缺乏有效的监督机制会直接影响商务策划方案的实施，加强监督管理是策划方案顺利实施的重要保障，能够有效提升策划方案的执行力。激励机制是指通过有效的方法和手段，提升策划执行人的工作积极性，提高完成策划工作的质量和效率，为商务策划方案的顺利实施提供支撑。

综上所述，商务策划的运作与执行是指从策划问题的提出到策划创意的形成，再到策划方案的实施及过程管理的全过程。完美的策划方案需要有效的运作和执行，策划人应科学、合理地考虑策划方案实施中的细节，熟悉策划的基本程序，做好过程管理，这样才能实现商务策划目标。

第二节　商务策划的沟通与运作

商务策划的实施离不开有效的沟通，很多商务策划人认为，商务策划的沟通与运作就是履行一系列的规定和程序，具体包括，亲自与商务策划委托方和商务策划执行人进行沟通；策划人与策划委托方界定当前的"问题"；为商务策划制定相应的规则；进行商务策划的员工培训。然而，履行上述流程并不意味着商务策划主体(组织)当前策划"问题"得以解决，也不意味着商务策划方案的顺利实施，更不意味着具有强大的策划执行力。显然，商务策划方案的运作与执行需要策划人与委托方有效的决策，以及策划主体(组织)内部的全力支持、配合和反馈，这些都需要各方面的沟通与运作。

一、商务策划与商务沟通

沟通是人与人之间、人与群体之间思想与感情的传递和反馈过程。商务沟通是指商务活动中交流、谈判、协商的过程。商务策划中的商务沟通效果取决于商务策划人的专业技能、职业素质和相关经验。有效的沟通能够帮助商务策划人将其策划创意逐步过渡到商务策划方案的实施，可以协助商务策划人获取必要的信息，还可以获得商务策划委托方和执行人的认同、理解和支持。研究表明，很多商务策划的失败都源于失败的沟通。

(一) 商务沟通的重要性

商务沟通是确保商务策划方案中各项策划任务顺利执行的前提条件，掌握有效的沟通技巧也是商务策划人重要的职业能力与素养。信息沟通是商务策划中连接商务策划人、执行人以及委托方的桥梁。同样的信息，由于信息接收者所处的环境、职位、年龄、教育程度不同，信息被理解的程度和解读的方式亦有所差异，所以需要商务策划人运用专业的沟通技巧，尽量避免信息在传递过程中被过滤、被忽略或被误解，尽量减小信息接收人对信息的感知差异。有效的沟通在商务策划中的重要性主要表现在以下三个方面。

1. 正确理解策划方案的内容

商务策划需要有效的沟通才能顺利实施，沟通就是对商务策划目标与方案的意义进行准确、清晰的传达的过程。商务策划人与商务策划委托方、企业管理者与决策分析者需要针对商务策划方案进行必要的沟通，达成共识，确保执行人准确无误地按照策划方案执行，避免对策划方案内容的理解偏差，造成不必要的失误。

2. 获取相关信息

为了解决商务策划主体(组织)当前存在的问题，商务策划人应从问题的实际出发，在准备界定问题的基础上，深入挖掘问题的本质。有效的沟通可以帮助商务策划人获得及时、直接、简单的一手信息，从而抓住问题的关键，形成最初的策划创意与思路。

3. 构建组织文化

优秀的商务策划人懂得适时构建有利于策划方案实施的组织文化，有效的沟通能够帮助策划人影响甚至改变组织原有的文化。商务策划的利益相关者是指所有能够受到商务策划决策和实施影响的相关者。商务策划人、委托方以及执行人针对不同群体的利益相关者采用不同的激励方式，不仅能够影响他们对商务策划的态度，还能充分调动他们的积极性和工作热情，激发他们在商务策划中的创造力与执行力。特别是对商务策划的实施有抵触情绪的利益相关者，商务策划人应通过有效的沟通找出症结和原因，有针对性地交流与沟通，适时给予必要的培训和帮助，以调动其工作积极性。

(二) 商务沟通的基本步骤

商务策划运作与执行的各阶段都需要有效的商务沟通，尽管在不同阶段，商务沟通的目的、沟通渠道、信息接收者均不同，但基本步骤大致相同，具体包括以下几个环节。

1. 明确目标

无论是商务策划运作与执行的哪个阶段，商务沟通的第一步都是明确沟通的目标。

2. 选择适合的表达方式

为了准确地传递信息，商务策划人需要根据商务策划运作与执行的不同阶段，明确不同的沟通对象，选择适合的语言或非语言表达方式，用信息接收者能够接受和理解的方式来沟通，以提高沟通的准确率，使沟通更具针对性，以达到沟通的目的和效果。

3. 选择适合的沟通渠道

信息的有效传递有赖于适当的沟通媒介，沟通渠道是作用于信息发送者和信息接收者之间的中介，也是信息传递的途径。商务策划人应根据不同的信息接收人和不同的运作和执行阶段，选择有利于沟通的媒介。常见的沟通媒介有面对面谈话、电话、传真、视频、网络即时通信工具等。

4. 信息的接收和理解

信息发送以后，将通过某种沟通渠道被信息接收者接收。要准确理解信息，信息接收者应积极倾听和互动。策划人应选择适当的信息发送者，并提供协助，使信息能被正确解读并及时反馈回来。此外，信息的沟通难免遇到影响沟通质量和效果的"噪声"，商务策划人应尽量避免"噪声"对沟通的影响。

(三) 商务沟通的基本原则

成功的商务策划离不开成功的商务沟通，无论采用什么表达方式及沟通方法，都应该遵循以下几项基本原则。

1. 真实性

商务沟通务必以真实性为基本原则，这是沟通成功的前提条件。商务策划方案的实施有可能会暂时影响一部分利益相关者的既得利益，但是绝不可因此而违反真实性原则。

2. 完整性

信息的完整性直接影响沟通的内容和效果，商务策划人应确保在商务策划的运作和执行过程中，信息被全面、完整、准确地传递，才能达到预期的目标和效果。否则，当信息被过滤和筛选后，可能会引起不必要的误解。

3. 时效性

任何性质的沟通都有一定的时间限制，商务策划中的商务沟通也不例外。在商务策划的运作与执行过程中，各阶段的沟通过程需要在一定时间内完成，否则将失去沟通的意义。

(四) 商务沟通的基本技巧

任何形式的商务沟通都应充分考虑利益相关者的立场和需求，共同解决商务策划中的"问题"。商务策划人应积极与利益相关者进行沟通，并依据利益相关者的需求，尽力协调组织的工作流程，在避免利益相关者之间产生利益冲突的同时，增强各利益相关者在商务策划中的责任意识。在商务沟通中，沟通双方应具备以下几方面的基本技巧。

1. 积极倾听

倾听是有效沟通的必要组成部分，倾听强调的不是被动地、简单地借助听觉器官接收信息，而是需要倾听者主动地、全面地去感受对方谈话过程中的语言和非语言信息，通过换位思考来真正理解对方想要表达的含义。

(1) 倾听者在倾听过程中要适度参与，适度参与不仅能够表明自己在认真领悟对方的意图，还能够鼓励诉说者提供更多的有效信息。这里，适度的参与可以是语言(如提问、复述)的参与，也可以是非语言类型(如点头、目光接触)的参与。

(2) 一个合格的倾听者需要克服自我中心与自以为是，尽量克服外界的干扰，尊重对方，避免情绪化，尽量站在对方的立场和角度来思考问题，克服先入为主的偏见和刻板印象，避免过早下结论。

(3) 倾听者不可打断对方的谈话，不可干扰和转移话题，不可急于评价对方的谈话内容，更不可急切地表达建议。

2. 适时反馈

有效的沟通需要适时的信息反馈，对于信息发送者来说，反馈是下一步沟通的基础；对于信息接收者来说，反馈也是做出判断和决策的基础。通常，商务策划中的沟通反馈包括回答问题、陈述事实和说服他人三种形式。

(1) 回答问题可以是针对商务策划委托方和相关策划执行人回答商务策划活动中的各类问题，也可以是商务策划人针对当前的策划"问题"和策划目标对策划委托方的提问，等等。无论是哪种情境，针对问题的回答应在了解提问者目的的基础上进行，避免避实就虚、顾左右而言他。

(2) 陈述事实可以是商务策划委托方针对组织当前存在的"问题"所进行的表述，也可以是商务策划人针对策划方案对策划委托方和执行人所进行的如实陈述，等等。陈述事实是依据沟通者在商务策划中的具体情况以及立场所给出的反馈，需要使用简练、准确的语言，避免过于冗长，并考虑对方的心理状态。

(3) 说服他人可以是商务策划人针对策划方案的具体内容与策划执行人进行反馈，也可能是商务策划人或委托方针对策划方案对组织中的其他管理者与决策分析者给出的反馈,等等。说服他人意味着联合沟通对象共同解决某个策划问题或完成某项策划任务，其中包含以客观事实为依据而做出的周密准备，并适时、恰当地融入情感，以达到"动之以情、晓之以理"的效果。

3. 运用非语言沟通

非语言沟通是指不使用语言而进行沟通的方式，包括肢体语言、副语言、实物环境、空间运用、时间控制等。在商务沟通中，人们往往认为有效的信息沟通方式是语言沟通，而非语言沟通常常被误认为是辅助性的沟通方式，仅仅用于表达一些附加的含义。其实，在商务沟通中，非语言沟通不仅与语言沟通具有相同的功能与作用，即传递信息、沟通思想、交流感情，非语言沟通还有一些语言沟通所不具备的沟通特点。例如，非语言沟通能够实现真正意义上的交流"连续性"和"多通道性"。交流的"连续性"是指沟通不曾间断，通过非语言沟通的方式，信息接收者能够持续地捕捉有效信息。交流的"多通道性"是指非语言沟通能够同时通过不同的渠道将信息发送给信息接收者。很多时候，非语言沟通还能够表达比语言沟通更加丰富的意义。

然而，需要指出的是，首先，非语言沟通往往能够体现人们对外界刺激的直接反应，而这些往往都是无意识或者潜意识的。其次，非语言沟通中所采用的非语言符号可能在不同的情境中有不同的含义。最后，非语言沟通方式能够体现沟通者的个性特征。如果沟通者能够合理、巧妙地运用非语言沟通，可能会达到意想不到的沟通效果。

二、商务策划的运作

商务策划的运作是指商务策划的运行和操作。商务策划人需要在明确策划问题的前提下，依据策划委托人的诉求，制定商务策划目标，展开策划工作，具体包括以下步骤。

(一) 理解策划问题

商务策划人首先应明确策划"问题"，当策划人准确界定了"问题"，即标志着商务策划的开始；正确理解"问题"，则意味着迈开商务策划成功的第一步。很多商务策划的失败源于没能正确发现"问题"。策划人不应安于现状，应具有危机意识和问题意识，应带着具有前瞻性的眼光来分析策划主体(组织)的现状，积极思考当前的行业竞争状况、组织的发展空间(如新的产品或服务、新的市场细分、新的销售渠道、新的促销方式等)。在商务策划人接到策划委托方的委托以后，应用创意思维去理解和界定上述问题，并思考解决上述问题的方向，即商务策划的主题。这里需要指出的是，策划主体的"问题"往往不止一个，而且有的"问题"可以进一步细化为若干"子问题"。商务策划人在界定策划"问题"时，应善于细化"问题"，并对"问题"进行优先权的排序，抓住当前策划主体(组织)的主要问题和重要问题优先解决。

(二) 界定策划主题

商务策划的主题是指商务策划活动的内容，是商务策划所要表达的中心议题，也是策划主体(组织)进行商务策划的方向。策划主体在现实中的很多"问题"可能无法全部通过商务策划来解决，而且商务策划的顺利实施要受到很多环境因素的制约，所以商务策划人应界定适合的策划主题。商务策划主题的界定就是明确策划活动方案的目的和实施的手段和方法。策划人应针对重要和主要的问题进行策划主题的界定，当"问题"被正确界定以后，细化"问题"能够帮助策划人更好地发现产生问题的原因，有利于选择解决问题的切入点。

商务策划的主题有很多，不同的策划主题涉及的策划主体和因素各不相同。例如，商务策划人发现当前的策划"问题"为"企业的营业额和利润率有待提高"，随后问题被细化为"提高营业额和利润率的促销方案"，然后再次细化为"提高其中某个产品或服务的营业额和利润率的促销方案"，最后策划主题被界定为"提高某个产品或服务在某地区的营业额和利润率的促销方案"。被细化的商务策划主题清晰、明确，易于理解。

(三) 分析策划主体

商务策划人明确了策划主题以后，在思考具体的策划方案之前，应对策划主体进行充分、深入的调查分析。分析策划主体首先要收集相关资料，开展商务策划市场调查，具体应遵循以下工作程序和方法。

1. 确定调查主题

商务策划人应根据不同的商务策划主题、不同的调查对象来确定不同的调查主题。例如，某商务策划委托方要求提高该公司某产品在某地区的销售额和利润率，调查主题可确定为"某产品的营销推广方案的市场调查"。

2. 明确调查范围

基于不同的调查主题，商务策划人及其团队应进一步确定市场调查范围，可以是内部调查，也可以是外部调查。内部调查是指对策划主体内部资源和能力的调查。外部调查是指对策划主体外部环境的调查，包括宏观环境、微观环境调查等，旨在熟悉和了解政治、经济、技术、文化环境，以及行业竞争状况和行业发展趋势等。

另外，根据调查方式的不同，还可以分为全面调查和抽样调查。全面调查是指针对所有被调查对象进行的调查，其调查结果反映研究对象的总体情况。抽样调查是指从所有被调查对象中抽取一部分作为一个样本，并根据该样本的调查结果来推测、估计总体情况。一般情况下，当被调查对象数量庞大，调查内容繁杂，人力、财力和时间等无法满足需要时，采用抽样调查法。当采用抽样调查时，应保证样本中的被调查对象具有代表性和覆盖率，同时尽可能采用随机抽样的方式。

3. 明确调查方法

根据调查主题和性质的不同，调查可分为现状调查、相关性调查、因果关系调查、发展性调查。其中，现状调查旨在进一步了解某种现象；相关性调查用于了解现象与现象之间的相互关系；因果关系调查旨在了解某种现象发生的原因；发展性调查旨在了解某种现象随时间变化的规律。针对不同的调查主题和内容，商务策划人可采用不同的调查形式，进而采用不同的调查方法。通常，调查方法可分为问卷调查法和访谈调查法。

(1) 问卷调查法。问卷调查法，是指研究者通过向被调查对象发放问卷收集信息的方法，旨在了解被调查对象对某些问题或现象的认知、看法和态度。问卷的问题包括封闭式问题和开放式问题。其中，封闭式问题为被调查对象提供了几组可供选择的答案，让其从中选择。为了保证真实性和有效性，问卷的设计应有明确的主题，问题的数量不可过多，以10～15个问题为宜，且每个问题不应过长。问题不仅应具有较强的逻辑性，还应通俗易懂。问卷调查一般采用匿名的方式，并在开展调查之前做好问卷调查的预调查，即为检验问卷效度而进行的小样本调查。问卷调查法的主要优点在于标准化和成本低。如今，随着互联网信息时代的来临，问卷调查法可以采用网络问卷的形式来进行，研究者应注意防止计算机病毒的干扰和破坏。对于开放式问题，被调查对象依据真实情况填答即可。

(2) 访谈调查法。访谈调查法，是通过与被调查对象的交谈来了解研究对象某些方面的信息收集方法。依据访谈形式和途径的不同，访谈调查法可进一步分为面对面访谈调查法、电话访谈调查法、视频访谈调查法等。依据访谈问题的性质和类型，访谈调查法可以分为结构型访谈调查法和非结构型访谈调查法。结构型访谈调查法是按照预设的问题顺序来进行。非结构型访谈调查法则是没有预设问题而进行的自由交谈。依据访谈的人数，访谈调查法还可分为个别访谈调查法和集体访谈调查法。个别访谈调查法适用于了解某特定个体的情况，集体访谈调查法适用于了解某个群体的整体情况。为了保证访谈调查的真实性和有效性，访谈调查之前要做好访谈方案，包括访谈的内容、对象、时间、地点和人员分工等，同时要预约访谈对象，并做好访谈记录。此外，针对结构型访谈调查，还应准备好具体的访谈问题提纲。

(3) 实地调查法。实地调查法，是研究者对某种社会现象在确定的范围内进行实地考察和调研，并收集大量资料用以统计分析的调查方法。该方法旨在发现事实，并依据科学的方法形成若干假设，再到实地进行验证，从而形成新理论和新概念。

除了实地问卷和访谈调查，观察法是较有效的实地调查方法之一，它是由研究者直接或通过仪器在实地观察被调查对象的行为动态并加以记录，从而获取信息的一种方法。常见的观察法有如下几种：①自然观察法，是指研究者在一个自然环境中(包括超市、展示地点、服务中心等)观察被调查对象的行为和举止的方法；②设计观察法，是指研究者事先设计一种接近真实自然的场景，然后观察被调查对象的行为和举止的方法；③掩饰观察法，是指在不被被调查对象察觉的情况下来观察他们的行为和举止的方法；④机器观察法，是指在一些特定的环境中，用机器观察来代替研究者进行观察的方法。

4. 实施调查方法

对策划对象开展调研是商务策划的基础，商务策划人应在实施调查之前做好充分的准备，明确调查目的、调查内容，进而确定适合的调查方法，上述工作为商务策划创意的形成和实施奠定基础。在具体实施时，应注意以下几个方面。

(1) 资料和信息的类型。通常，收集的资料可以分为一手资料和二手资料。一手资料是指研究者直接收集整理的信息。二手资料是指研究者从现有的文献或者报告中收集而来的间接信息。在策划实践中，两种资料的收集都是必要的。策划人可先整理现有的政府文件、企业财务报表、网络中获取的相关信息；然后，对于无法满足分析需要的或者缺失、无法查证的信息，使用问卷调查法或访谈调查法收集一手资料。

(2) 资料和信息的整理和收集。策划主体(组织)的外部环境会影响策划方案的生成和实施。其中，宏观环境包括政治环境、经济环境、文化环境和技术环境，微观环境包括策划主体(组织)行业内部的竞争状况及发展趋势、消费者、供应商等。这些都决定着商务策划所能采取的方法和手段，以及所能达到的预期结果。

其中，策划主体(组织)的内部环境直接影响策划主体(组织)的生产经营活动，也决定了商务策划的目标与方向，具体包括组织形式、经营状况、组织文化、资源能力等。策划主体内部信息可以通过查阅相关的二手资料而获取。例如，往期商务策划方案报告和研究成果、内部相关部门的工作总结、年度报告、报表、会议记录等。收集到的二手资料主要有：①历年销售业绩的数据，可按照商品线、顾客类型进行分类整理；②历年市场占有率的数据和资料；③历年营销人员的数据和资料，包括人员的流动率以及升迁状况等；④历年财务数据和资料，包括客户的信用状况、预算分析、成本分析以及盈利分析等。收集并整理后，应该按照预先设定的标签进行存储。

还有一些信息，可能是从未被研究和讨论的信息，需要通过问卷调查法、访谈调查法或实地调查法来获取，具体包括：①文化环境的相关信息，包括主要消费群体(受众群体)的性别、年龄、宗教信仰、家庭人数等，以及他们的需求特点、购买动机、消费模式、消费行为习惯、对商品的使用习惯、对品牌的态度和意见等；②经济环境的相关信息，包括消费群体(或受众群体)可自由支配的收入、现有资产、家庭消费等。

　　针对一些对外保密的商业机密，策划人及其团队要在确保不违反相关法律法规的基础上，进行相关的市场调查。例如，对竞争对手的相关信息的收集和整理，研究者除了可以查阅其公开的财务报表、年度报告来获取二手资料，也可以通过问卷调查法和访谈调查法来获取相关信息。对消费者进行问卷调查和访谈调查，也能够从中获取竞争者的重要信息。此外，竞争者通常会在其广告活动或产品发布会及展示会中透露最近的商务策划活动和最新的动态信息，仔细研究其广告宣传活动，有助于发现竞争对手的策划活动内容以及近期的策划目标。分析竞争者的商品组成零件和相关配件，再从零件及配件的协作厂商入手进行分析，也能获取重要的信息。

　　5. 设定策划目标

　　商务策划目标是指策划方案实施后的预期成果，换句话说，就是期望达到的效果。策划目标是商务策划的方向和指南，只有设定了合理的目标，商务策划才能顺利实施。所以，设定策划目标是整个商务策划的起始点，商务策划人应充分理解策划委托方的策划动机和意图，在此基础上明确商务策划的主题，然后制定合理的策划目标，以进一步明确努力的方向。

　　策划目标的制定能为策划团队及执行人明确未来的方向，所以设定策划目标时应注意以下几个问题。

　　(1) 策划目标要尽可能量化，才能清晰、具体，不要采用模棱两可的语言。例如，要说明在一定时间范围内达到营业额的具体指标数字，或是市场占有率达到具体的数字，提高多少个百分点等，而不是"达到较多营业额""达到更多市场占有率"等。

　　(2) 策划目标的设定要基于市场调查，不可盲目过高，以免策划团队及执行人觉得遥不可及而失去信心；也不可过低，完全没有挑战性，会让策划团队和执行人失去斗志。

　　(3) 商务策划目标的设定应有优先排序，策划团队及执行人能够明确哪些是首要任务，哪些相对次要。

　　(4) 策划目标要尽量分解成阶段目标，并附上具体的时间、进度安排。这样，不仅明确了完成时间，同时将目标细化和分解，有助于商务策划执行过程的管理与控制。当商务策划方案的实施进度与计划不符时，商务策划人及其团队和执行人应及时调整和有效控制，使商务策划活动达到预期的效果。

第三节　商务策划的方案生成及优选

一、形成策划创意

　　当商务策划人确定了策划主题、明确了策划目标之后，就要开始构思商务策划实施方案。这就需要商务策划人整理思绪，依据策划目标寻找商务策划创意，换个角度去思考策划"问题"，放弃那些不可能实现、没有实用价值、缺乏现实意义的构想，改变原有的思维习惯和思维定式，以便突出策划主题，吸引受众群体。商务策划人及其团队要尽可能地通过新颖的策划创意和形象化的设计去传递策划主题以及核心内容，并生成可供选择的备选实施方案。

二、生成策划方案

商务策划方案是整个商务策划的核心内容，商务策划方案的生成应围绕商务策划目标来进行，即围绕目标设计商务策划活动安排，选择实现策划目标的途径、手段和方法。备选方案的生成工作是指策划人拟定多种可行的、能够相互替代的备选实施方案，供管理者以及决策分析者进行决策。备选策划方案的生成应遵循以下几项基本要求。

(1) 考虑实施方案的可行性，应在切实可行的、具有科学依据的前提下拟定。

(2) 应从不同角度、不同途径、全方位地生成多种实施方案，体现不同的方案特色并考虑多方面的情况，供管理者或决策分析者进行比对和优选。

(3) 应综合考虑组织的短期、中期、长期目标。

(4) 商务策划备选方案应建立在策划人的策划创意的基础上，体现创新性。

(5) 应获得策划委托方的信任和支持，有了委托方的认同，才能得到组织各部门的全力配合，实现团队通力协作，使备选方案得到进一步优选和实施，从而达到预期效果，实现预期目标。

三、撰写商务策划书

商务策划书是商务策划方案的书面表现形式。商务策划人应将备选方案以简洁明了的语言风格编写成策划书，供管理者以及决策分析者做出科学、细致的评估。这里需要指出的是，商务策划书往往有内部版和外部版，内部版主要用于策划委托方或管理者以及决策分析者针对策划方案做出优选决策，外部版则是为了供其他利益相关者参考查阅。

商务策划书的质量直接影响策划方案最终能否被采纳，也直接影响最终的方案实施效果，所以商务策划书的撰写应突出策划主题，且要确保逻辑清晰、结构严谨、篇幅得当、行文流畅、论证科学，必要时可加入图表等视觉语言帮助读者加深对策划书的理解。同时，商务策划书还应关注细节，包括排版、打印、装订等。(商务策划文案的撰写详见本书第七章)

四、备选方案的提案、论证及决策

(一) 商务策划提案

商务策划提案是指商务策划人将初步的策划创意和备选方案通过简单明了的商务策划

书,以书面沟通的形式向商务策划委托方进行汇报和沟通,以便论证各备选方案的可行性并进一步完善策划方案。

1.提案的准备工作

在商务策划提案之前,商务策划人不仅要对商务策划的合理性和科学性进行反复论证,还需要制作专业的策划提案PPT,以增强策划方案的吸引力和说服力。首先,商务策划人需要针对不同类型的策划主题选择适合的PPT模板和相关素材;其次,内容的构建要尽量突出重点、层次清晰,且形象、直观;最后,商务策划人要尽量注意文字和图片的编辑和处理技巧,尽量美化PPT的视觉效果。

2.策划提案的内容

策划提案是指准确地向商务策划委托方等利益相关者详细说明策划创意的过程。分析策划提案可以理解为一项组织内部的说服性工作,一般包括以下几方面内容。

(1) 商务策划的背景。商务策划人应准确描述策划提案的背景信息。例如,策划主体(组织)的外部环境、内部环境,明确商务策划方案实施的条件和背景。

(2) 商务策划提案可行性分析。商务策划人应从行业、组织、产品或服务等几个方面对策划提案进行优劣势分析,分析方案实施的利弊和可行性。

(3) 商务策划的具体安排和预期效果。商务策划人应明确策划活动的具体安排和具体流程,以及预期达到的目标和效果等。

(4) 商务策划的成本和效果评估。商务策划人应准确核算策划活动的各项费用,然后清晰地罗列出来,并将其和预期效果进行比较。这里,商务策划人还可将几个备选方案的成本和预期效果进行比对,供管理者和决策分析者参考。

(二) 商务策划方案论证

商务策划方案论证,是指策划委托方或管理者及决策分析者对策划人拟定的备选策划方案进行分析、比较与评价。商务策划人及其团队应对策划方案的目标、实施途径、实施步骤、人员安排进行详细说明。商务策划方案的分析和论证需要注意方案的完整性,策划委托方或管理者及决策分析者据此研究备选方案实施的可行性,找出每个备选方案的实施要求和限制因素,权衡每个备选方案的优势和劣势,并依据组织的实际情况给出一定的评价标准,最终选出可行性强、效果显著、预算合理的最优方案或最满意方案。

商务策划方案的论证过程是全面、多角度、科学地评价每个方案的过程,是对商务策划方案可行性的综合分析和判断,可为正确决策提供科学的依据,也能为最终方案的实施以及各项策划工作的全面展开提供依据。通常,商务策划方案的论证过程中,需要广泛征求意见,然后对不足之处进行反复修改和完善。组织内部往往会成立评审委员会,不仅邀请组织内部的管理者和决策分析者,必要的时候还会聘请行业内的资深专家、高校或者科研机构的学者。他们会对备选实施方案进行评价,指出需要修正和完善的部分,委托商务策划人及其团队可据此对商务策划书进行修改。

1.策划方案论证的评价标准

在商务策划方案的论证过程中,要对策划方案实施可能产生的影响进行权衡,并对可能影响决策的诸多因素进行全面考量，评价结果将作为最优方案的决策依据。在对策划方案进行论证时，应遵循以下几个评价标准。

(1) 整体性。商务策划方案的论证需要从策划主体(组织)的战略全局出发，不可仅关注局部利益和短期目标。

(2) 营利性。商务策划的目的在于为策划主体(组织)带来经济效益，所以利润的多少可以作为备选方案取舍的重要评价标准。

(3) 可行性。商务策划方案应符合策划主体(组织)的实际条件，应针对策划方案的必要性、合理性、科学性等进行必要的分析和判断，从中选择可实现策划目标且符合实际环境和现实条件的方案。

2. 策划方案论证的内容

在商务策划方案论证中，策划人及其团队要从主观的角度去论证和完善各策划备选方案的必要性、可行性和合理性，为商务策划方案的优选奠定基础。策划方案的论证主要包括以下几个方面的内容。

(1) 策划方案财务论证。商务策划人及其团队应对策划方案的成本与收益进行评价和论证。

(2) 策划方案技术论证。商务策划人及其团队应对策划方案实施过程所需要的技术条件进行充分说明，并从策划主体(组织)的自身条件出发，考虑策划方案实施的可行性。

(3) 策划方案实施条件论证。商务策划方案的顺利实施需要策划主体(组织)各方面的支持和配合，还需要外部环境条件允许，包括自然环境条件和社会环境条件等。策划人及其团队应关注方案实施后所需要的各方硬件和软件，并进行充分论证。

(4) 策划方案风险论证。任何商务策划方案的实施都可能面临不确定性和风险损失，商务策划人及其团队应对备选方案可能面临的风险进行事前评估，进而比较各备选方案的优劣，同时为进一步制定应急预案奠定基础。

商务策划人及其团队在对备选方案进行单项论证以后，通常还会进行总结性的综合论证，即对该策划方案进行全面的、综合的利弊分析，为下一步对备选方案的综合评价和优选奠定基础。通常，商务策划方案应直接反映策划主体(组织)的发展战略和经营目标，备选方案的论证要充分考虑策划主体的现实状况，策划人可以对策划主体(组织)进行SWOT分析，在尽量挖掘组织内部潜力的同时，合理利用组织的内部和外部条件，考虑策划主体、策划受众群体、产品和服务、组织文化建设、团队构建、相关技能的培训与考核、竞争对手的定位、行业竞争状况等方面，论证过程要切合实际，既不可脱离客观实际，片面追求创意，也不可一心求稳，畏首畏尾。

(三) 商务策划方案决策

商务策划方案论证结束后，商务策划委托方、管理者及决策分析者应对商务策划备选方案进行优选。商务策划方案的优选不是对现有信息的简单汇总，而是要在科学方法的指导下，对客观情况进行综合分析和判断，对有效信息产生正确的认知。商务策划委托方、管理者及决策分析者应全面、系统地比较各备选方案的利弊，动态分析备选方案的可行性，尽量回避风险和不确定性。商务策划人的创意在商务策划方案的论证过程中应得到充分的体现，策划委托方、管理者及决策分析者应对各备选方案进行评价、比较和选择，进而选择最适合的策划方案。商务策划方案的优选需要有科学、合理的评价标准和选择方法，这是影响决策的关键因素。

1. 商务策划方案的评价标准

商务策划方案的评价标准是评价商务策划备选方案的价值尺度，该价值尺度是由建立评价指标体系来体现的。策划委托方、管理者及决策分析者应针对策划方案应具有的特征构建相互关联的多个指标，构成具有内在结构的指标体系。

首先，评价指标应体现商务策划方案的目标，这表明优秀的策划方案应围绕策划目标的实现而展开；其次，评价指标应体现策划方案实施途径的可行性，即方案应建立在实际条件的基础上；再次，评价指标应体现策划方案实施的价值，策划主体在获得经济利益的同时，还能获得相应的社会效益；最后，评价指标应体现策划方案与策划主体现状的匹配程度。

2. 商务策划方案的选择方法

商务策划人可采用定性分析法、定量分析法对各备选方案进行综合评价，评估各备选方案实施的价值及影响，反复权衡之后对各备选方案进行排序。委托方、管理者及决策分析者可依据评价指标和经验，对备选方案进行评价和筛选。常用的商务策划决策方法有有限理性决策方法和渐进决策方法。

(1) 有限理性决策方法。该方法指出，由于决策者无法掌握全部信息，对知识与规律的认知有限，无法逐一细致、深入地分析所有备选方案，所以决策者不可能最大限度地追求理性，即选择最完美的备选方案，决策者自身的有限理性只能追求在其能力范围内的有限理性。如果某个备选方案能较好地满足策划委托方的诉求，实现策划目标，则被视为最优方案。

(2) 渐进决策方法。该方法针对理性决策的缺陷和弊端，强调决策者应依据实际情况进行决策。通常，理性决策首先需要界定问题，然后针对问题制定决策方案。然而，现实中，尤其是在动态的竞争环境中，决策者往往无法准确界定问题，所以即使采取有限理性决策方法也无法解决问题。通过渐进决策方法，商务策划委托方、管理者及决策分析者可以基于有限理性决策方法选择出较为满意的备选方案，但在实施过程中应不断地、渐进地根据现实动态的环境逐步修正该方案，最终实现商务策划目标，解决策划主体的问题。

3. 商务策划方案的决策流程

在商务策划方案决策中，一般由策划主体(组织)的管理者、决策分析者以及行业内的专家组成评审委员会，委员会依据构建的评价指标体系对备选方案进行评价。评审委员会以4~7人为宜，策划人及其团队应在会前发放相关资料和文案，会上针对各备选方案的核心内容进行论证。评审委员会依据现实状况提出备选方案中的不妥之处，策划人及其团队应详细记录，并在会后对备选方案进行修正，再请评审委员会的专家们评价并做出决策，最终优选出商务策划的实施方案。

第四节　商务策划的实施及过程管理

商务策划方案经过优选、修正，并通过策划委托方、管理者和决策分析者认可后，商务策划人及其团队就应按照方案中制定的步骤进入商务策划方案的实施阶段，贯彻落实策划方案中相应的实施细则，从而确保策划目标的顺利实现。商务策划方案的实施应切实有效，发挥策划主体的执行力，这就要求策划人及其团队关注内部组织文化的构建，科学、合理地做出计划和安排。

一、商务策划的实施原则

商务策划人基于新颖的策划创意、严谨的策划构思制定商务策划实施方案，经过合理、科学的安排和严格的过程管理，有效发挥策划实施的执行力，从而最大限度地实现商务策划的预期效果。商务策划人及其团队应深刻理解商务策划的实施原则，并将其融会贯通于商务策划方案的实施过程中。

(一) 灵活性

商务策划方案一经确定，各执行部门或个人不得擅自更改策划活动的具体内容，但在实施过程中，如有临时的、突发的状况，商务策划活动的相关执行部门和策划执行人应灵活做出适当的调整，以确保策划活动的顺利进行。

(二) 清晰性

在策划方案实施前，商务策划人及其团队应对商务策划目标进行有针对性的分析和说明，确保组织上下达成一致、统一思想、团结一心。同时，为避免在商务策划实施过程中出现分歧，策划人及其团队应对整个策划的目标和方向做好沟通工作，组织上下统一指挥、统一方向，明确职权和责任，切忌权责不明、互相推诿，以免策划方案无法有效实施，影响商务策划收到预期的效果和效益。进一步来说，商务策划人及其团队应明确每一项策划实施任务的相关执行人，并且明确每一项具体任务的执行内容，包括方案实施的时间、地点、具体事项和要求等。

(三) 合理性

在安排商务策划中的具体实施任务时，应围绕既定的商务策划目标，确保科学、合理和专业，必须符合组织的现实情况和实际条件，盲目追求理论要求会影响执行人的工作积极性和主观能动性。

(四) 一致性

在商务策划方案的执行过程中，应注意有效的过程管理和监控机制。商务策划方案往往会因为外部或内部环境因素的变化而受到影响，有效的监督机制能够在一定程度上确保策划方案实施与预期目标的一致性。

二、商务策划的实施流程

(一) 策划方案布置

在商务策划方案实施前，策划人及其团队应在组织内部进行充分沟通，确保策划执行人完全了解和理解商务策划的目标、内容和预期效果。商务策划人应与策划委托方共同确定以下几个方面的组织安排。

(1) 确定组织基本结构。商务策划人、策划委托方应依据商务策划活动的具体方案，合理安排组织的基本结构。为了顺利推进商务策划的实施，必要时可以设立临时的相关部门和岗位。

(2) 明确组织业务流程。为进一步协调各策划执行部门的工作，尽量减少疏漏，在商务策划方案实施前，应再次明确相关业务流程并落实责任分工，这样有助于在商务策划的实施中发挥组织上下协同一致的力量。

(二) 策划方案预演

商务策划的实施可能会涉及大量的人力、物力、资金和时间的安排，为了策划执行人更好地实施策划方案、了解策划方案、熟悉策划程序，策划人及其团队应组织相关策划执行人进行策划方案预备性演习。策划方案预演就像模拟演习，依据商务策划类型的不同，策划人可设立专人进行方案试运行或模拟预演，并负责收集和整理各方反馈意见。这样能够预测出策划方案实施后的过程及进度，也可以预测策划方案的实施效果，从而帮助策划人及其团队及时发现策划方案中的问题，并予以修正。

(三) 策划方案培训

为了保证商务策划的实施效果，应当在策划方案实施之前对各部门的策划执行人进行相关培训，以便更好地应对策划方案实施过程中出现的各种问题和困难。

商务策划方案培训主要分为个人培训和团队培训。针对个人而展开的策划方案培训一方面是为了让具体的执行人掌握策划方案实施必备的相关技能和技巧，另一方面是为了让策划执行人正确理解策划人的策划意图和方案内容，避免因曲解策划意图而造成失败。针对团队展开的策划方案培训则是为了提高策划团队各成员之间的相互协作能力。团队培训的主要内容有策划团队任务分析、任务模拟与任务练习和反馈，策划方案的团队培训包括团队工作轮换和团队协调，其中团队工作轮换旨在让团队成员熟悉并了解其他团队成员的工作任务，以便出现突发情况时能相互替换；而团队协调培训旨在培养团队成员之间的默契和配合，指导团队成员分享信息、分担责任、管理团队内容冲突等。策划方案的团队培训不仅包括知识和技能的培训，更重要的是团队文化的培训。策划团队的强文化可以帮助策划团队成为一个有凝聚力的整体，每个成员都在完成各自分工的基础上通力合作，可使策划任务得以圆满完成，策划目标得以顺利实现。

(四) 策划方案实施

在商务策划的实施过程中，应按照既定的方案，按部就班地进行。在商务策划方案的实施阶段，商务策划人应关注策划方案的计划性和实务性，关注实际策划工作的目标及任务的分解，并督促各执行部门有效地实施各自的策划任务。

三、商务策划的过程管理

为了有效实施商务策划方案，达到预期的策划目标，商务策划人应制定相应的监督保证措施，开展有效的过程管理。商务策划的过程管理是商务策划的一项常规性工作，具体是指对策划方案的过程进行持续、有效的监督和管理，及时了解策划方案的执行情况和执行进度，并对执行过程进行跟踪和评估，旨在对商务策划方案实施的方法、进度、质量进行有效的控制与管理。商务策划的控制目标是针对方案实施各阶段的时间、成本、效果等制定明确的评价标准，这些标准是商务策划过程控制和管理的前提和基础，也是衡量实际策划成果和预期策划成果的尺度，明确了控制标准，有助于更加准确地考核和判断策划效果。

通常，在商务策划方案的实施过程中，存在很多不确定性因素，这是在策划方案选择和修正阶段难以预测的，所以策划人及其团队应围绕策划控制目标对策划方案的执行效果进行阶段性评估和反馈，即对实际执行效果与控制目标进行比较。常见的控制目标与实际执行效果比较方法有以下几种。

(1) 观察法，即直接观察实施效果，掌握一手信息，从而直接做出判断。

(2) 统计法，即依据策划方案实施过程中得到的基础数据进行计算和分析，用定量分析法判断策划方案的实施效果。

(3) 报告法，即通过策划方案实施期间的例会及时掌握准确的策划执行情况，及时进行问题修正。

一般来说，商务策划方案会针对可能遇到的突发状况做出预测，并给出应急预案。如果商务策划在实施过程中出现问题，可以首先考虑应急预案是否可行。如果应急预案无法解决问题，策划人及其团队应细致、深入地分析实际效果与预定目标之间产生偏差的原因，并及时采取可行的、有针对性的措施对策划方案进行必要的调整和修正。需要指出的是，实际效果与预期目标产生的偏差主要有两种情况：一是实际效果比预期目标完成得好，即正偏差；二是实际效果没有达到预期目标，即负偏差。当商务策划方案阶段性的实际效果出现负偏差，策划人及其团队可以重新调整资源配置，重新修正策划方案。如果上述环节都没有出现问题，策划人及其团队可以考虑阶段性目标是否定得过高或过低，应修正阶段性控制目标或管理办法。

优秀的策划方案能否顺利实施，依靠策划执行人在具体实施过程中的执行力，有效的沟通是推动商务策划方案顺利实施的关键。商务策划方案的过程管理应保证信息的有效沟通，即策划人及其团队应与策划执行人针对策划方案实施过程中出现的各类问题进行及时、有效的沟通。有效的沟通不仅能够避免策划实施过程的理解偏差，减少失误，还能加强各执行部门之间的协同合作，从而保证策划方案的顺利实施。商务策划方案实施过程中的沟通与协调包括对工作进度的沟通与确认、对全局利益与局部利益的权衡与协调、对策划任务的认知与确认。

四、商务策划的评价

完成商务策划，并不意味着商务策划工作的结束。策划人及其团队应对商务策划实施结果进行系统、全面的分析和评价，总结经验和教训，为下一次商务策划积累经验并提供借鉴和参考。对商务策划的评价，具体包括以下几个方面：商务策划方案是否达到策划目标；商务策划实施后，策划委托方的收益有哪些；商务策划方案本身是否科学、完善；商务策划可以为今后的策划工作提供哪些借鉴和参考。商务策划评价结果要形成文案，提交给商务策划委托方。(商务策划的评价详见本书第十章)

思考与练习

一、填空题

1. 商务策划的执行力包括组织执行力、(　　)和个人执行力三个层面，三者之间相互关联。

2. (　　)是指主动、全面地感受对方谈话过程中的语言和非语言信息，通过真正的换位思考来理解对方想要表达的含义。

3. 商务策划的(　　)是指商务策划活动的内容，是商务策划所要表达的中心议题，也是策划主体(组织)进行商务策划的方向。

4. (　　)是指对所有被调查对象进行的调查，其调查结果反映研究对象的总体情况。

5. (　　)是指从所有被调查对象中抽取一部分作为一个样本，并根据该样本的调查结果来推测、估计总体情况。

6. (　　)是指策划委托方或管理者及决策分析者对策划人拟定的备选策划方案进行分析、比较与评价。

二、判断题

1. 商务策划的成功与否主要取决于商务策划的创意是否新颖、独特。(　　)

2. 策划主体(组织)的商务策划职能绝对不可以外包。(　　)

3. 商务沟通是指商务活动中交流、谈判、协商的过程。(　　)

4. 商务策划方案的实施有可能会暂时影响一部分利益相关者的既得利益，所以必要的时候，商务策划人可以在沟通中有意回避和隐瞒暂时的弊端，突出长远优势和利益。
(　　)

5. 通常，商务策划中的沟通反馈包括回答问题、陈述事实和说服他人三种形式。
(　　)

6. 在商务沟通中，非语言沟通不仅与语言沟通具有相同的功能与作用，即传递信息、沟通思想、交流感情，非语言沟通还有一些语言沟通所不具备的沟通特点。(　　)

三、单项选择题

1. 下列组织内部问题，不会影响商务策划方案顺利实施的是(　　)。

    A. 弱组织文化　　　　　　　　　　B. 员工观念陈旧

    C. 组织结构庞杂　　　　　　　　　　D. 员工老龄化现象严重

2. 下列行为中，属于积极倾听的是(　　)。

    A. 打断对方的谈话，积极提问

    B. 克服外界干扰，努力让对方更好地理解自己的意图和建议

    C. 运用非语言沟通的方式(如目光接触) 来适度参与沟通

    D. 当对方提出观点，立刻积极评价对方的观点和想法

3. 下列关于非语言沟通的陈述，正确的是(　　)。

    A. 商务沟通中，非语言沟通仅仅是辅助性的沟通方式

    B. 非语言沟通能够实现真正意义上的交流"连续性"和"多通道性"

    C. 非语言沟通无法表达比语言沟通更加丰富的意义

    D. 非语言沟通无法通过不同的渠道持续地发送有效的信息

4. 下列关于问卷调查的陈述中，正确的是(　　)。

    A. 问卷的问题只能是封闭式问题

    B. 问卷问题的数量越多越好

    C. 问卷调查不宜采用匿名的方式

    D. 问卷问题的设计不仅应具有较强的逻辑性，还应通俗易懂

5. 下列关于商务策划目标的陈述，错误的是(　　)。

    A. 策划目标要尽可能量化

    B. 策划目标制定得越高越好，才能具有挑战性

    C. 策划目标应尽量分解成阶段目标

    D. 策划目标要清晰、具体

6. 关于商务策划方案的论证，主要包括(　　)。

    ① 策划方案财务论证

    ② 策划方案技术论证

    ③ 策划方案实施条件论证

    ④ 策划方案风险论证

    A. ①②③④　　　　　　　　　　　B. ①②③

    C. ②③　　　　　　　　　　　　　D. ②③④

7. 下列关于商务策划实施的过程管理的陈述，错误的是(　　)。

    A. 商务策划实施的过程管理是商务策划的一项常规性工作

    B. 商务策划的过程管理是针对商务策划方案的过程进行持续的、有效的监督和管理

    C. 商务策划实施的过程管理有助于策划人及时了解策划方案的执行情况和执行进度，并对执行过程进行跟踪和评估

    D. 当商务策划方案的实际执行效果与过程管理的控制目标出现偏差，策划人应立即重新修正策划方案

四、思考题

1. 商务策划方案的选择方法有哪些？请举例说明。

2. 列举典型案例来论述商务沟通对商务策划的影响。

3. 请举例论述商务策划实施的基本原则。

4. 请论述商务策划实施过程管理的重要性。

五、案例分析题

"脑灵通"是由李嘉诚集团出品的学生健脑保健品，该产品瞄准考生群体，不到3个月就迅速占领了市场。该产品的策划分为三个阶段：首先，以"30天提高记忆商数18.52"为承诺点，借此推出"脑灵通成龙工程"，一举打响"脑灵通"的产品知名度；其次，该公司加强与考生、家长之间的沟通，大大提高了该产品的亲和性；最后，通过各类广告为考生加油、为产品造势。"脑灵通"上市后，迅速占领了两广地区及深圳的健脑产品市场，家长们纷纷指明购买"脑灵通"，"脑灵通"销售额倍增。

1. 运用本章所学知识，分析该公司的策划方案实施过程，并说明该公司是如何制定策划目标的。

2. 分析该公司策划方案成功的原因。

3. 运用本章所学知识，探讨该公司下一步应如何开展策划活动。

六、实训练习题

1. 结合学生所在省市的本土企业，选择某一企业的产品或服务，进行相关的市场调查，通过问卷调查的方式收集相关资料，为该企业的新产品策划方案的实施获取一手资料。

2. 实地考察或通过网络了解知名企业商务策划的执行与运作过程。

第七章
商务策划文案的写作

【策划格言】

思想是流动的文案，文案是凝固的思想。

——佚　名

【主要内容】

商务策划方案概述；

商务策划文案的结构与内容；

商务策划文案写作的语言和文本要求。

【学习目标】

知识目标：

商务策划文案的作用；

商务策划文案的结构与内容；

商务策划文案写作的基本原则和基本要求；

商务策划文案写作的语言和文本要求。

技能目标：

理解商务策划与商务策划文案之间的关系；

理解商务策划文案对商务策划的作用；

领会商务策划文案写作的各项要求在商务策划文案写作中所体现的意义。

【开篇案例】

"好记星"数码单词学习机的商务策划文案撰写

商务策划文案是策划人决策思维的文字表达，成功的商务策划文案能够准确表达商务策划的创意和思想，能够提供商务策划方案实施的基本框架，也能帮助商务策划的委托方及执行人正确理解商务策划方案。

北京好记之星数码科技有限公司是由风靡一时的学生用塑形产品"背背佳"的原班人马组建成立的，"背背佳"以塑造当代青少年完美身姿而闻名全国。当企业成功在市场上销售了第一款产品后，往往需要适时地进行第二款或第三款产品的研发工作和市场推广。商务策划成功的背后离不开优秀的商务策划方案，而优秀的商务策划方案背后离不开表达准确、逻辑性强且语言简练的商务策划文案。

当"好记星"数码单词学习机计划进入市场的时候，面对市场上的"好译通""快译通""文曲星"等强劲的竞争对手，"好记星"的策划师——高级商务策划师夏武先生采取了"攻心"策略，他在其商务策划文案中设计了这样的广告词："家长们都知道，英语的学习对于孩子们的未来意味着什么……英语学不好，工作都难找！"不出所料，这样的广告词一出现，家长们立刻产生了共鸣。与此同时，"好记星"的商务策划文案中给出了有关部门对全国中学生进行的问卷调查结果，86.3%的学生认为英语学习中最大的困难是记不住单词。"好记星"在其策划文案中让广大中学生以及学生家长们都看到这一数据，让所有家长和学生认识到，其实不是孩子不努力，而是单词背得不好。"好记星"产品能够想出好办法帮助孩子们记住单词。此外，"好记星"的广告使用了情感诉求的方式，通过营造下不了决心购买"好记星"产品的家长后悔内疚的场景，触动家长们即刻下决心去购买"好记星"。该方法进一步明确产品的销售对象，一时间，"一台好记星，万千父母情"使千万家长被不自觉地感染，"好记星"以不同的策划主题主打亲情牌和英语牌，横穿市场，无往不利，使得该产品在上市以后创造了良好的销售业绩。

资料来源：史振洪，等.商务策划学[M].南京：南京大学出版社，2008.

评析："好记星"数码单词学习机的策划成功应归功于策划人在商务策划文案中体现出的专业水平和职业素养。该产品的商务策划文案能够直接反映策划人的睿智和经验，能够清晰地分析市场环境，准确定位产品并且找准时机进行产品推广。本章我们将要学习商务策划文案的写作，其中包括商务策划文案写作的意义和作用、商务策划文案的基本要求和基本原则、商务策划文案的结构和内容，以及商务策划写作的语言和文本要求。

第一节　商务策划文案概述

一、商务策划与商务策划文案的关系

通过前几章的学习，我们了解了商务策划应解决目标、资源、手段等方面的问题。商务策划活动的主体有不同的策划目标和预期组织活动，商务策划人需要思考活动目标、受众对象、外部环境、所需要的资源、如何获取这些资源、如何进行资源配置等，这些就是商务策划方案的实施内容。

早期的商务活动相对简单一些，首先，产品简单，交易形式单一，价格依据当日市场供求情况自主决定即可，大多数时候不需要精密的计划，商务策划人常常可以临时做出决定，融入些许创意就可以获得市场竞争优势。随着全球经济的不断发展，商务活动的环境越来越复杂，为了在激烈的市场竞争中获得竞争优势，预先设计和规划商务策划活动方案尤为重要。每次开展商务策划活动之前，策划人都需要对活动主题进行合理规划，判断投入能否得到应有的回报，并针对商务策划活动的目标，对企业现阶段的资源条件进行评价，然后进行有针对性的组织和调配。上述内容都需要进行严谨、科学的判断和分析，需要有严密的论证过程，这就是商务策划文案的撰写工作。

关于商务策划文案，从广义上讲，是指能够体现商务策划活动思考过程和商务策划沟通全过程的所有记录和所有材料。从狭义上来说，商务策划文案是指商务策划材料撰写过程中的核心部分，即明确策划背景、提出策划问题并解决策划问题的具体实施方案。通常情况下，商务策划文案以商务策划书、商务策划方案等形式呈现，根据不同的商务策划类型，可进一步细分为营销策划书、广告策划书等。这里，本书仅针对狭义上的商务策划文案给出基本的写作要求和相关注意事项，无论什么类型的商务策划书，从材料组织到写作方法，以及解决策划问题的思路都十分相似，没有根本上的差异。商务策划文案的读者可能是商务策划的委托方或者商务策划的执行人，所以完整的商务策划文案是商务策划人、商务策划委托方、商务策划执行人进行沟通的文本表现，通常包括明确商务策划的目标、分析商务策划的背景和环境、分析现有资源、提出商务策划的具体实施方案以及对该方案可行性的论证过程。

二、商务策划文案的作用

(一) 获得商务策划委托方的支持和认可

通常，商务策划的委托方是企业的管理者或决策者。优秀的商务策划文案可以充分、有效地传递商务策划实施方案的主要内容，使商务策划委托方准确理解商务策划方案实施的必要性及具体方案内容，明确是否能够达到预期的商务策划目标。

(二) 赢得商务策划执行者的理解和支持

商务策划实施方案往往需要打破常规，具有一定的创新性，体现为新的思路和新的方法。如果商务策划实施方案的最终执行者不能理解或带有抵触情绪，无形中就会增加商务策划方案实施的难度。优秀的商务策划文案能够提供全面的策划背景分析、方案可行性分析等，能够让商务策划执行者充分理解策划的目标和具体的方案内容，有助于商务策划执行者对策划方案的理解和支持，从而在实施过程中化被动为主动。

(三) 提供商务策划方案实施的基本框架

商务策划文案中应包括实施方案具体细节的相关描述，以便商务策划执行者能够深入了解策划方案的细节内容，包括策划主题、受众对象、实施区域、策划方法、策划形式、策划方案实施的基本步骤、基本预算等。这些细节内容在商务策划实施方案的具体执行过程中起到了指导作用，能够帮助商务策划执行者准确完成策划任务。

(四) 增强商务策划控制和评估的有效性

在商务策划方案实施过程中，商务策划文案可以作为商务策划控制和评估的重要标准，商务策划执行者可以依据商务策划文案中对预期目标的描述，评价商务策划方案实施效果，及时纠正商务策划方案实施过程中可能存在的偏差。同时，完整的商务策划文案将策划方案实施的细节记录在案，可以为组织的未来发展提供有价值的参考，有利于总结商务策划经验，为今后组织开展商务策划工作提供可以借鉴的资料。

三、商务策划文案写作的基本要求

写作商务策划文案需要有一定的语言基础、文字功底、材料收集和整理能力以及专业知识，并遵循以下几项基本要求。

(一) 广泛、深厚的知识储备

商务策划是一门实践性极强的综合类学科，强调专业知识的交叉整合与融会贯通，商务策划人要具备合理的知识结构，达到知识储备的广度与深度并重。商务策划人不仅需要深入了解语言文字中语义和语法的运用，还需要熟练掌握管理学和营销学的基本概念和基本理论，并能结合策划地区的历史和文化背景准确把握受众对象的情绪、情感、态度与动机等心理因素和心理状态，创造性地提出新的观点和理念。

此外，商务策划人还应收集和积累以下几个方面的资料。

(1) 策划地区相关政策法规的变化，这是进行商务策划的重要参考。

(2) 策划地区相关行业的背景资料，包括行业现状、行业竞争状况、行业发展趋势等，这是商务策划文案写作的重要依据。

(3) 商务策划应与时俱进，紧跟社会文化发展的变迁，策划人应关注各种新思想、新观念，这些都能够为商务策划文案的写作提供重要支撑。

(4) 商务策划人还应广泛借鉴其他相关学科的最新研究成果，帮助策划人进一步总结和完善还处于起步阶段的商务策划理论与方法的研究。

(二) 周密、严谨的文案结构

写作商务策划文案时，需考虑商务策划文案的逻辑结构。周密的策划方案需要综合考虑各方面的问题，商务策划人应根据不同的商务策划主题组织相关材料，并站在全局的高度来合理安排商务策划文案的内容和结构，使商务策划文案准确无误地突出商务策划人的策划创意和创新思维。此外，还应提前考虑如何提出策划问题和策划目标、如何展开策划方案论证、如何得出结论等，具体包括以下几点。

(1) 商务策划文案的结构应尽量体现策划人的思考逻辑，让策划委托方或执行人跟随策划人的思维去理解策划方案，较快获得委托方和执行人的认同和支持。

(2) 商务策划人通过一定的逻辑结构来组织和撰写商务策划实施方案的具体内容，通过合理的结构，将商务策划内容及方案准确地呈现给策划委托方或执行人。

(3) 商务策划人通过合理安排篇章结构来为文案提供一定的语言环境，合理的篇章结构也能让委托方或执行者更好地理解策划方案。

(三) 准确、简练的文字处理能力

商务策划文案不是文学作品，不同于其他文学体裁，过分抒情、过分煽情的语言风

格并不适用，修辞手法在商务策划文案的写作中也应该谨慎使用。商务策划文案旨在表达商务策划人的策划创意和策划实施方案，要求商务策划人能够在一定的语言环境中准确、简练、具体地进行文字表达。既要正确、完整地体现商务策划人的创新思维，又要让商务策划执行人正确把握策划实施细则，避免不必要的操作错误，具体包括以下几点。

(1) 商务策划文案的文字应能够直接表达策划人的策划思维，尽量开门见山、直奔主题，避免隐晦含蓄的语言风格，以免浪费读者的有效时间，导致读者无限解读和猜疑，引起不必要的麻烦。

(2) 商务策划文案的语言文字风格应朴实、具体，尽量避免复杂、抽象的理论推演，并给出具体、实际的程序和步骤。

(3) 商务策划文案应尽量保证语言准确，避免文字上的歧义。模糊不清、一语双关的语言和句式不适用于商务策划文案。

(四) 日常经验的积累与感知能力

写作商务策划文案需要具备相关的业务知识和一定的文字处理能力，还应结合商务策划人对生活的感悟和理解，如同其他文学体裁，商务策划人写作商务策划文案同样需要在日常生活中积累经验。任何形式的创作都应来源于生活并高于生活，烦琐的日常生活伴随人类复杂的情感交流，也包含商务策划人在实际工作生活中处理复杂问题的体验，以及对从调研到撰写的商务策划过程的体验等。有了对真实生活的体验和理解，商务策划人在文案撰写中不再只有抽象的理论与概念，而是能够理论联系实际，把握事物的本质，能够深入其中，不拘泥于常规，提出更为灵活、有效的解决问题的途径，从而创作出打动读者、吸引读者的优秀文案。如果没有对实际生活的体验和经验的积累，仅仅通过书本知识的传递和商务策划人单方面的想象力，作品会缺乏内涵，读起来虚假、空洞又枯燥。

(五) 灵活敏捷的思维能力

写作商务策划文案，商务策划人应具有灵活敏捷的思维能力。这意味着，商务策划人在撰写文案时，既要遵循商务策划写作的基本要求，又要灵活地发现策划问题并组织材料。商务策划实施方案既要具有一定的严谨性、科学性和专业性，又要体现商务策划人的灵活性和创造力。

首先，商务策划人要保持对周围环境的敏感和对周遭事物的好奇心，要善于观察，善于发现问题，且不安于现状。

其次，商务策划人应具有敏锐的直觉和洞察力，能够在细小、繁多且不易察觉的变化中把握事物发展的本质和关键；能够迅速明确产生问题的背景与原因；能够换位思考，多角度、多方面考虑问题；能够及时发现行业趋势的变化，洞悉市场格局的改变，并及时了解受众对象的需求变化；能够把握机遇，扬长避短，积极应对挑战。

最后，商务策划人应具备条理清晰、严谨周密的逻辑思维能力，懂得如何精确、具体地界定策划问题，确立目标，正确、有效地组织材料，将有针对性的解决方案以准确的方式呈现给商务策划委托方。与此同时，商务策划文案的写作应考虑不同的受众对象、不同读者的阅读习惯和语言表达方式，为后面商务策划实施和商务策划委托方和执行人的进一步沟通奠定基础。

四、商务策划文案写作的基本原则

商务策划文案是商务策划实施方案的文本表现形式，需要有效、专业地体现提出策划问题、分析策划问题和解决策划问题的过程。优秀的商务策划文案能够完美呈现商务策划人的思路和创意，具有较强的逻辑性，重点突出，易于理解，能充分展示商务策划实施方案的专业性、科学性和有效性，能够激发读者的共鸣，从而实现与商务策划委托方和商务策划执行者之间的沟通。

不同类型的商务策划有不同的、具有针对性的写作要求，但无论什么类型的商务策划都需要达到表达准确无误的要求。商务策划人写作商务策划文案时，需要遵循以下几项基本原则。

(一) 文案写作应逻辑清晰

商务策划文案应完整表述商务策划实施方案的主要内容，文案内容是商务策划人运用其策划思维和专业知识解决策划问题的过程。针对具体的商务策划问题，商务策划人要明确商务策划实施方案内容的基本逻辑，应层次清晰、阐述清晰、论证严密、前后连贯，既能够完整、充分地体现商务策划人解决商务策划问题的逻辑过程，又能够体现商务策划实施方案的创新性。

首先，商务策划文案的撰写应围绕一个明确的中心思想或主题，即商务策划人的基本逻辑思路应贯穿文案的始终。商务策划实施方案的关键环节和相关实施步骤对突出商务策划实施方案的主题起到支撑作用，同时各部分又有各自的逻辑框架。应确保全部内容汇总起来具有某种清晰的层次结构，且层层深入，各部分之间内在逻辑清晰，主题连贯，便于读者理解。

其次，商务策划文案应准确传递策划方案的中心思想，以及策划问题分析、解决方案的选择与实施等内容。所以，商务策划人在撰写文案和组织材料之前应建立商务策划文案的基本结构框架，不能简单地堆砌材料，材料组织应科学合理、层次清晰，充分支撑商务策划人的策划创意和思维，既能体现商务策划文案的整体性，又能体现商务策划文案各部分之间的联系，使商务策划文案更具有说服力。在商务策划文案各部分内容的撰写中，应以分级标题的形式表达各部分、各段落的中心思想，使读者迅速抓到商务策划实施方案的重点。

最后，关于商务策划文案中出现的相关数据和图表，商务策划人应尽量避免单一的、复杂的文字论证，尽量借助图表等视觉语言，使相关数据、图表和文字相互关联，不可出现与前后文不符或者突兀的情况，务必前后连贯，具有较强的针对性，逻辑严密并突出商务策划人的主要观点，以便于读者对商务策划文案的理解。

此外，商务策划文案的摘要和目录也有助于读者直接获取策划方案的核心内容，从而依据阅读习惯和偏好进行有重点的阅读。

(二) 文案写作应简明扼要

商务策划人在确定了撰写商务策划文案的基本逻辑和基本思路以后，应尽量使用中性、客观的语言、文字和句式，不可过分使用修辞手法，也不可过分抒情，或为了强调商务策划文案的意境而故作高深。商务策划文案用于解决实际商务活动中的策划问题，因此商务策划人应用平实、简洁的语言陈述事实，充分表达商务策划实施方案的主要内容。

简明扼要，一方面指的是商务策划文案在语言文字的使用上应简单、直接，不可产生歧义、模棱两可；另一方面是指商务策划文案的语言表述务必简洁明了，要用简单、凝练的文字直接描述主题思想，不可拖泥带水。深奥的理论、复杂的论证会造成读者的理解障碍，不适合商务策划文案的撰写。此外，在商务策划文案的撰写中，仅仅依靠文字叙述可能无法将复杂的内容表达清晰，复杂的内容配合图表、图形等形式来表述，可能更加简洁明了。

(三) 文案写作应精准

商务策划人撰写商务策划文案应遵循精准性原则，其中包括商务策划文案的精确性与准确性。一方面，策划文案中所有的数据来源应真实有效，数据本身准确，切不可滥用数据，更不可将数据张冠李戴；另一方面，商务策划文案所使用的图表要规范、严谨，能够体现数据的有效性，能够突出策划文案的写作目的。高质量图表的运用可以尽量减少文字叙述的繁复，让读者一目了然。

商务策划文案的准确性，一方面，意味着策划文案中语言和文字的表达应准确、具有针对性，不可模棱两可，产生歧义；另一方面，商务策划文案在引用相关文献资料或案例时，要恰当、合理、清晰，能够明确文案的策划任务，确保商务策划文案有的放矢、实用性强。

第二节　商务策划文案的结构与内容

商务策划文案的撰写过程是对商务策划问题和解决方案完整的梳理过程。商务策划人应围绕商务策划实施方案的基本逻辑组织相关材料，确保思路清晰，逻辑性强。商务策划文案应能体现商务策划实施方案的创意，便于企业管理者或决策者(商务策划委托方)的沟通。文案应表达清晰，科学、合理地组织材料，从而便于商务策划文案的实施。商务策划的结构是指商务策划文案各部分之间的内在联系，商务策划文案要突出主题，能够体现商务策划实施方案的专业性、可行性、科学性和创新性。

一、商务策划文案写作的准备工作

(一) 充分了解商务策划环境

1. 外部环境分析

撰写任何一种商务策划文案，都需要商务策划人充分了解和掌握商务策划的环境条件。商务策划的环境条件既能带给商务策划人充分发挥的空间和余地，也能够成为商务策划实施的限制条件。商务策划的环境分析是商务策划人针对其策划所面临的外部环境和内部环境进行分析，从而明确商务策划的优势和劣势，找出机会和风险，为商务策划实施方案的制定奠定基础。商务策划人进行环境分析需要掌握大量的相关背景信息和资料。其中，外部环境分析包括宏观环境分析和微观环境分析。

1) 宏观环境分析

宏观环境是指那些能够直接影响企业，为企业策划带来机遇和威胁的因素。通常情况下，宏观环境分析包括以下几个方面。

(1) 政治与法律因素。它主要包括商务策划方案实施地区的政治制度与体制，当前的方针、政策，以及相关的法律法规。不同的社会制度能为策划方案的实施带来不同程度的机会和发展，同时也存在不同的限制和要求。

(2) 经济因素。它主要包括宏观经济环境和微观经济环境两方面。宏观经济环境主要是指商务策划地所属国家的国民生产总值及其变化趋势、财政货币政策等。微观经济环境主要是指商务策划主体(企业)所在地区或所涉及地区的策划受众对象的收入水平、消费偏好、可支配收入、失业率水平等。这些因素直接影响策划方案的制定与实施细节。

(3) 社会文化因素。它主要包括商务策划地区的人口环境和文化背景。其中，人口环境是指商务策划地区的受众对象的人口规模、年龄结构等。文化背景是指商务策划地区受众对象的教育程度和文化水平、宗教信仰、风俗习惯、审美观点、价值观念等。这些因素反映了受众对象的消费习惯，商务策划人可从中了解商务策划活动形式和方式等方面的限制条件和禁忌，同时可以侧面了解受众对象对商务策划实施方案的接受程度，能够合理预测受众对象对策划活动内容和方式以及成果的态度和满意度。

(4) 技术环境。它主要包括商务策划地区行业技术发展的现状及发展趋势，包括行业的新技术、新材料、新工艺的出现及其应用背景。这些因素能够直接影响商务策划活动方案的可行性。

2) 微观环境分析

在一般情形下，宏观环境因素决定微观环境因素，宏观环境常常通过微观环境作用于商务策划主体(企业或组织)的各种经营活动。所以，商务策划人需要同样关注微观环境的影响，即行业价值链、竞争对手及标杆企业研究、市场供求分析等。商务策划的微观环境是指能够对商务策划实施方案和策划主体构成直接影响的各种行业市场的参与者，比如市场、竞争者、公众、媒体等。

2. 内部环境分析

商务策划人不仅需要做外部环境分析，还需要进行商务策划主体(企业或组织)的内部环境分析。企业内部环境是指企业内部资源条件，其中包括企业的能力、企业的财务状况和企业文化等。企业内部环境分析可以帮助策划人准确判断企业的优势和劣势，从而为制定有针对性的商务策划实施方案提供依据。成功的商务策划实施方案应有效利用企业自身的资源，发挥自身的优势，同时尽量改善或规避自身的劣势。

通常情况下，商务策划主体的内部环境分析主要侧重于分析内部资源，具体包括以下几个方面。

(1) 能力分析。能力，通常情况下是指商务策划主体(企业或组织)的资源能力，即商务策划主体(企业或组织)能够运用所掌握的资源条件去创造可持续竞争优势的能力，为商务策划实施方案的制定提供有价值的信息和依据。

(2) 财务状况分析。商务策划主体(企业或组织)的财务状况是指其在某一段时间内的经营活动状况，通常能够反映商务策划主体(企业或组织)在某一时间段的资产结构、负债结构、变现能力、偿债能力、资本保值增值能力和现金流量，能够为商务策划实施方案的决策提供支撑。

(3) 组织文化。组织文化是指商务策划主体(企业或组织)内部共享的价值体系，包括领导思想、经营理念、工作作风，这些直接影响商务策划实施方案创意思维的产生和实施过程。

(二) 紧紧抓住商务策划的核心

商务策划人在撰写商务策划实施方案之前，应先梳理商务策划实施方案的总体思路，把握商务策划的核心内容，为商务策划写作做好谋篇布局的准备。在商务策划文案的撰写中，策划人应对商务策划的核心部分加以细致说明，并且从写作方法上确保有理有据，让读者(商务策划委托方或执行人)充分了解商务策划的主题，充分体现商务策划委托方的利益和需求，使得委托方完全认同商务策划实施方案的可行性。

综上所述，一方面，商务策划人应在策划文案写作之前，做好充分的市场调查，尽量建立原始数据和商务策划实施方案之间的逻辑联系；另一方面，尽量提供具有显著说服力的论据、论点和清晰严密的实施计划。

(三) 积极与委托方建立沟通渠道

商务策划人在撰写商务策划书之前，需要针对商务策划内容与形式，与商务策划委托方进行有效的沟通。商务策划人和商务策划委托方进行反复沟通以后，能够在宏观层面达成共识，在双方互相信任的基础上，在双方明确商务策划文案的写作目的和意义的前提下，商务策划文案的撰写才能顺理成章。

二、商务策划文案的基本结构

通常情况下，商务策划文案的结构并没有固定的格式、结构和内容，商务策划人可以根据不同的策划类型、不同的策划对象、不同的策划目的，灵活把握策划文案的具体格式、结构和内容。商务策划文案一般包括可行性分析和实施方案两大核心内容。在两大核心内容的基础上，又进一步细化为"5W2H"结构("5W2H"分析法详见本教材第二章)，需要明确如下几个要素。

What(什么)：商务策划目的、商务策划主题和商务策划方式；

Who(人物)：商务策划的参与者，其中包括策划的主体、客体、相关人员；

Where(地点)：商务策划实施的地区或者地点；

When(时间)：商务策划实施的具体时间安排；

Why(原因)：商务策划的可行性和可操作性；

How(如何)：商务策划的原理、方法和策划的创新性等；

How much(价格或金额)：商务策划方案实施的成本预算等。

商务策划文案是解决当前商务策划问题的过程描述，从逻辑上来讲，应包括提出问题(商务策划的背景分析或者导入部分)、分析问题(商务策划问题的提出或来源以及可行性分析)和解决问题(商务策划的具体实施方案)三方面内容。尽管在现实中，商务策划的类型不同，商务策划主体(企业或组织)所在的行业背景不同，商务策划文案的内容和结构以及表现形式也不尽相同，但是从商务策划文案的基本逻辑来看，都包含上述几个部分的内容。现实中，商务策划文案的各部分在命名上可能有所不同，但通常会包括以下几个部分。

(一) 封面

商务策划文案一定要配备适合的封面，封面应与策划文案的主题相符，从排版到配色再到印刷，要与商务策划文案内容区分开来，能够让读者一目了然，并明确以下几点内容：商务策划文案的名称，商务策划主体，商务策划人或策划机构以及日期。

(二) 摘要

商务策划文案的摘要是对策划文案全文的概括，其中包括对商务策划问题和商务策划方案的基本概括，使读者能够迅速了解商务策划文案的基本逻辑和具体实施方案。

摘要往往置于商务策划文案的最前面，为了让读者在短时间内对商务策划有一个基本了解，可简要描述商务策划的背景、可行性、预期成果、实施方案等。摘要的语言务必简练、明了、准确，字数控制在800～1000字，不可冗长、复杂。

在一些商务策划文案中，也可以用"商务策划概要"来代替摘要，从内容来看，两者大同小异，都是对整个商务策划文案内容的概括，同样需要言简意赅，不需要详细阐述。

(三) 目录

商务策划文案的目录起到提纲挈领的重要作用，能够完整体现商务策划人的基本逻辑和商务策划文案的整体结构。通常情况下，通过快速浏览摘要和目录，读者就能够了解整个商务策划文案的基本内容和策划方案的基本逻辑。

(四) 前言

前言可以视为商务策划文案的导入部分，是针对策划文案的具体内容给出的背景介绍，是为读者进一步理解商务策划人的策划创意以及商务策划的目的而提供基本的背景信息。成功的商务策划文案的前言应充分起到"引人入胜"的作用，引导读者进一步关注商务策划文案后面的内容。前言的篇幅不可过长，一般在1000~1500字为宜，能够包含商务策划的背景、目的、意义以及基本特色即可。

(五) 主体内容

商务策划文案的主体内容就是商务策划文案的核心内容。商务策划实施方案是用于解决具体商务策划问题的，商务策划问题又存在于具体的商务策划环境中，因此，解决商务策划问题的前提条件是充分了解商务策划环境。商务策划人应在商务策划文案中有条理地陈述，包括环境分析等。商务策划文案的主体一般包括商务策划问题的提出、商务策划目标、商务策划实施方案、应急预案、预期成果等几个方面的内容。

1. 商务策划问题的提出

商务策划人应准确界定当前的商务策划问题，以及商务策划问题的起源与成因。策划问题的界定是解决当前策划问题的关键，是对问题的归纳和总结，也是商务策划文案的关键，能够体现商务策划的价值所在。这个部分是对策划问题及策划任务的进一步明确。凝练策划问题，不仅体现了商务策划人的严谨性和科学性，还实现了与商务策划委托方初步的沟通，对于进一步明确商务策划目标和任务具有重要意义，能使相关各方达成共识。

2. 商务策划目标

商务策划目标应明确、可行，并有明确的量化指标，能够为商务策划实施方案的制定提供方向。

3. 商务策划实施方案

商务策划文案是对商务策划实施方案的详细阐述和说明。

首先，应确定商务策划的主题和形式。商务策划主题是策划活动的中心内容，是策划活动方案的行动标准和方向，能够体现解决当前策划问题的主要途径，是进一步明确商务策划实施方案构思的前提条件。商务策划形式是主要的策划活动表现形式，商务策划人在写作实施文案时，要尽量直观地体现商务策划人的创意思维。其次，商务策划文案中应详细分析和介绍商务策划背景，包括商务策划环境分析等，为策划实施方案的写作奠定基础。

商务策划的具体实施方案是商务策划文案的主要内容，不可空洞没有内涵，不能始终停留在宏观层面的战略性思考上。具体的实施方案要写明商务策划应如何操作、企业或组织的资源如何合理配置、人员如何组织和协调等，具体包括：第一，在商务策划文案的撰写过程中，商务策划人可以将一系列策划活动具体实施方案以实施进度表的形式直观地呈现给读者，表中明确具体的实施时间、活动地点、具体策划任务、策划方式等。后面可以给出备注，用于记录策划方案的实施情况、检查和反馈结果等。第二，商务策划实施方案所需要的物料资源和场地资源，都应该在策划文案中明确安排。第三，有关商务策划实施方案中的人员安排，可以通过职位分配表来明确每一个人的职责。综上所述，商务策划人应遵循针对性、可行性和有效性原则，依据外部环境条件和企业或组织自身的资源能力条件，尽量平衡所有的利益相关者，最大限度地整合企业资源。

此外，针对商务策划所需要的人力和物力，必须在事前进行合理、科学的经费预算。商务策划人应在商务策划文案中确定预算目标，同时绘制经费预算表格，仔细列出所有的支出项目。

4. 应急预案

商务策划实施方案在执行过程中，外部环境有可能会因为不可预期或不可抗力的因素发生变化，使得原有的商务策划实施方案无法正常实施或不得不进行调整，所以商务策划人需要在商务策划书中给出应急预案。应急预案是指面对突发事件，如自然灾害、重特大事故以及人为破坏的应急管理、指挥和控制等。应急预案是商务策划文案中的重要组成部分，它体现了商务策划人周密、细致的思维能力，同时也为商务策划方案的顺利实施提供保障。

5. 预期成果

商务策划文案还应该明确指出商务策划的预期成果，包括预期的经济效益和社会收益等。

(六) 附录

附录是指附在商务策划文案正文后面的与策划文案内容有关的参考资料，是商务策划文案的补充部分。

商务策划实施方案的可行性和科学性往往要通过全面、充分的市场调查来论证，很多原始数据和相关背景资料以及调研报告篇幅过大，不适合纳入商务策划文案的正文部分，商务策划人可以附录的形式将其附在策划文案的后面，这样便于读者针对策划文案的某一部分查阅相关资料，帮助其进一步理解商务策划实施方案的内涵。

三、商务策划文案的逻辑结构

商务策划文案各部分之间是相互关联的，所谓商务策划文案的逻辑结构，是指商务策划文案各个部分之间的逻辑联系。下面，我们从三个方面探讨商务策划文案的逻辑结构。

(一) 思维创意逻辑

商务策划是策划人运用其专业知识、行业经验以及创意思维解决当前策划问题的过程。商务策划文案的作用就是将策划目标及策划任务的确认、策划问题的界定、解决问题方案的确定等几个环节，充分、清晰地展现给读者，应满足以下两个要求。

(1) 要针对现有资料进行文字加工和处理，体现问题解决过程的思维逻辑性。

(2) 商务策划文案不可随意堆砌材料，应围绕商务策划人的思维创意、商务策划问题和解决方案展开，使商务策划文案的各部分紧紧围绕中心，各部分之间紧密关联、环环相扣。

(二) 方案实施逻辑

商务策划实施方案在具体实施中可能会出现一定的偏差，所以商务策划文案不仅要遵循策划人的思维创意与逻辑，还应充分认识到商务策划方案在实施过程中可能存在的问题，并加以分析，给出解决方案，具体包括以下两个方面。

(1) 在环境分析部分，要体现对商务策划主体(企业或组织)外部环境和内部环境的深入分析，并考虑到上述环境因素可能产生的变化，以及商务策划主体(企业或组织)的应对措施。

(2) 商务策划实施方案应充分考虑商务策划主体(企业或组织)内部的成本与控制，在实施过程中，不仅要考虑商务策划实施效果，还要考虑商务策划的实际收益。

上述内容都应当体现在商务策划文案之中，是商务策划人反复检验和反复思考的论证过程。

(三) 语言表达逻辑

商务策划文案的语言、句式要有逻辑性，要能充分表达策划人的写作意图。语言表达逻辑是指商务策划人运用书面语言的过程中，运用字、词、句、段的逻辑，具体要做到以下几点。

(1) 要做到文字前后呼应、联系紧密。例如，背景信息中提到的问题，在后面的方案中就应当相应地给出解决方案，否则就会让人感到前后文脱节。

(2) 商务策划文案的语言表达，尤其是相关概念的解读和阐述中，一定要前后一致，不可前后矛盾。

(3) 商务策划文案的语言风格应前后一致，图片和图表的内容和形式以及排版也应前后统一，否则会影响商务策划文案风格的整体性。

四、商务策划文案的写作章法

在商务策划文案的撰写中，严格、有效和充分地传达商务策划实施方案和实施过程，是商务策划文案写作的首要任务。所谓商务策划文案的写作章法，笼统而言，就是策划文案的组织结构。在具体的商务策划文案写作中，商务策划人要讲究行文章法，讲究商务文案撰写的艺术性，才会让读者感到思路清晰、结构合理、逻辑性强。下面，我们来学习商务策划文案的章法。

(一) 段落主题与中心句

商务策划文案中，每一个段落都应该具有段落主题，即该段落主要的陈述对象。段落主题往往由该段落的中心句来体现，为了让读者迅速抓住段落主题，中心句往往是段落的

第一句话。

(二) 谋篇布局与框架结构

1.谋篇布局

首先，商务策划文案的开头部分一般就是商务策划文案的前言，前言应充分起到导入的作用，引导读者产生兴趣，逐渐进入主题。其次，是商务策划文案的承接和过渡部分，应针对当前的商务策划问题和策划任务进行可行性分析。这部分内容起到承上启下的作用，有效连接上下文，为商务策划实施方案的提出奠定基础。再次，是商务策划实施方案的制定和实施部分，该部分应对商务策划实施方案进行详细的阐述和说明，写作时应注意结构严谨、论证充分、层层推进。最后，是商务策划文案的结论部分，结论应与前言部分提出的策划问题和策划任务——照应，做到前后连贯、首尾呼应。

为了实现商务策划文案的完整和统一，商务策划人应科学、合理地整理资料，确保重要的部分不重复、不遗漏，将商务策划实施方案传递给读者。为了确保阐述清晰，可以采用例证法，并配合图片、图表等视觉语言，将原本复杂的论证过程直观化，直接概括中心思想。

2.框架结构

关于商务策划文案的框架结构，可采用以下三种不同的方式。

(1) 情境分析—问题分析—方案阐述。首先，对商务策划文案进行环境分析；其次，明确商务策划目标；最后，提出针对商务策划问题的商务策划实施方案。

(2) 引起读者注意—激发读者欲望—采取明确行动。首先，利用商务策划文案引起读者的注意；其次，唤起读者对商务策划任务浓厚的兴趣；最后，使读者采纳商务策划文案中的实施方案。

(3) 问题—原因—对策。对于一些小型的商务策划活动，策划文案可采用这种简单的框架结构，简单陈述当前的商务策划问题，明确策划原因，概括具有创意的实施方案。

(三) 重点突出与详略得当

撰写商务策划文案时，除了要注意合理安排结构，还必须确保商务策划文案的具体内容安排得当。

(1) 商务策划文案要突出重点。相对重要的部分要细致、深入地阐述，而相对次要的部分应简单陈述。对于可能会影响策划文案整体思路的部分，可以在策划文案的附录部分出现，供读者仔细查阅。

(2) 合理安排商务策划文案各部分内容的顺序，即做好策划书的层次安排。通过对各部分内容顺序的精心安排，可以体现商务策划人的总体思路，使读者可以充分理解商务策划所要解决的策划问题以及策划方案实施的过程。

(3) 策划人可以按照商务策划实施方案的基本逻辑或者读者的阅读习惯来组织策划书的具体内容。

第三节　商务策划文案写作的语言和文本要求

商务策划文案是商务策划人书面语言的表现过程，商务策划人应恰当地使用语言和文字，尽量准确地传递商务策划的主要内容，使商务策划文案起到沟通作用。同样的商务策划创意，会因为商务策划人不同水平的商务策划文案撰写能力，而产生不同的书面表达方式，进而带来不同的沟通效果。任何一种文学体裁的撰写工作，都需要认真组织语言和文字，体现写作的意义和作用，商务策划文案也不例外。策划创意要由商务策划文案准确地传达给商务策划委托方或执行人，商务策划人应充分考虑商务策划委托方或执行人的阅读习惯、表达习惯、语言规范等。

一、商务策划文案的语言表达

语言和文字是商务策划人策划思维的书面表现，能够直接反映商务策划人的策划创意，商务策划人可以通过商务策划文案的撰写来表达其策划思维的过程及方法。

通常，商务策划文案应采用平实的叙述语言，对策划问题、策划任务及策划方案进行客观描述。商务策划文案不同于诗歌、散文等其他文学体裁，不可使用带有主观情感倾向的语言，应使用客观、严谨、简练的语言明确策划任务，并基于客观事实和实际调研数据进行科学的分析和陈述。

在商务策划文案的撰写过程中，一些商务策划人为了充分展示创新性策划思维，与商务策划委托方之间实现"完美"沟通，喜欢使用华丽的辞藻渲染商务策划的背景，烘托商务策划问题的成因，然后提出商务策划的创意和构想，并针对商务策划实施方案进一步阐述和说明。但是，合格的商务策划人应为商务策划的委托方或执行人提供准确的信息，给出的背景分析及问题分析应采用科学的分析和判断作为依据。在语言和文字方面，应力求简洁、准确、客观，切不可夸大事实，带有主观倾向。

二、商务策划文案的句式使用

句式是指句子的组织方式与模式，常见的基本句式有陈述句、疑问句、感叹句和祈使句等。前面我们探讨了商务策划文案的语言风格，商务策划人需要客观陈述策划背景、策划问题以及阐述策划方案，力求得到读者的认同。所以，在商务策划文案的写作中，陈述句是较常用的句式。有一些句式在商务策划文案中不可贸然使用。例如，疑问句、感叹句、祈使句都带有强烈的感情色彩，无论是自问自答，或是针对商务策划文案抒发感慨，还是针对商务策划实施方案表达命令或请求，其语言风格都比陈述句要强烈，都不适用于商务策划文案。

三、商务策划文案的修辞手法

不同于其他文学体裁，商务策划文案的写作手法是严谨、平实的，不可滥用修辞手法，否则不仅不能传递策划人的创意思想，还不能有效地陈述事实。不过适当使用修辞手法也是必要的，商务策划文案中能够使用的修辞手法有如下几种。

(一) 排比

排比是一种把结构相同或相似且意思密切相关的词语或句子排列在一起的一种修辞方法，是将意义相关或相近、结构相同或相似、语气相同的词组或句子并列，以达到一种加强语气的效果。在商务策划文案中，如果运用排比的修辞方法进行论证，能够使复杂的内容层层推进，将复杂的商务策划背景或策划问题以及策划实施方案分析得更加充分、透彻，从而增强语言的气势、表达效果和策划文案的说服力。例如，采用该策划方案，有利于公司在短期内提升品牌知名度和市场份额，有利于进一步开拓市场，有利于公司建立可持续竞争优势。

(二) 省略

省略是指为了使语言表达简洁有力，在一定的语言条件下省去一个或多个句子的成分的修辞手法。常见的省略方法有以下几种。

1. 承前省略

承前省略是指上文已经出现的某个句子成分，或者前文有所交代的，下文即可将有关词语省去。

2. 蒙后省略

蒙后省略是指后文会出现的某个句子成分，前文就不再写出，也叫蒙后省、承后省略。

3. 同语省略

同语省略是指文中并列结构的句子中，由于成分相同而省略。

在商务策划文案中，适当地运用省略的修辞手法，不仅不会影响策划人的思路和逻辑表达，还可以使商务策划文案条理清晰、短促有力。例如，该商务策划方案适用于该公司某类产品的推广，(适用于)该公司某种服务的推广。

(三) 对偶

对偶是用字数相等、结构相同、意义对称的一对短语或句子来表达两个相对应或相近或相同的意思的修辞手法。对偶的修辞手法一般出现在商务策划广告词中，从内容上看，语言凝练集中；从形式上看，句式整齐和谐，不仅具有很强的艺术性，还有很强的概括力，同时又朗朗上口，便于记忆和传诵，具有较强的语言感染力。

此外，严格意义上的对偶讲究平仄相对，强调节奏感。在商务策划文案中，比如在广告策划文案的撰写中，为了增强文字的可读性，适当运用对偶的修辞手法可以增强语气效果，便于记忆、理解和传播。

除了上述三种修辞方法，其他文学体裁中常常出现的拟人、比喻、夸张等修辞手法在商务策划文案的写作中要慎用，商务策划文案的语言风格少有雕饰，并不适合华丽的词汇包装，否则会影响策划的严谨和科学。

四、商务策划文案的专业术语

专业术语是指特定领域、特定行业、特定组织和特定群体使用的专有名词。在商务策划文案中，专业术语是指商务策划人使用的属于该专业领域的习惯表达和规范表达。商务策划人应确保使用行业内共同认可的规范用语，不可产生歧义，以免影响商务策划文案的沟通质量。

五、商务策划文案的视觉语言

(一) 视觉语言的概念

商务策划文案大多以使用语言文字为主要手段来传递和表达意义。由于商务策划文案的内容复杂、层次较多，仅仅使用文字无法清晰、直观地表达商务策划人的策划意图和策划方案。对于策划书的读者来说，相较于策划人，他们往往会花费更多的时间去理解、领悟策划书的内容，但他们往往没有充足的时间和精力去慢慢体会和理解策划书的内容，如果策划文案的内容过于复杂、冗长，难免让人难以理解。所以，策划人不仅要关注策划文案的语言文字的表达能力，还应借助其他手段帮助读者理解，而较为常见的方式就是视觉语言的运用。

商务策划文案的视觉语言是指运用图形、图表、图片等视觉基本元素，通过设计辅助商务策划人传达意义的方式。商务策划人可以在文案中添加相关内容的图片和图表。其中，图片能够给读者直接的感性认识，配合文字说明更为清晰、明确。图表能直观展示统计信息属性(时间、数量等)，能够将数据直观、形象地展示。

(二) 统计图形的运用

其他的"可视化"手段还有统计图形的运用，常用的图形有以下几种。

1. 扇形图

扇形图，又称扇形统计图，是用整个圆表示总数，用圆内各个扇形面积的大小表示各部分数量占总数的百分数。通过扇形统计图可以清楚地表示各部分数量同总数之间的关系。当商务策划文案涉及复杂的比例关系，比如市场份额、人员结构、成本结构、利润构成等内容，可以用扇形图来表示。

2. 曲线图

曲线图，又称折线图，是指利用曲线的升降变化来表示策划对象发展趋势的一种图形。曲线图能够非常直观地表现事物的发展变化，在论证事物在不同时期的变化轨迹，或者事物之间的依存关系时，曲线图比文字叙述更加简单、清晰。

3. 条形图

条形图是用宽度相同的条形的高度或长短来表示两个或两个以上数据大小的图形。条形图可以纵向排列比较，亦可横向排列比较，该方法能够清晰、直观地比较数据之间的差别。

4. 结构图

结构图是以绘制模块结构的方法反映层次和结构的统计图形。结构图能将文字难以简洁描述的组织结构关系清晰地呈现出来，使得复杂问题简单化。

5. 水平分层图

水平分层图可以用来表达多个主体各自的变化和其在整体格局中的变化，它依靠分层设计以及不同的颜色表示相对高度，既能突出立体感，又能简洁、明了地表达文字所不能完整表达的含义。

6. 流程图

流程图通过系统的信息流、观点流或者部件流来描述和说明某一活动的具体流程。该具体流程可以是生产工艺流程，也可以是完成一项商务策划任务的管理流程。流程图是商务策划文案中展示策划实施方案的重要工具，可以用一些符号和框图来表示商务策划方案和活动的具体流程安排，同时通过各种线条的运用，可清晰描述商务策划活动的顺序，比文字描述更能体现策划人的逻辑条理和结构层次。

7. 甘特图

甘特图又称线条图、展开图、横线工作图或者生产计划进程图。甘特图通过条状图形来表示项目的活动时间以及进展情况，横轴表示时间，纵轴表示项目，线条表示商务策划活动的计划和实际完成情况，使用人员可以根据需要随时对商务策划任务进行调整和更新时间及任务。甘特图能够简单、直观地展示商务策划实施方案的计划、进展与要求的对比，在商务策划管理中广泛应用。

六、商务策划文案的文本表现

(一) 文本表现的目标

商务策划文案是商务策划人和商务策划委托方沟通的主要手段和方法，优秀的商务策划文案既要注重文本的内容质量，又要注重文本的表现形式。一份逻辑严密、论证充分、层次清晰、语言准确的商务策划文案，加上清爽美观的格式设计排版以及得体的装订，会增强策划书的表现力，也能体现商务策划人及其团队的专业水平和职业素质，让商务策划人和商务策划委托方之间的沟通更加顺畅。所以，商务策划文案的文本表现是在形式上对商务策划文案的艺术加工和处理，能够增强商务策划书的可看性和艺术性。文本表现是商务策划文案写作的最后工作，也是商务策划人不可忽视的重要工作，对于商务策划文案文本的包装与处理，应满足以下几个基本目标。

1. 体现商务策划文案的严肃性

商务策划文案的内容表现固然重要，其文本表现也同样重要。商务策划文案的文本表现正如产品的包装一样，格式规范、精心排版能够体现策划文案的严肃性和商务策划人严谨的专业素养，而设计简陋、制作粗糙的商务策划文案无法让商务策划委托方感到商务策划人及其团队的专业性。

2. 体现策划人及其团队对委托方的重视

商务策划委托方最初看到的就是商务策划文案的文本表现，而非商务策划文案的内容。设计精致、装订精美的商务策划文案能让委托方产生好感，感受到尊重，从而带着赏心悦目的心情阅读策划书，并能够更好地理解商务策划人解决策划问题的创意。

3. 体现策划人及其团队的专业态度

设计精美的商务策划文案能够充分体现商务策划人注重细节的专业精神，为获得商务策划委托方的信任以及实现与商务策划委托方之间的沟通奠定基础。

(二) 文本整理的任务

商务策划文案的文本整理，是对商务策划文案的艺术加工和处理。首先，应梳理商务策划文案的逻辑框架并对排版和格式进行完善；其次，对商务策划文案的内容进行梳理，并对商务策划文案的文字进行规范性审核和校对；最后，对商务策划文案的装订进行设计，并且排版和打印。

1. 商务策划文案文本整理的原则

商务策划文案的结构必须完整，基本的内容结构以及逻辑框架不能缺失和遗漏。这里需要指出的是：第一，虽然不同的商务策划文案在具体内容和结构上的命名略有差异，但本质上是大同小异的；第二，商务策划人要尽量避免大段的文字叙述，读者往往无法逐一仔细阅读大段的文字，建议尽量多分段落，每个段落使用明确的中心句，突出中心，表达简练。具体来说，文本整理应遵循以下原则。

(1) 商务策划文案的内容必须准确，语言、文字的运用不能出现规范性错误。商务策划人在文案中尽量少用长句子，如果内容复杂不易描述，可以适当借助视觉语言文字规范处理，应整理好字体、字号、标题、序号、标点等细节内容，还要做好段落的处理和句子的安排。策划人必须对全文进行反复通读，再三校对，不可出现语言不通顺、错别字等问题。

首先，商务策划文案的字体，建议正文采用宋体或楷体，标题使用黑体，尽量不要使用艺术字。

其次，商务策划文案的字号，太大或太小都不理想，影响阅读体验和商务策划文案的整体呈现，建议采用四号或者小四号字。

再次，商务策划文案的标题在商务策划文案中占据重要的地位。读者可以通过浏览标题来掌握商务策划文案的整体思路和逻辑层次，所以商务策划人要注意标题之间的逻辑关系，合理使用一级标题、二级标题、三级标题等分级标题，让读者一目了然。

然后，商务策划文案的序号。序号是文案逻辑结构的表现工具，序号的使用要前后统一，不可混用。通常情况下，依据常见的写作习惯，建议使用"一、二、三……"作为一级标题的序号；"(一)(二)(三)"作为二级标题的序号；"1.2.3…"作为三级标题的序号；"(1)(2)(3)…"作为四级标题的序号，依此类推。

最后，商务策划文案标点的使用。这是商务策划人不可忽略的细节，要关注其使用的规范性。

(2) 商务策划文案的装订排版必须关注细节。商务策划文案在提交给商务策划委托方之前，要进行排版、打印和装订，商务策划人要关注格式方面的细节审查。这项工作，看似简单，实则复杂。排版是对商务策划文案中的文字表述、图形、图片等视觉语言的组织和安排，即处理文字、符号、空白之间的比例及相互关系，其目的是使商务策划文案在整体上显得庄重、严谨、简练、美观。在排版的时候，应注意以下几个方面。

首先，对于页码，要考虑装订需要妥善处理，建议将页码居中，或者放置在页面的右下角。

其次，目录的排版尤为重要，目录是为了方便读者阅读而对主要内容按照简要标题进行的集中安排，以引导阅读、方便查阅。在目录排版的设计中，如果商务策划文案的内容不多，目录通常显得短小，行距可以拉开；如果商务策划文案内容繁多，目录应体现分级标题，体现一定的逻辑性和层次感。

再次，为了阅读方便，商务策划人在商务策划文案排版时应注意行宽的设置，尽量避免行宽过宽造成的视觉疲劳。

最后，商务策划人应依据委托方的阅读偏好，以及自身的习惯，将所有注意事项罗列起来，形成一个清单，并逐一对清单上的细节进行核对及审查。

2. 视觉语言的文本整理

视觉语言是商务策划文案的重要表达工具，图片、图形和图表可以直观、有效地传递商务策划人的创意。在对商务策划文案中的视觉语言进行文本整理时，应注意以下几个问题。

(1) 位置安排科学合理。商务策划文案的视觉语言的位置与文字叙述之间的距离应安排合理，以方便读者寻找，方便读者阅读，间距太远会影响读者对商务策划文案的理解。在商务策划文案的文字叙述中，往往会出现多个图片、图形和图表，这需要策划人一方面尽量通过清晰的文字叙述将图片、图形、图表等视觉语言区分开来，另一方面应对图片、图形和图表进行反复斟酌，仅将重要的视觉语言留在策划书的正文中，其他次要的视觉语言或删除，或放置在附录中。

(2) 说明文字清晰、简洁。商务策划文案中的视觉语言是为了辅助文字叙述，但是如果处理不好，反而会弄巧成拙，导致商务策划文案的文本表现繁乱不堪。所以，文字说明应清晰简洁，才能达到预期的效果。此外，文字说明不宜环绕在视觉语言四周，叙述结尾应指明"如图××所示"或者"如表××所示"。一般情况下，建议将图片和图形的名称放置其下方，表格的名称放置其上方。

(3) 色彩风格协调统一。商务策划文案中的视觉语言往往是彩色的，商务策划人要将其处理得美观、庄重、得体，不可让人感觉繁杂混乱，同时色彩风格要与商务策划文案的内容保持一致，并与文案装订的整体风格相协调。

(三) 商务策划文案装订的注意事项

商务策划文案的装订是指文字排列、图片设计、开本大小、纸张使用、文稿装订、封面设计等方面的整体安排。在装订商务策划文案时，商务策划人需要注意以下几点。

1. 开本的选择

开本是指商务策划文案幅面的规格大小，国际标准(ISO 2016)的纸张尺寸分为A、B、C三个系列，常见的开本有A3(297mm×420mm)、A4(210mm×297mm)、B5(182mm×257mm)。商务策划文案的开本也是一种语言形式，体现了文案的正式程度。作为外在的表现形式，开本是商务策划文案传达的第一句话。合适的开本选择不仅能给人留下良好的第一印象，还能体现策划书的特点。正式提交的商务策划文案应当是庄重严肃的，通常建议使用A4大小的开本，开本过小显得随意且不够大气，开本过大不便于读者翻阅和存档。

2. 纸张的选择

关于纸张的选择，主要涉及纸张的硬度和光洁度两方面。总体来说，纸张硬度应适中，不可过于柔软和坚硬；光洁度不可过强，以免造成读者视觉疲劳。同时，尽量使用白色纸张，避免使用彩色纸张。针对商务策划文案的性质，突出体现严肃、庄重尤为重要，尽量避免带有图案和水印的纸张。

3. 装订方式的选择

商务策划文案装订的目的是方便读者阅读，通常的装订位置是纸张的左边边口或者纸张上面的天头。商务策划人可以根据排版的格式，选择适合的装订方式，确保不影响策划书整体的效果。如果策划书内容较多、较长，可以将其分为几个重要部分分别装订，比如"市场分析报告""市场调查报告""附录"等。

4. 封面、扉页和封底的设计

商务策划文案的封面设计必须考虑周到，在纸张的选择上，要选择具有一定硬度、厚度的纸张，既要体现策划书的庄重、严谨，又要体现策划书的整体风格，还要对文案内页起到保护作用。在封面的设计上，不仅要体现商务策划文案的严谨，同时要考虑读者的阅读习惯，建议选择沉稳色彩，线条设计应简洁，图案应精致，以突显文字的引导作用。

扉页，是商务策划文案翻开后的第一页，即封面之后，全书的第二页。扉页是对封面的补充，也能为策划书增加美感。扉页可以选择一些特殊的纸张，可以是高质量的彩色纸张，也可以选择带有特殊纹理水印的纸张，还可以是印有与商务策划文案内容相一致的插图的纸张等，但应尽量留出大量空白的空间，突显策划书的精致、美观。

封底的设计应简单而朴实，它是对文案内页的保护，其纸张的选择以及色彩风格应与封面保持一致。

成功的商务策划文案能够实现商务策划委托方与商务策划人之间的有效沟通，同时具有以下四个特征：具有独特的创意；有充分的可操作性；体现商务策划委托方的利益与需求；表现出商务策划人及其团队的专业性和责任心。相应来说，失败的商务策划文案无法实现商务策划委托方与商务策划人之间的有效沟通，同时具有以下五个特征：缺乏创新创意；市场调研不充分，数据收集不全面，缺乏说服力；论述角度有偏差，无法满足商务策划委托方的诉求；语言表达不够清晰、准确；逻辑混乱、层次不清晰、结构不完整。

思考与练习

一、填空题

1. 商务策划文案中的外部环境分析通常包括宏观环境分析和(　　　)环境分析。

2. 商务策划文案的章法就是策划文案的(　　　)。

3. 商务策划文案中，段落的主题往往由该段落的(　　　)来体现。

4. 有关商务策划文案的写作，商务策划人应充分考虑商务策划(　　　)或执行人的阅读习惯、表达习惯、语言规范等。

5. (　　　)是指句子的组织方式与模式。

6. 在商务策划文案的写作中，(　　　)是较为常用的使用句式。

7. 关于商务策划文案的字体，建议在正文采用(　　　)或楷体，标题使用黑体，尽量不要使用艺术字。

二、判断题

1. 商务策划文案应尽量采用大量拟人、比喻、夸张等修辞方法，旨在体现策划人的创新思维。(　　　)

2. 商务策划文案的写作不仅需要相关的业务知识和一定的文字处理能力，还应结合商务策划人对生活的感悟和理解。(　　　)

3. 商务策划地区所属国家的国民生产总值及其变化趋势、财政货币政策等可以用来描述策划地区的微观经济环境。(　　　)

4. 商务策划文案的封面要与策划文案的主题相符。(　　　)

5. 商务策划文案的目录起到提纲挈领的重要作用。(　　　)

6. 所有的商务策划文案都必须添加附录。(　　　)

7. 所有商务策划文案的结构都是完全相同的。(　　　)

8. 优秀的商务策划文案既要注重文本的内容质量，又要注重文本的表现形式。(　　　)

9. 商务策划人在文案中应尽量多用长句子，以确保表达准确无误。(　　　)

10. 商务策划文案的序号是文案逻辑结构的表现工具，序号的使用要前后统一，不可混用。(　　　)

三、单项选择题

1. 商务策划文案的主要作用有(　　　)。

　　① 获得商务策划委托方的支持和认可

　　② 赢得商务策划执行者的理解和支持

③ 提供商务策划方案实施的基本框架

④ 增强商务策划控制和评估的有效性

A. ①②③④　　　　　　　　　　B. ①③④

C. ②③④　　　　　　　　　　　D. ①②③

2. 下列针对商务策划文案摘要的描述，不正确的是(　　)。

A. 商务策划文案的摘要是对策划文案全文的概括

B. 摘要的语言务必简练、明了

C. 在一些商务策划文案中，也可以用"商务策划概要"来代替摘要

D. 商务策划文案的摘要应对商务策划的背景和可行性进行详细论述

3. 商务策划文案写作中，有关具体实施方案的撰写，下列选项中错误的是(　　)。

A. 实施方案所需要的物料资源和场地资源，都应该在策划文案中明确安排

B. 有关实施方案的撰写仅针对宏观层面的战略性思考，在商务策划实践展开以后
应灵活机动、随机安排

C. 有关商务策划实施方案中的人员安排，可以通过职位分配表来明确每一个人的
职责

D. 对于商务策划所需要的人力和物力，必须进行合理、科学的经费预算，并在文
案中仔细列出所有的支出项目

4. 商务策划文案的写作中，(　　)是较常用的使用句式。

A. 疑问句　　　　　　　　　　B. 感叹句

C. 陈述句　　　　　　　　　　D. 祈使句

5. 关于商务策划文案中修辞手法的运用，下列选项中正确的是(　　)。

A. 商务策划文案中，完全不可以使用修辞手法

B. 商务策划文案中，适当的修辞手法是必要的

C. 撰写商务策划文案时，大量运用修辞手法能够帮助策划人有效地论证实施方案
的可行性和必要性

D. 撰写商务策划文案时，如果运用省略的修辞方法进行论证，能够便于读者记
忆、理解和传播

6. 商务策划文案的(　　)是指运用图形、图表、图片等视觉基本元素加以设计，辅助
商务策划人传达意义。

A. 结构图

B. 流程图

C. 扇形图

D. 视觉语言

7. 商务策划文案文本表现的目标是(　　)。

① 体现商务策划文案的严肃性

② 体现商务策划人及其团队对委托方的重视

③ 体现商务策划人及其团队的专业态度

A. ③ B. ①②

C. ②③ D. ①②③

四、思考题

1. 商务策划文案中的"应急预案"具有什么作用？

2. 已经发展成功的大型企业还需要商务策划文案吗？

3. 商务策划文案为什么要进行文本表现处理？

4. 商务策划人需要在文案写作方面具备哪些知识、职业素质和专业能力？

5. 为什么商务策划文案中不能使用疑问句、祈使句、感叹句等带有强烈感情色彩的句式？

6. 商务策划文案中，视觉语言的运用能够带来哪些便利？

7. 商务策划文案中的语言风格为什么要简洁、明了？

8. 商务策划文案写作的基本原则是什么？

五、案例分析

YG文化传播有限公司是一家颇有实力的图书出版发行公司，其前身是一家书刊发行商，借助灵活的经营方式迅速发展壮大。面对书刊发行市场的激烈竞争，该公司计划向上游进军，尝试在未来积极参与书刊的策划与出版。随后，该公司通过合作的方式，入主一家儿童阅读杂志，但是对于入主该杂志以后应当如何应对市场，公司负责人尚未有明确的思路。为此，该公司负责人特聘了名校毕业的小李为该项目的商务策划师。小李经过几个晚上的加班工作，针对当前的市场形势进行了细致、周密的分析，运用学术期刊上最新的预测模型对该公司与儿童杂志的合作项目进行了精心策划，但是对于公司负责人最关心的市场运作策略，却语焉不详。当小李将商务策划文案打印并装订成册送到公司负责人手中时，该公司负责人表示很不满意，双方之间的合作也终止了。

1. 请运用所学知识尝试找出该商务策划文案的失败原因。

2. 请运用所学知识论述该策划文案应该如何撰写。

六、实训练习题

对学生进行分组，要求学生收集某家企业的产品或服务的相关资料，并完成一篇商务策划文案。要求商务策划文案主题鲜明，内容全面完整，市场分析细致、深入，市场定位准确，策划方案合理可行、有创新性，并具有可操作性，经费预算合理，人员安排合理。

第八章
商务策划团队管理

【策划格言】

善于解决问题的能力通常是缜密而系统化思维的产物，任何一个有才之士都能获得这种能力。有序的思维工作方式并不会扼杀灵感及创造力，反而会助长灵感及创造力的产生。

——麦肯锡

先思考，将你的思考组织成观点和计划，然后将这些计划转化为现实，你会发现，一切的起点是你的想象力。

——拿破仑·希尔

具有丰富知识和经验的人，比只有一种知识和经验的人更容易产生新的联想和独到的见解。

——泰　勒

【主要内容】

商务策划人应具备的基本素质；

商务策划人所需的能力；

商务策划团队；

商务策划团队的冲突管理。

【学习目标】

知识目标：

商务策划人的基本素质、能力；

商务策划团队的发展阶段；

商务策划团队冲突的类型、原因；

商务策划团队冲突管理的目标；

有效促进商务策划团队合作的方法。

技能目标：

了解商务策划人的基本素质、能力；

理解商务策划团队发展的各个阶段的特征；

掌握商务策划团队冲突管理的方法。

【开篇案例】

策划人张默闻

如果说广告行业是一个超级智慧的行业，那么策划行业则是一个需要大智慧、大格局、大概念的超级智慧行业。策划公司作为品牌生态圈的上游产业，其地位尤为重要，特别是策划人都在扮演品牌智囊的大脑角色。越来越多的案例证明：在策划这个行业中，不是有才华就能游刃有余，不是勤奋就能打天下，策划行业对策划人考验更多的则是策略的整合智慧，策即策划，略即谋略。

古人语"上兵伐谋"，在现代商战中，谋士依然是企业家的座上宾。营销策划人张默闻老师就是现代谋士的新锐代表，他代表了一代策划人的思维和逻辑，代表了新一代策划人的崛起。

张默闻老师是张默闻策划集团董事长，中国十大营销策划家，中国最具影响力广告年度人物，他连续5年蝉联中国中央电视台广告经营管理中心广告策略顾问，中国广告协会学术委员会委员，曾受美国市长邀请赴美访问，是安徽大学、天津财经大学兼职教授，在策划界有"北有叶茂中，南有张默闻"的说法。

张默闻老师是中国营销策划界的旗帜之一，集豪气、侠气、胆气、匪气于一身，表面上啸吼四维、杀伐十方，骨子里却是谦卑恭敬、温厚忠良。张默闻老师是中国梦的诠释者之一，从籍籍无名到天下闻名，既没有坑蒙，更没有拐骗，凭着一腔热血和永不服输的精气神儿，在中国营销策划界站稳脚跟，扬名立万。张默闻老师是懂得感恩的人，因为叶茂中的一句话而改变命运，并从此与之结下了不解之缘。很多人妄意指摘他的帽子和他的样子，只有他自己知道：我不是要模仿谁，只是想向他致敬。张默闻老师同样是具有实力和自信的人，一个敢于触碰偶像的人。一句"北有叶茂中，南有张默闻"让中国的营销策划界风云变色，也拉开了他波澜壮阔的人生。

古有百晓生兵器排行榜，张默闻老师的兵器就是手中那支笔，有柔情的笔锋，有优美的文字，有灵性的策略，有犀利的观点。由他经手的那些案例，代表了一个时代，代表了一个品牌，代表了一个策划人的思维，代表了一种情怀、一种文化、一种传承。

资料来源：https://www.douban.com/note/652768295/. 有改动.

评析：商务策划是众多学科整合的一门综合科学，商务策划人以智慧和谋略为资本，他们既要有广博的知识，又要有人格魅力和团队精神，能与商务策划团队中的其他成员共同完成策划项目。本章聚焦商务策划团队管理，阐述商务策划人应具备的素质、能力，以及商务策划团队的建设和冲突管理。

第一节　商务策划人应具备的素质

素质，包括思想、文化、身体，即代表德、智、体三个方面。素质的高低不以人种来划分，任何地方都有素质高的人和素质低的人。素质提高代表德、智、体的全面发展。现代企业越来越看重员工的综合素质，在招聘或选拔人才时，倾向那些综合素质好的人才，因为他们更具有发展潜力，能够触类旁通，从多方面考虑问题，而不是将自己局限在一个小的领域当中。而综合素质差的人，往往创造力不足，事业发展缺乏后劲，有的甚至适应不了企业发展的需要。作为一名商务策划人，应该具备以下几项基本素质。

一、卓越的思想道德品质

任何一个职业都有与其相适应的职业道德，具备良好的职业道德是事业成功的基础。策划人要有较高的道德水平，"有德"是商务策划人的第一素质，卓越的思想道德品质是成为一名合格的策划人和优秀的策划人的前提条件。对于商务策划人来说，遵循一定的职业标准是其应该具备的基本素质，也是其从事策划职业过程中的一种内在的、非强制性的约束机制。商务策划人要以诚信为本，使所有利益相关者的利益保持一致，力求整个策划生涯内的任何策划方案都经得起时间、利润和社会的考验。

二、合理的知识结构

策划的工作内容决定了策划人需要具备综合性的知识结构，需要具备经济管理、社会科学、法律法规的基础知识，以及传播学、商品学、消费心理学、策划知识、写作技能等专业知识。除此之外，在涉及专业领域的策划中，策划人还需要精通相关行业的知识。比如，数码电子产品营销策划案中，需要策划人了解数码电子产品的相关知识。策划人对未来的把握，以及前瞻性的判断都是基于广阔的知识视野，需要对各行各业的知识进行整合、游刃有余地融合，游刃有余的对知识进行调配与运用。一个好的策划人必然是一个专才之上的通才。

三、丰富的经验和阅历

经验和阅历对于任何一项工作来说都是必不可少的，对于策划人来说更为重要。所谓经验，是从已发生的事件中获取的信息；所谓阅历，是由经历得来的知识和经验。积累了丰富的经验，才知道何时何地何物应该应用何种技术解决问题；通过经验的发挥和应用，可以对原有技术进行创新。经验和阅历是创新的基础，而策划就是一项创新的工作，因此缺乏经验和阅历的策划人很难成为合格的策划人。

四、交友广泛

策划不是闭门造车，不是书斋里的学问，是各种知识和理论，尤其是社会知识与社会资源的综合运用。与丰富的经验和阅历相补充的就是策划人的社会交往。

首先，广泛的社会交往是学习新知识、丰富阅历的重要手段。在广泛的社会交往中，策划人应通过不断有意识地观察、了解和体会，逐步掌握乃至更加熟练地运用各种策划方法和工具，不断丰富知识，不断增强能力。

其次，不分彼此，广泛结交，可以开阔心胸、陶冶情操、坚定信念，加强责任感和使命感。

最后，广泛的社会交往也是商务策划人收集信息、树立形象、建立合作交流平台的基础性工作。因此，能够积极参与社会生活、广泛结交各界朋友是商务策划人的基本素质之一。

第二节　商务策划人所需的能力

能力是从事具体工作、完成特定目标所需的综合素质。商务策划是一种创新的工作，商务策划的能力要求不是一般人能够达到的，需要经过长期锻炼和培育才能获得。作为商务策划"创造者"的商务策划人，需要从以下几个方面去发展自己的能力。

一、想象力

想象是创新的基础，没有想象难以创新。想象一般是在掌握一定知识的基础上完成的，是知识积累和智力开发的结果。想象力之所以重要，不仅在于它能引导我们发现新的事物，而且能激发我们对策划项目或者问题做出新的研究，因为它使我们看到可能产生结果的事物。事实和设想本身是死的东西，是想象力赋予它们生命。

想象力的重要分支就是联想。联想是指把看似无关的疑问、问题或来自不同领域的想法成功关联起来的能力，是商务策划人的核心技能之一。有创意的策划人善于把似乎互不相干的问题或点子联系起来，挖掘新的方向，直到他们找到适合策划方案或项目的创新点子。联想就像一种心智的"肌肉"，可以通过运用其他思维技能而不断强化。当商务策划人从事这些策划创新活动时，他们逐渐学会以新方式组合各种想法。商务策划人越是经常去尝试理解、分类和存储新知识，他们的大脑就越容易以自然和持续的方式来创造、存储和重新组合各种"联想"。

没有知识阅历作为基础，不可能有丰富的想象。在条件相同的情况下，商务策划人的知识宝藏越丰富，产生重要设想的可能性就越大。具有独创精神的商务策划人，常常是兴趣广泛的人。

二、质疑能力

古人云："学源于思，思源于疑。"商务策划工作的核心就是解决问题。一个人如果没有任何质疑能力，即使善于观察，也不太可能找出结论，因为他可能从没有想过这些问题。质疑能力也是提出正确问题的能力。一个正确的问题往往会激发不一样的答案。质疑能力还是创新能力的重要表现，如果质疑能力缺失就会影响创新能力。

三、观察能力

在构成一个事件的众多因素中，总有一些因素之间会发生叠加、积累、链接、正相关、连锁反应等效应。作为策划人，寻找其中能够引起这些积极作用的因素是策划的核心任务。同时，策划人还需要关注哪些因素可能引起互斥、消减、消解、负相关等负面效应。对于这些起消极作用的关键因素，商务策划人必须要设法避免。因此，策划人要善于使用不同技巧，从不同的角度去观察这个世界。商务策划人要善于观察，但也必须知道，观察者不仅经常错过似乎显而易见的事物，而且常常臆造虚假的现象。众所周知，不同的人在观察同一现象时，会根据自己的兴趣而注意到不同的事物。

四、预见能力

策划是典型的"以现在论未来"，策划人必须是个"未来主义者"，必须具备审视未来的眼光，能以发展的观点来看待现在的许多问题，因此，预见能力是策划人需要具备的能力。预见能力是在深入了解某一个产业或领域的特性基础上洞察未来，预测今后发展趋势的能力。预见能力必须建立在正确认识现状事物的基础上，必须建立在知己知彼、观一叶而知天下的参悟物象机理的基础上，否则预见就是"沙上建塔"，就是"纸上谈兵"。

五、组织能力

任何工作如果只是一个人去做，那将孤掌难鸣，很难收到较好的效果。策划是对资源的运用，是对人、物、事实行统筹安排。在资源有限的条件下，尽可能广泛地利用外部资源，发挥现有资源的效力，以较少的投入实现尽可能多的产出，是策划的精髓。因此，策划人的组织能力是否优秀将直接影响策划效果。

策划人的组织能力包括内部组织的调配以及外部组织的协调，以达到共同策划、制作和实施的目的。以营销策划为例，策划的全过程需要筛选并整合大量外部信息以及内部资源，因此需要市场部、销售部、研发部、财务部、人力资源部等各个部门通力合作。如果策划人没有较强的组织协调能力，就无法解决在策划过程中遇到的各种问题。

六、情报能力

商务策划不是无中生有，必须以翔实、充分的信息和资料收集为基础。扎实的资料信息是策划人创造、创新的基础，因此商务策划人必须占有大量的资信情报，并具备以下三方面能力：一是收集情报、建立资料库的能力；二是处理情报、整理信息的能力，如浓缩、引申、推断、发挥等；三是在策划方案设计中运用情报和信息的能力，要视具体情况合理运用所占有的情报。

七、出色的表达、表现与构思能力

商务策划人的成果要通过策划文案来体现。策划文案是由文字、图形、数据表现的，因此策划人应该具备图像化、数值化、文字表达的能力。这种素质是商务策划人长期进行语言训练、计算机训练、绘画训练积累的结果。

表现力是将策划内容清楚表达的能力，是策划者的门面功夫，如文字加工、平面设计等。这些虽然不是策划活动的核心部分，只能起到辅助作用，但也是不可或缺的一部分。

构思能力是策划人驾驭知识和信息的整体能力。商务策划人应能根据所掌握的信息和资源，描绘出策划的全局框架，并用间接的语言方式加以描述。

八、语言表达能力

商务策划从本质上讲就是一个语言表达、沟通交流的过程。在策划的全过程中，商务策划人需要与委托人进行磋商，与团队成员进行交流。商务策划人如果没有较强的语言表达能力，就无法实现顺利的沟通。

商务策划是一项非常主观的智力活动，由于评判标准、策划人不同，对同一策划主题，可能制定出南辕北辙、差异巨大的方案。因此，要想把自己的智力产品推销出去，策划人的说服能力非常重要。人不是被道理说服的，而是被感染的。商务策划人的语言表达不但要流畅、准确，更要具有说服力和感染力，还要能够根据情境需要，运用多种语言表现形式，恰当地、生动地表达策划意图，以获得对方的信任和理解。

第三节　商务策划团队的特征与发展

商务策划是一个复杂的系统，一个商务策划项目靠单打独斗很难完成，往往需要几个人通力合作。可以说，商务策划是要依靠团队协作才能完成的工作。

所谓团队(Team)，是指由员工和管理层组成的一个共同体，有共同的理想目标，愿意共同承担责任、共享荣辱，在团队发展过程中，经过长期的学习、磨合、调整和创新，形成主动、高效、合作且有创意的团体，共同解决问题，达到共同的目标。商务策划人负责的每一个项目都需要运用储存于个人脑中的知识，商务策划人是知识型员工，商务策划团队是知识型团队，商务策划团队相对于普通的团队有其特殊性。

一、商务策划团队的特征

(一) 商务策划团队的成员具有动态性

商务策划项目的目标、性质、来源等各有不同，策划人的背景、风格、擅长的策略类型各有不同，商务策划团队会结合策划项目和策划人的特质进行最优化组合，因此，团队成员不是固定不变的。动态性是商务策划团队的常态。

(二) 商务策划团队成员的地位具有平等性

在一般团队中，虽然也强调非领导地位，但由于团队成员的角色经常会和传统工作部门的角色相交叉，成员之间无形中会以传统的领导与下属的关系相处。商务策划需要发挥每个成员的积极性和创造性，需要每个成员向团队贡献知识和智慧，而知识和智慧的贡献是不可能通过命令的方式获得的。每个成员都是某一方面的"专家"，在自己的专业领域内有较充分的发言权，所以团队成员的地位呈现平等性。虽然商务策划团队也有领导，但领导扮演的角色更像召集人，一般并没有特权，其作用更多体现在团队的组织、沟通与协调方面；成员之间的关系也并非上下级关系，而是共同分担风险、分享利益。

(三) 商务策划团队知识共享性

商务策划人往往有强烈的求知欲望及成长需求。商务策划需要信息和资料的高度共享，否则会因为思维方式、理解程度等差异导致策划各阶段不匹配，影响整个项目的运行。因此，在项目进行中，各成员会保持信息透明，及时沟通意见和建议，从而保证信息交流顺畅。在与诸多不同领域"专家"共同工作的过程中，策划人会积极向团队的其他成员学习，从他们的身上发现对提升自身能力有利的因素，不断提高自己长期的工作能力，这种学习活动在客观上也提高了策划团队的整体实力。

(四) 商务策划团队的高效性

商务策划人作为知识型员工，一般都敢于接受新思想，富于创新精神，在工作过程中能不断吸纳别人的有益见解，提高工作的质量和效率。对于商务策划这种高度知识密集、智慧密集的团队，动员和激发成员的热情，发展和发挥成员的创造性，是团队管理的重要目标，也是团队管理的关键。

在商务策划团队中，每一个成员都是某一方面的"专家"，他们对行业了解深入，观察视角独特，研究分析透彻，能够洞察未来发展趋势。更重要的是，为了一个共同的目标，成员之间能够相互配合，通过沟通、交流与协作，能够激发新的思想，产生新的创意，从而不断改善工作方式，高效、圆满地完成策划任务，有时还能对团队产生积极、深远的影响。

二、商务策划团队的发展

团队发展通常需要经历五个阶段，即形成(Forming)、磨合(Storming)、规范(Norming)、成效(Performing)与解散(Adjourming)。商务策划团队也不例外。

商务策划团队成员的专业能力、背景、动机、需求、个性和兴趣等大多不同，这样一群差异性个体要相互合作，为实现一个共同目标而努力工作，成为一个真正的整体是需要时间的。在不同的阶段，团队会呈现不同的特征，团队建设的重点内容也不同(见表8-1)。

(一) 形成阶段

在商务策划团队的形成阶段，具有个体差异的团队成员之间还没有确立共同的目标，或者团队的目标还没有得到认同，彼此之间的关系也没有建立起来，人与人的了解与信赖不足。此时，成员间的一致性很低，矛盾很多，但由于不甚熟悉和了解，所以彼此之间十分客气，明确爆发的冲突很少。此时，团队建设的重点是培养共同的愿景，明确团队的目标，消除彼此的隔阂。

(二) 磨合阶段

经过一段时间的努力，团队成员逐渐了解领导者和发起人的想法和意图，对团队的目标较为了解，互相之间也由熟悉而产生信任。在以后的工作中，彼此之间会产生默契，但是此阶段的问题最多，矛盾也最多。在这个阶段，团队建设的主要任务，是充分发现团队成员各自的能力和潜质，激发他们的积极性、主动性和创造性，建立团队的核心能力。

(三) 规范阶段

经过领导者和团队成员的共同努力，在团队里营造了开放的氛围，成员能够放松地提出不同的意见与看法；创造性的尝试受到鼓励，并开始产生积极的效果；团队的目标经过引导，成为团队成员的共同愿景或者信念；团队成员之间的关系比较融洽，大家坦诚相见，互相的支持处处可见；成员之间高度团结，互相信赖，甚至互相欣赏，不同的观点和做事方法成为激发创新和创意的重要来源；团队对未来的事业成功充满信心，热情洋溢，生机盎然。在这一阶段，团队建设的重点是夯实团队成员之间的互信基础，形成团队的创造力；还要在团队里建立知识分享机制，保证成员个人的知识能够在团队中分享，使知识成为团队的整体能力。

(四) 成效阶段

经过艰苦的努力，团队现在已经成为一个开放的、凝聚的、高效的组织。所有成员与团队一体，荣誉感、责任感都很强，组织爆发出惊人的创造力。但是建立一个互信的、高效的团队极不容易，而毁坏它只是朝夕之间的事情。在此阶段，团队建设的重点是保持团队的生气，保护团队成员的创造性和进取心。

(五) 解散阶段

当策划团队的目标实现(项目完成)或者由于成员目标存在分歧无法继续合作，团队就会走向解散阶段。策划团队一旦进入解散阶段，团队成员的积极性会有懈怠，主动性也不如从前，此时，团队建设的重点是重新激活团队能量。

表8-1　商务策划团队发展阶段

阶段	特征	团队建设重点
形成	成员彼此不了解，缺少信任； 陌生、客气	培养共同的愿景； 明确团队的目标； 消除彼此的隔阂
磨合	成员逐渐了解团队目标，成员间彼此熟悉并产生信任，但是问题最多，矛盾也最多； 摩擦和冲突	促进团队有效沟通，将冲突水平控制在合理范围 充分发现团队成员各自的能力和潜质，激发其积极性、主动性
规范	逐渐认同自己在团队中的角色； 相互理解、相互配合； 坦诚相见	夯实团队成员之间的信任基础，形成团队创造力； 建立知识分享机制
成效	成员间相互关心、支持，为共同的目标而努力；沟通顺畅，相互信任； 高效	保护团队的生气； 保护团队成员的创造性和进取心
解散	目标实现(项目完成)，团队随之解散，或者因为目标分歧解散团队	团队出现"瑕疵"时能及时发现并重新激活团队能量

第四节　商务策划团队的冲突管理

商务策划团队的成员具有不同的背景、不同的专长、不同的个性和兴趣，在合作中出现矛盾与冲突十分常见，尤其是在团队发展的磨合阶段。因此，对商务策划团队的冲突进行管理也是商务策划团队管理的重要工作之一，只有将冲突控制在适度的水平和范围，才能保证团队正常运转，维护团队活力。

一、冲突的类型

冲突是团队成员之间在合作过程中感受到的阻碍、失望、沮丧和/或对工作目标、任务、程序和方法的疑惑。对于商务策划团队中存在的各种冲突，可以根据不同的标准划分为不同类型。

(一) 按照冲突的层次划分

按照冲突的层次，可将其分为行为冲突、意见冲突、理念冲突和文化冲突。

行为冲突是由于不同的行为习惯导致的冲突。比如，有人是"单线程"，一个时间只能处理一件事情；有人是"双线程"，同一时间可以做很多事情。有人喜欢计划周详，严格按照时间表推进；有人喜欢通宵达旦尽快做完；还有人总是拖到最后才完成。

意见冲突表现为不同成员对同一问题产生不同观点之间的差异。

理念冲突和文化冲突属于更高一个层次的冲突，表现为对项目运作、团队管理、团队目标、文化氛围、组织愿景等方面的不同观念的冲突。

(二) 按照冲突的影响范围划分

按照冲突的影响范围，可将其分为私下冲突、局部冲突和公开冲突。

私下冲突属于成员个体之间的冲突，一般意义上，不会影响团队整体。

局部冲突涉及团队中的部分成员，但可能会给团队整体带来足够大的影响，不可小视。

公开冲突的影响足以导致组织发生动摇，不论其影响是积极的还是消极的，都必须高度重视。

(三) 按照冲突对团队目标的影响划分

按照冲突对团队目标的影响，可将其分为建设性冲突和破坏性冲突。

建设性冲突是指支持团队目标并增进团队绩效的冲突，能够激发团队成员的才干与能力，带动创新和改变，也称为功能性冲突。

破坏性冲突又称为失能性冲突，指妨害团队绩效的冲突。

二、冲突产生的原因

商务策划团队冲突的表现不同、类型不同，导致冲突产生的原因也是多方面的。

(一) 个体差异导致的冲突

商务策划团队是由不同个性、不同背景、不同知识结构、不同社会经历乃至不同价值观的个体构成的，这些"不同"是商务策划团队创造力的来源，也是商务策划团队个体冲突的来源。个体差异导致的冲突一般为行为冲突、意见冲突、私下冲突，不会给团队带来太大影响，也不会妨害团队绩效。

(二) 来自管理的冲突

管理的冲突，主要有三个方面：一是组织构架或结构关系。实施商务策划项目管理，必然要设计相应的组织构架，以及某种结构方式，如信息传递、工作进度安排、任务分配、绩效认定等，可能导致成员的疑惑或者不满情绪。二是团队沟通渠道不畅通、沟通不及时或者缺乏沟通技巧，导致团队成员之间的不和谐和不理解，影响了相互之间的信任。三是团队负责人的个性、态度、工作方式和方法，导致成员之间的猜忌或混乱，或者干预其工作方式和工作节奏。

(三) 来自组织政治的冲突

权力斗争被认为是一个较为普遍的冲突来源。在商务策划团队里，权力和影响力的不平衡会导致政治冲突。在团队的磨合阶段，这种冲突可能表现得十分激烈。在商务策划团队里，每个成员都拥有不同的专业背景和专业能力，这些能力在各自的领域里，相对地形成了某种权威。同时，在商务策划团队里，团队成员大多个性鲜明，成功欲和表现欲极其强烈，对于权力和影响力的有意识和无意识的争夺随时都在发生，从而导致冲突产生。

(四) 来自文化的冲突

在商务策划团队建设过程中，各成员对团队的组织目标、任务、宗旨、使命，对工作的态度，对客户和社会的责任，乃至对团队的建设和组织方式，都有不同的观点。不同的价值观，不同的认识水平和不同的认知方式，会导致不同的态度。这种冲突，在初期表现得比较含蓄，未必会导致激烈的争执，但在工作和合作过程中，会产生消极的抵触，这会在一定程度上影响积极性、主动性和创造性的发挥，从而影响项目进展，阻碍团队的健康发展。

(五) 来自利益分配的冲突

策划团队是利益混合体，团队成员因为共同的利益而合作。但利益是动态的，包含十分丰富的内容，既有经济的利益，也有名誉、地位、成就感、影响力等非经济的利益。在商务策划团队里，存在团队的主要发起人、项目负责人、主要贡献者和重要贡献者、内外部客户、同行、重要支持者、团队成员等多个利益相关者，他们的利益并不总是一致的，这种利益上的争执常常会导致冲突的产生。在同一个项目中，对不同任务的付出，比如调研、设计、文字、创意、提案和客户沟通，应该如何进行经济利益和非经济利益的分配并没有客观标准，难以实现完全的公平。

三、冲突的管理

冲突在商务策划团队的发展过程中时常出现，在不同的阶段，导致冲突产生的原因不同，冲突的类型也不同。对于商务策划团队来说，必须要树立正确的冲突观念，充分认识冲突，确定冲突管理的目标——把冲突控制在合理的冲突水平和冲突范围。

一个追求高绩效的团队，必须具备允许存在建设性冲突和创造性摩擦的能力。因为团队成员坦诚交换意见，互相质疑，可能会做出更富创造性的决定。保持适度水平的冲突，可以保证团队的生命力和创造性。但是，冲突并不都是建设性的。逐步升级的意见分歧会导致成员间的紧张关系，从而迅速破坏一个团队的效能，即当冲突的水平超过合理界限就会阻碍团队的正常工作。因此，冲突的管理要保证冲突是积极的，是一种争论，是观点、方法的区别，而不是立场和态度的对立。

此外，还要将冲突的范围控制在工作范围内，仅限于对项目的完成以及对组织共同的利益和目标的不同观点、方法。成员个人的兴趣、爱好、工作习惯等可以得到尊重，个性可以保留，但不能构成对其他成员的压制和消极影响。

一旦冲突超出合理的水平和范围，就需要对冲突进行化解，将矛盾冲突限定在合理的范围和合理的水平，将可能激化的大矛盾，化解为可以调和的小矛盾，将可能导致团队成员产生强烈挫折感、委屈感的冲突，化解为同事之间的意见、观点的差别。方向必须正确，目标必须坚定，团队对外的形象和声誉、团队内部共同约定的惯例和行为方式，都应当作为原则，不能轻易动摇。而对于纯属于团队成员个人之间的意见冲突、观点对抗、个性差异、工作方式的不同，可以宽容一些，允许其存在。

四、促进商务策划团队合作的方法

合作是人的本能之一，形成团队就是为了与他人合作，合理利用每一个成员的知识和技能协同工作，为实现某一共同目标而相互支持、共同奋斗。对冲突进行管理也是为了更好地进行团队合作。团队合作的价值在于能最大化地发挥每个人的能力，从而最大化地实现团队整体的效能。商务策划是一个系统工程，策划行为是集思广益、广纳贤才进行协作创意与设计的过程，因此，商务策划组织必须在充分发挥主创人的智慧的基础上，形成团队合作的组织系统。

(一) 尊重并认识成员个体的利益

在团队管理中，管理者要求团队成员做出符合团队利益的事情的前提是尊重成员的个人利益。团队合作的力度取决于团队本身能够给个体带来的好处。如果这种利益上的合作能够给予成员作为单个人所无法实现的回报，那么，团队合作的可能性将大增，否则团队合作的基础也就丧失了。因此，商务策划团队的管理者要学会尊重团队成员的个人利益，认识成员个体的利益诉求，并满足他们。满足成员利益诉求可以激励成员更加努力，最终提升整个团队的利益，形成一个良性的循环机制，从而更好地实现成员自身和团队的利益，实现共赢。

(二) 强化归属感

人不仅有对安全感和利益的需求，也有对归属感的需求。归属感可以让群体内部的关系更稳定、更持久。团队总是在不停地运转、前进，成员势必被促动前行，在这个过程中，离心力的产生不可避免，而归属感可以充当黏合剂的作用。只有个人的归属感增强，不被离心力分散群体的力量，团队才会更加稳定和团结。认同感是归属感的前提和基础，因此，商务策划团队的管理者要认识到团队成员认同感和归属感对团队的重要性，尽量满足团队成员更高层次的认同感诉求，使团队成员有更强烈的归属感，愿意最大限度地发挥潜力和能力，从而最大化团队的效能。

(三) 营造宽松的组织氛围

团队的组织氛围对成员能力的发挥起着关键作用，成员的表现也会影响整个团队的组织氛围。团队氛围和团队成员的表现存在一种相互作用的机制。在宽松、畅通交流和平等沟通的团队氛围里，成员之间以相互信任为基础，可以开诚布公、自由而放松地发表意见，不必因为有所顾忌而隐瞒自己的真实想法。信息公开、透明，人人都拥有平等机会的组织氛围，是商务策划团队创造力的源泉，也是策划团队高效完成策划任务的保证。

(四) 实现真正意义的有机合作

团队成员之间的合作存在两种类型：一种是机械合作，另一种是有机合作。

机械合作是指每个团队成员拥有相似的职责和能力，团队成员之间并无太大区别，每个团队成员的劳动都是等质的。

有机合作是指每个团队成员有不同的职责和能力，成员与成员之间存在一定的差别。在这种合作中，每个成员都有其特有的、不可替代的责任，就像一个有机体一样，每个部分的功能和作用都不同。商务策划团队是典型的有机合作，每个成员的职责有区分，最大化每个团队成员的个性和优势，能够增强团队成员之间的合作。作为商务策划团队的管理者，要保证团队是真正意义上的有机合作，对整个团队的职能进行细分，鼓励团队成员发挥自己的特长，展示自己的个性和能力，使每个团队成员的专长互补，从而提升团队专业化水平。

商务策划是团队作业，每一个成员都是"精兵强将"并不意味着团队是一个好团队，只有团队成员相互鼓励、交流、沟通，心往一处想，劲往一处使，团队才会有高效的执行力和旺盛的生命力。

思考与练习

一、填空题

1.(   )是从已发生的事件中获取的信息；(   )是由经历得来的知识和经验。

2.(   )是指由员工和管理层组成的一个共同体，有共同的理想目标，愿意共同承担责任，共享荣辱，在发展过程中，经过长期的学习、磨合、调整和创新，形成主动、高效、合作且有创意的团体，解决问题，达到共同的目标。

3.团队发展通常要经历五个阶段，即(   )、(   )、(   )、成效与解散。

4.(   )是团队成员之间在合作过程中感受到的阻碍、失望、沮丧和/或对工作目标、任务、程序和方法的疑惑。

5.按照冲突对团队目标的影响，可将其分为(   )和(   )。

二、判断题

1.策划的工作内容决定了策划人需要具备综合性的知识结构。(   )

2.想象是在掌握一定知识的基础上完成的，是知识积累和智力开发的结果。(   )

3.策划的精髓是尽可能不受资源限制，广泛地利用外部资源，发挥现有资源的效力，以较大的投入实现尽可能多的产出。(   )

4.商务策划团队是知识型团队。(   )

5.冲突对于策划团队的目标影响都是消极的。(   )

三、单项选择题

1. 下列选项中，(　　)不属于商务策划人应具备的能力。

    A. 质疑能力　　　　　　　　　　　B. 观察能力

    C. 丰富的阅历　　　　　　　　　　D. 想象力

2. 商务策划人占有大量的资信情报，需要具有很强的情报能力，情报能力不包括(　　)。

    A. 收集情报　　　　　　　　　　　B. 处理情报

    C. 运用情报　　　　　　　　　　　D. 发送情报

3. 下列选项中，不属于商务策划团队特征的是(　　)。

    A. 成员具有稳定性

    B. 成员地位平等性

    C. 知识共享性

    D. 高效性

4. 按照冲突的层级划分，商务策划团队冲突不包括(　　)。

    A. 行为冲突　　　　　　　　　　　B. 局部冲突

    C. 理念冲突　　　　　　　　　　　D. 文化冲突

5. 按照冲突的影响范围划分，商务策划团队冲突不包括(　　)。

    A. 私下冲突　　　　　　　　　　　B. 局部冲突

    C. 意见冲突　　　　　　　　　　　D. 公开冲突

四、思考题

1. 阐述商务策划团队的特征。

2. 商务策划团队发展各阶段的特征及团队建设的重点内容是什么？

3. 阐述商务策划团队冲突产生的原因。

4. 如何有效促进商务策划团队的合作？

五、案例分析题

"创可贴"的生产工艺十分简单，行业竞争十分激烈，如何在竞争中脱颖而出是困扰每家企业的问题。米多尼公司的社长田正昭决心创新经营，改变不利的局面。他发现，身体受伤最大的痛苦不在于伤口，而在于受伤后很长时间心里感觉特别不好。因此，他针对产品感觉进行创新，一改过去创可贴的单一颜色，采用丰富的色彩，并加入人性化的形状、文字设计，还给创可贴起了个"叛逆"的名字——"快乐的伤口"。这一策划迅速引爆市场，创可贴不再是保护伤口的专用品，甚至没受伤的孩子也禁不住"快乐的伤口"的诱惑，贴上了创可贴。

请结合案例分析商务策划中的创造力、创意和创新的关系，分析该案例并说明商务策划人需要具备哪些能力。

六、实训练习题

壹串通是中国领先的品牌营销战略咨询公司，专注准上市公司企业战略咨询。壹串通以"懂战略定位，更懂战略落地"为核心，开创"品牌战略定位+产品战略+超级创意+关键点落地"四位一体的战略咨询服务。16年来，壹串通以独树一帜的"第一品牌战略"

和"关键点落地"的理论体系，持续推动中国企业从机会经营到战略牵引，实现高质量增长，创造一个又一个经典案例，服务对象包括美的集团、顾家、好太太等。壹串通的策划团队是华南顶尖品牌策划团队，主要创始人均来自企业一线高管，表8-2列出了壹串通策划团队的三位核心成员信息。

表8-2 壹串通核心成员信息

姓名	职位	主要荣誉
李锦魁	首席品牌战略顾问	曾任美的家庭电器市场总监、副总经理、新闻发言人、策略会主席； 主导制定美的品牌战略定位和品牌哲学； 独创"美的熊"和"原来生活可以更美的"品牌口号，成功使美的成为享誉全球的知名品牌
杨崇俊	高级品牌营销顾问	中国全美学营销倡导者，资深营销策划人； 拥有20年品牌策划创意经验，在品牌战略、品牌沟通、品牌形象、品牌创意和工业设计等领域，皆有独到建树； 多元的经历及跨界身份，使其兼蓄理性与灵性，促成了杨崇俊的品牌，在策划咨询领域独树一帜； 主张"在洞察的基础上有策略地沟通"，提出颠覆传统营销理论的独特观点；是什么不重要，感觉才是沟通的最高境界，倡导通过营销的审美沟通实现品牌高溢价； 提出"全美学营销"理论，已协助众多品牌实现颠覆性成长，在竞争中创造出品牌独有的可持续盈利的无形资产，实现品牌深度跨越
吴雪亭	高级品牌营销顾问	服务美的电器长达8年，之后又成功打造了胡军代言的超人电器全新品牌，倾情塑造威力洗衣机品牌形象，激活老品牌活力； 在建材行业，他扶持英皇卫浴成为行业标杆；使新泰和卫浴脱胎换骨，以全新品牌形象成为行业新贵；让沙漠绿洲漆与中国女排携手结合，引起业界震荡； 他制定了南庄生态休闲区全新"乐活"策略，将南海科技园打造成国家级科技园区，并使国家海洋局南海勘察中心、佛山市及南海区行政服务中心形象焕然一新； 在营销策略领域，品牌形象打造、渠道模式设计、全国招商、产品线规划、政府形象打造等方面有独到见解，著有《城镇品牌营销》一书

请结合壹串通策划团队核心成员的信息以及本章学习的内容，论述商务策划人员应该具备的能力，以及如何有效管理商务策划团队。

第九章

常用的商务策划及策划书撰写

【策划格言】

任何一个文案策划的背后都有一个明确的目的，不是推新、促活、品牌推广就是进行危机公关。

——《文案策划——撰写技巧与经典案例》

【主要内容】

广告策划；

品牌策划；

营销策划；

公关策划；

新产品开发策划。

【学习目标】

知识目标：

广告策划的含义、特征，广告策划书的结构；

品牌策划的含义，品牌策划书的结构；

营销策划的含义，营销策划书的结构；

公关策划的含义，公关策划书的结构；

新产品开发策划的含义，新产品开发策划书的结构。

技能目标：

领会常用的商务策划的含义及基本原则；

理解常用商务策划书的结构；

掌握常用商务策划书的撰写方法。

【开篇案例】

2017年支付宝年度账单

2018年1月3日，朋友圈被一张张支付宝年度账单刷屏了，产生了颜值、正义、温暖、柔软、快乐、值得、懂得、爱、自由、远方、能干、当家、品位、纯真、才华、坚持、成就、潮、范儿、小确幸、旺、穷22个关键词。有趣的鸡汤、热词、金句促使网友们主动晒出自己的年度账单，甚至产生了不少追热点的段子。网络上还流传出不同版本的"年度账单关键词解密"——颜值正义=狂买衣服的、爱=拍下来男朋友付款多的、才华=买书、买艺术类和专业类产品、懂得=熟练使用淘宝比价的、坚持=连续在某一领域持续花费的……

仅用一整天的时间，年度账单及相关话题就铺满了整个朋友圈。

评析：支付宝这一波依靠"强大用户数量"和"热词+金句的巧妙搭配"的"神操作"，充分体现了广告策划的"神来之笔"。商务策划的内容包罗万象，任何一种形式都有丰富的内容，都可以单独作为一门课程展开，本章简要介绍包括广告策划在内的五种常用的商务策划及策划书的撰写。

第一节　广告策划

一、广告策划概述

(一) 广告策划的概念

广告策划是一项十分复杂、综合的系统工程，是根据广告主的营销计划和广告目标，在市场调查的基础上制定出一个与市场情况、产品状态、消费者群体相适应的经济有效的广告计划方案，并实施、检验，为广告主的整体经营提供良好服务的活动。广告策划的概念包括宏观和微观两个层面。宏观广告策划，又叫整体广告策划，它是对同一目标下的一系列广告活动进行系统性的预测和决策，包括对广告调查、广告目标确定、广告定位、广告战略确定、广告创意确定、广告经费预算和广告效果评估等在内的所有环节进行总体决策。微观广告策划，又叫单项广告策划，是指单独对一个或几个广告(作品)运作全过程进行策划。

(二) 广告策划的要素

完整的广告策划包括五大要素，即策划者、策划依据、策划对象、策划方案和策划效果评估。这五大因素相互影响和制约，共同构建了完整的广告策划体系。

1. 策划者

广告策划者是广告策划的主体，包括广告公司和广告主。广告策划者是广告策划活动的神经与中枢，在广告策划过程中起着"智囊"的作用。

2. 策划依据

策划依据主要来自两个方面：一个是广告主的营销战略和策略，必须在此基础上进行策划；另一个是事实与信息，包括市场、产品、消费者、竞争者的状况和广告环境的情况，既包括广告主本身的状况，也包括整个有关市场的状况。

3. 策划对象

策划对象是所要规划的广告活动、广告商品或广告主。广告策划要为所要进行的广告活动指定广告目标、确定广告战略和策略、确定广告创意、拟定广告预算、测定广告效果等。以商品或服务为对象的广告策划属于商品销售广告策划，以广告主为对象的广告策划属于企业形象广告策划。

4. 策划方案

广告策划方案是策划者为实现策划目标，针对策划对象而设计创意的一套策略、方法、步骤。策划方案必须具有指导性、创造性、可行性、操作性和针对性。

5. 策划效果评估

广告策划效果评估是对实施策划方案可能产生的效果进行预先的判断和评估，据此判断广告策划活动的成败。如果经过广告策划，对实现企业目标和企业营销目标毫无效果，广告策划就失去了其本来的意义。

广告策划具有目标性、系统性、思维性、智谋性、操作性、灵活性和超前性七大特征。通过广告策划，广告主可以获得企业问题的解决方案。为了保证广告策划的指导性，在进行策划时必须遵循真实原则、有效原则、针对原则、心理原则和合规原则。

(三) 广告策划的内容

广告策划要对整个广告活动进行全面的策划，主要包括对市场分析、广告战略、广告策略、与公共关系和传销活动的配合、广告效果评估等内容的策划。

1. 市场分析

市场分析是广告策划和创意的基础，也是必不可少的第一步。广告市场分析基于市场调查，通过一系列的定量和定性分析得出广告主和竞争对手及其产品在市场的地位，为后续的策划工作提供依据。市场分析主要包括营销环境分析、企业经营状况分析、产品分析、市场竞争性分析及消费者分析。通过分析了解市场信息，把握市场动态，研究消费者的需求方向和心理偏好。根据所掌握的资料和信息，进行SWOT分析。

2. 广告战略

广告战略作为一定时期企业广告活动的指导思想和总体构思，具有全局性决策特点，是为实现总目标或根本利益而制定的行动纲领。广告主通过SWOT分析后，整理广告客户的生存环境资料，明确竞争商品的市场形象，然后着手制定广告基本战略。广告战略包括确定广告目标、广告定位、广告创意、广告媒介选择和规划以及广告预算。

3. 广告策略

广告策略是为实现广告战略目标所采取的手段和方法，主要包括市场策略、产品策略、定位策略、创意策略、表现策略、媒体策略、实施策略等。

4. 与公共关系和传销活动的配合

公共关系和促销活动关系广告产品的最终购买行为的发生，所以处理与协调企业的公共关系活动、促销活动与广告活动的配合关系也是广告策划的重要内容。

5. 广告效果评估

广告效果评估主要是评价在广告发布之后，有没有达到广告的目的或有没有产生对其他方面的影响。通过广告效果评估，可以了解消费者对整个广告活动的反应。

二、广告策划书

(一) 广告策划书的撰写要求

1. 运用逻辑性思维

广告策划是一个"提出问题→分析问题→解决问题"的过程。企业开展广告策划是因为它正处于新产品推广或企业竞争的迷茫阶段，需要思路清晰、逻辑感强、有理有据的策划方案。广告策划书的撰写要遵循"只要模板，不要刻板"的理念，因为每个广告策划的广告主、受众、时间点、市场状况等具体情况都不一样。

在撰写广告策划书时，可运用逻辑思维按以下步骤进行。

(1) 品牌描述：我们是谁？我们现在怎么样？我们要成为什么样？

(2) 市场分析：竞争者及其广告分析，找出机会。

(3) 目标对象：确定潜在消费者对象及其需求，总结其目前对品牌持何种态度。

(4) 广告任务：要解决什么问题？希望消费者接触广告后怎么想、怎么做？

(5) 产品支持点：以利益点作为事实依据，为什么消费者会相信？与竞争者比有什么不同？

(6) 沟通方式：沟通语气、风格、态度。

(7) 广告主题：广告传播的主题。

(8) 广告作品：影视、平面、网络广告等。

(9) 线下物料设计：海报、宣传单等促销物料。

(10) 媒介投放。

(11) 预算分配。

(12) 执行时间表。

2. 简洁有重点

当逻辑理顺之后，应根据每个部分进行相关素材的收集和整理，并进行相关文字的撰写。在这个过程中要分清主次，抓住待解决的核心问题，深入分析，制定对策，并说明所使用资料的来源，从而增加策划书的可信度。在文字风格上，要简明、清晰，多运用总起、总结、中心句和编号，这样能够让策划书的框架和重点更明朗。

3. 形象化表达

广告策划书以文字表达为主，专业性较强。但为了使广告主能够理解广告策划书，撰写广告策划书时应充分运用数字、表格和图片等直观形象的表达方法，从而有效辅助文字说明，提升广告策划书的可读性。

4. 可操作性

广告策划团队在撰写广告策划书前已经进行了多轮头脑风暴和思路沟通。在正式撰写广告策划书之前要"模拟"广告活动，预判可能出现的各种问题和困难，尤其是撰写的内容是否在广告预算范围之内，是否符合所处的市场环境，是否能够解决广告主的实际问题。

(二) 广告策划书的结构

广告策划书并没有固定的格式，通常要根据产品或客户的不同要求，编制策划的格式与内容。一般来说，广告策划书包括封面、目录、正文三大部分。

1. 封面

策划书的封面主要交代策划书的名称、策划服务的客户、策划机构或策划人的名称、策划完成日期和策划书编号等。策划书的名称应能反映本策划书的主要内容，通常需要明示产品或企业信息，如有需要还可标明广告活动的地区和时间，例如"华晨中华V7东北地区广告策划书"。

2. 目录

目录也是广告策划书的重点部分，它能使广告策划书的结构一目了然，让阅读者在无须阅读全文的基础上快速了解策划的内容，并方便阅读者快速检索策划书中的相关内容。

3. 正文

正文部分的内容包括五个部分，分别是前言、市场分析、广告策略、广告计划和广告活动的效果预测和监控。

(1) 前言。简要说明撰写本策划书的目的及意义，或指明企业所处的状况或面临的问题，以及希望通过广告策划解决什么问题。

(2) 市场分析。市场分析是撰写广告策划书的基础与前提。通过营销环境分析、消费者分析、产品分析、企业和竞争对手的竞争状况分析以及企业与竞争对手的广告分析，可以充分了解广告主目前所处的市场位置和亟待解决的问题。

(3) 广告策略。广告策略是广告策划的核心和方向。将广告目标、目标市场策略、产品定位策略、广告诉求策略、广告表现策略和广告媒介策略具体化即构成广告策略，可使广告策划书具备解决广告主实际问题的基础能力。

(4) 广告计划。广告计划是广告策划的细化和落实。通过具体化广告时间、明确广告表现、敲定广告活动、制订广告发布计划、其他活动计划以及广告预算，对广告策略进一步细化，形成广告计划。

(5) 广告活动的效果预测和监控。广告活动的效果预测和监控是广告策划的收尾和保障。通过预测与监控可评价广告策划是否发挥了预期效果，并明确今后改进的方向与方法。

除了以上部分内容，广告策划书通常还会附带一些辅助文件，包括调查问卷、访谈提纲以及调查报告等，从而向广告主清晰地呈现策划者撰写策划书的现实依据。

【范例】

银鹭花生牛奶广告策划书(正文部分)

一、前言

1. 短期目标

从2011年7月初到2012年7月，在广告执行的一年时间里，在福建省内品牌知名度达到80%，产品得到消费者的普遍认可，市场占有率进一步扩大，基本占领大中小学"学生奶"

市场，成为省内植物蛋白饮料市场的主导品牌。以福建省为根基，在竞争激烈又极有潜力的植物蛋白饮料市场站稳脚跟，同时扩大规模，不断研究消费者的需求变化，推出适应新需求的产品，培养较强的市场适应性，为逐步向全国市场进军打下坚实的基础。

2. 中长期目标

从2012年初开始，进行华东、华北地区的销售网络覆盖，把广告宣传从福建省向邻近地区延伸，逐步推进，争取在2015年成为国内植物蛋白饮料行业有强劲竞争优势的知名品牌，争取日销售量达到300吨，比2011年增长5倍左右。

二、市场分析

1. 市场背景分析

各地的植物蛋白饮料市场的发展势头是喜人的。随着经济的发展，全国城镇居民整体消费水平不断提高，对日常饮食的营养问题越来越关注，加上社会对植物蛋白饮料消费观念的大力宣传，植物蛋白饮料市场有巨大的潜力可以挖掘，福建市场也是一样。近年来，福建的花生牛奶消费升温，促进了乳业生产的发展，以闽北的南平和闽南的厦、漳、泉为主要生产基地。此外，银鹭花生牛奶在市场上的主要竞争对手有惠尔康、台福、泰山等。惠尔康花生牛奶定位于植物蛋白饮料，零售价格最低，在市场中有较大的品牌影响力。台福花生牛奶含有复原乳，定位于"高钙花生牛奶"，价格略高于银鹭和惠尔康。泰山花生牛奶的价格最高，但泰山主推泰山仙草蜜产品。

2. 企业经营状况

银鹭荣膺农业产业化国家重点龙头企业，全国行业十强，拥有世界"粥王"——八宝粥、创新开发的动植物双蛋白饮料花生牛奶、核桃牛奶等主导产品。银鹭集团拥有国家级的科研力量，以高效、节能、环保为发展方向，以欧洲制造模式为赶超标杆，以"绿色工业、福动世界"为理想，努力推动中国工业事业的发展。通过持续多年的努力，银鹭拥有了中国驰名商标、中国名牌产品、国家免检产品等多项荣誉。公司注重科技创新，技术装备先进，拥有当今国内外同行业领先水平的现代化生产线30余条，具有较强的专业化、规模化、集约化生产能力，年生产各类食品饮料80多万吨，产销量居全国同行业前列。

3. 产品分析

银鹭花生牛奶通过精选上等花生，配上香浓牛奶，经过标准化生产技术精制而成，在保证质量的基础上，突显产品的高营养价值。银鹭花生牛奶作为蛋白类饮料，其中牛奶的蛋白含量为2.5%～3.0%，花生含量高达2.8%，同时含有人体必需的各种氨基酸、脂肪酸及大量微量元素和矿物质。从整个饮料行业的发展趋势看，由于植物蛋白饮料天生具备"天然、绿色、营养、健康"的品类特征，符合饮料市场发展潮流和趋势，植物蛋白饮料极有可能成为下一轮饮料消费的热点，存在极大的发展空间和良好的发展前景。更重要的是，与功能饮料、碳酸饮料不同，现有植物蛋白饮料市场的竞争相对平缓，竞争水平较低。所以，银鹭有能力与实力在这个市场上发动"变革"，在植物蛋白饮料市场上反超竞争对手，成为这一品类市场的领导品牌，搭上品类成长的快车而实现品牌的突围。

4. 消费者研究

找准消费者需求是市场成功的关键。在宣传植物蛋白饮料时，可以告诉消费者，每天喝一杯植物蛋白饮料，会越喝越健康。第一步，你的皮肤会由黄变白；第二步，皮肤会由外在的白变得白里透红；第三步，会让你变得更年轻、有气质。在不知不觉中，你会变得和明星一样美丽动人！植物蛋白饮料只有在每一个细节上打动消费者，引导消费需求，才能做大市场规模。

银鹭花生牛奶面向普通大众，涵盖老、中、青、少各年龄段。

(1) 儿童。儿童不是直接的购买者，但会对购买者的决策产生很大影响。儿童的天性是好奇、好玩，如果抢先在儿童群体中树立品牌形象或使其产生对宣传口号的认知，将对产品的推广起到积极的效果(如麦当劳、娃哈哈等)。

(2) 青年。青年具有一定的消费观念，崇尚时尚、潮流、健康，对新事物的接受程度高，在快速消费品上更倾向于一些大品牌。

(3) 中年。中年具有很大的消费潜力，通常作为决策者与购买者出现。对于城市普通的中年消费者而言，广告对他们的影响力逐渐增强。在品牌认知度相当的情况下，价格是重要的影响因素，购买的便捷性也是影响因素之一。

(4) 老年。老年随着购买水平的提升和保健意识的增强，老年人在营养保健方面的支出逐渐增多，在快速消费品的选择上，更倾向于选择有营养、食用方便且价格不高的产品。

三、广告策略

1. 广告战略重点

要使广告产品在消费者心目中留下深刻的印象，就必须抓准他们的需求，投其所好。根据市场走访及消费者调研，"营养+美味"是大部分含乳饮料、植物蛋白饮料的基本属性，而花生牛奶的特色是"植物蛋白+动物蛋白"带来的双重营养、美味，以及双倍健康。这是银鹭花生牛奶所做的市场定位，是其在市场上得以生存和发展的立足点，也是银鹭花生牛奶与生俱来的产品优势。由此可见，银鹭花生牛奶的广告战略重点就是突出"营养""美味"两个概念。

2. 广告创意

(1) 口号。"你看！你看！白里透红，银鹭花生牛奶。""诱人的味道是什么？是清爽，是浓郁，是甜蜜蜜。诱人的味道，是银鹭花生牛奶！""银鹭花生牛奶，滴滴香浓，意犹未尽。""今天你喝银鹭花生牛奶了吗？""银鹭一到，众口不再难调！""好到最后一滴。"上述广告语或轻松明快，或引人遐想，能够充分激起消费者的购买欲望。

(2) 电视广告。电视广告能充分刺激消费者的视觉和听觉，产生很好的效果。例如，请张柏芝代言银鹭花生牛奶。在电视广告中，她身穿棒球服，用球棍击打棒球，最后拿着银鹭说一句："银鹭花生牛奶，天天给你新鲜活力！"通过棒球这样一种很炫、很时尚的运动来表现品牌的青春与时尚，带动年轻客户群消费，使银鹭花生牛奶脱颖而出，在市场上占得一席之地。

3. 广告对象

(1) 广告对象测算。因为消费者改变了旧的消费习惯，所以植物蛋白饮料市场的潜力将被大大发掘出来。先从福建本土做起，把福建省所有可能的消费者都列为广告诉求对象。另外，将华东、华北地区的大中城市的所有可能消费者也列入诉求对象。这样初步测算，广告对象大约有8689.4216万人。其中，福建本土的广告对象为3680.4万人，是银鹭花生牛奶的主要诉求对象；而华东、华北地区，如天津、石家庄、上海、杭州、苏州、南京、温州等城市，广告对象为5009.0216万人，主要为这些城市的普通民众。

(2) 消费者分析。潜在消费者的需求大多数是"营养""健康""美味""价格适中"等。如果要让他们喜欢银鹭花生牛奶，就必须让他们相信这种产品会给他们带来比同类产品更大的价值，也就是更大的潜在价值。潜在价值取决于产品的潜在质量，而潜在质量是消费者主观上对品牌的评价。事实上，一种品牌之所以能打开销路，常常不是因为它的真实价值，而是因为它的潜在价值。潜在价值就是名牌效应，是一种观念，它已经深深根植于消费者的心目中。那么，银鹭花生牛奶如何提升自己的潜在价值呢？银鹭的核心消费人群是年轻人，年轻人的消费心理需求是时尚、活力。因此，银鹭花生牛奶定位于"年轻双动力"，即"植物蛋白+动物蛋白"。

四、广告计划

1. 广告地区

首先，广告在福建省内铺开，先在厦门、福州、莆田等地区重点推广，然后逐步推向闽西地区。当这几个市场积累一定知名度的时候，以闽北的南平为主要攻占点，做好销售网络的部署准备及适当宣传，最后找准时机，优质产品与大力度的广告一起上，将产品铺开，辐射到县区、城镇。这样能够从产地(厦门)不断向外扩散，广告效果好。下一步，将广告推向华东、华北地区，抢占市场。

2. 媒体选择

(1) 报纸。选择了《海峡都市报》《厦门晚报》《每周文摘》《大河报》《北京晚报》《天津日报》等报纸。为取得更好的效果，可在报纸上刊登详细的文字图片广告。

(2) 电视。选择了福建电视台、东南卫视、福州电视台、北京电视台、上海卫视等。电视广告十分生动，吸引人眼球，能产生极佳的广告效果。

(3) 网络。选择了新浪网、搜狐网、网易、腾讯等网络。网络广告形式新颖活泼，颇吸引年轻人。

(4) 其他媒体。

3. 媒体策略与媒体计划

运用各种媒介进行组合，采用密集型信息传播，形成强大的攻势，给人留下深刻印象，稳定原有消费者并激发其他消费者的潜在购买欲。以报纸、电视、网络、产品宣传小册为主，以小型路牌广告、广告礼品及商店招贴宣传物为辅。重大活动和节假日，配合广告促销宣传，在新闻媒介上适当报道，同时在促销现场采用招贴宣传小册子、条幅、以及销售人员统一着装等广告形式。

4. 广告预算及分配(包括设计、制作和发布费用)

(1) 报纸：350万元。

(2) 电视：500万元。

(3) 网络：100万元。

(4) 其他：合计130万元。

(5) 合计：1080万元。

五、广告效果预测

由于银鹭花生牛奶本身的优良品质，再加上这次广告设计有新意，力度很大，投入比较多，广告覆盖面十分广，很容易给观众留下深刻的印象。此外，广告宣传的"营养、美味、时尚、活力"理念与消费者的理念相吻合，所以，这次广告投入预期效果会很理想，银鹭花生牛奶能实现日均300吨的销售量，产品形象也能深入人心。

资料来源：王玉霞. 广告学原理与策划[M]. 北京：北京理工大学出版社，2017. 有改动.

第二节　品牌策划

一、品牌策划概述

(一) 品牌的内涵

美国市场营销协会(American Marketing Association， AMA)将品牌定义为一种名称、术语、标记、符号或设计，或是它们的组合运用，其目的是借以辨认某个销售者或某群销售者的产品或服务，并使之同竞争对手的产品和服务区别开来。当今，品牌的含义逐渐扩大，已经与企业的整体形象联系起来，成为企业的"门面"——企业形象。

品牌的本质是产品或服务的提供者基于市场对消费需求和社会整体利益的认识与把握，形成内在的社会价值观念、明确的市场形象定位，通过鲜明而独特的符号与名称等形式外化，通过规范而有效的营销整合，传达这一观念，强化社会认同。品牌不能凭空产生，是建立在产品和服务的坚实基础之上。同时，任何一个品牌都存在于消费者的头脑之中，它是产品在消费者头脑中投射出来的形象。企业对品牌所做的任何一个细小变动都必须站在消费者的角度去考虑。品牌、消费者、产品这三者构成了坚固的三角关系。

(二) CIS品牌策划

20世纪80年代，CIS(Corporate Identity System，CI)相关理论引入内地。一般认为，CI系统主要由MI(Mind Identity，理念识别)、BI(Behavior Identity，行为识别)、VI(Visual Identity，视觉识别)三方面组成。CIS的实质是设计品牌。企业需要认识到，未来的时代是品牌的时代，未来的市场根植于那些未被开发的新市场空间，属于那些突破创意和充满活力的蓝海品牌。成功的CIS设计需要遵循战略性、差异性、民族性、系统性和实效性的原则。

(1) 战略性原则。作为创造企业优势、产品优势和竞争优势的CIS品牌战略是一项事关企业存亡、经济兴衰和涉及企业文化革新、经营理念提升的大事，具有长期性、全局性和策略性的特征。

(2) 差异性原则。"CIS的要点就是创造企业个性。"无论是经营理念的定位，还是行为方式的塑造，又或者是视觉形象的表现，都需要相对其他企业品牌采取创新性的差别化策略，需要在消费者的心智中寻找空隙和位置，树立企业鲜明的个性特征，强化品牌独具一格的特质。

(3) 民族性原则。在全球政治角力、经济渗透和文化碰撞以及竞争与合作、威胁与机遇共存的"一体化"和"地球村"时代，CIS的战略策略与设计特别需要考虑文化因素。我国企业的CIS战略必然需要适应我国企业品牌的地域生长环境，根植于中华民族的丰厚文化土壤。

(4) 系统性原则。CIS是一个系统工程，从MI、BI和VI三个方面的关系来看，它们内聚外化、有机结合、相互作用、协调统一，是一个整体的企业品牌形象识别系统，不能相互脱节。

(5) 实效性原则。"CIS是一种问题解决学。"CIS战略的最终成功需要通过长期不懈的执行和实施以及具体有效的传播和推广，其可操作性是一个十分重要的问题。

二、品牌策划案

品牌策划案在格式上应根据企业的文化理念和品牌发展的方向来制定，内容要有详有略、突出重点，语言应简洁实用。品牌策划案包括以下几部分。

1. 前言(背景)

介绍品牌策划的背景及目的

2. 行业市场环境分析

行业市场环境分析包括全国市场现状分析、全国市场发展趋势分析、目标市场总体分析和影响市场波动的因素，例如季节因素、地域因素和政策因素。

3. 目标市场分析

目标市场分析包括目标市场大小及潜力评估、目标市场现状、目标市场主要销售渠道、目标市场构成及细分、竞品铺货率情况、竞品市场占有率、消费者指名购买率最高品牌、提及率最高品牌和首推率最高品牌。

4. 竞品分析

竞品分析包括主要竞争对手分析、潜在竞争对手分析、竞品质量分析、竞品包装分析、竞品渠道分析、竞品广告分析和竞品促销分析。其中，竞品广告分析包括竞品的广告投入、媒体选择、诉求重点和表现形式。竞品促销分析则主要关注促销手段和促销力度。

5. 消费者分析

消费者分析包括消费者特征描述、消费者购买习惯分析、消费者需求特点分析、消费者关注点分析、消费者消费心理分析、第一次购买动机分析、消费者品牌忠诚度分析、消费者对本品的印象和态度分析、消费者对广告的态度分析、消费者对促销的态度分析和消费者对购买地点的态度分析。

6. 品牌分析

品牌分析包括企业经营现状分析、品牌目前发展战略及运作策略分析、本品牌知名度及美誉度分析、本品牌目前市场情况及反映研究、品牌建设问题和不足之处分析、产品分析和品牌SWOT分析。其中，产品分析主要从类别、名称、特性、卖点、价格、渠道、促销和传播八个方面展开。

7. 战略设计

战略设计应从品牌战略目标，近期、中期、远期发展方向和发展模式三个方面展开。

8. 品牌规划

品牌规划包括品牌核心价值定位、品牌文化定位、品牌形象定位、品牌消费群体定位、品牌主要竞争对手定位、品牌发展策略、市场目标、产品策略、定价策略、竞争策略和市场策略。其中，产品策略包括产品卖点提炼、产品细分策略和产品发展策略。

9. 品牌建设

(1) 形象建设，包括品牌文化形象包装方案和品牌视觉形象包装方案。

(2) 渠道建设，包括渠道设计方案、渠道扩展方案、渠道促销方案和渠道管理方案。

(3) 终端建设，包括终端促销方案、终端美化方案和终端管理方案。

(4) 品牌传播，包括目标受众接触媒体情况及媒体习惯、传播目的、传播策略、诉求重点及广告利益点、传播形式、传播风格及调性、传播载体、媒体执行时间、媒介排期、电视广告脚本、报纸广告文案及设计、广播广告文案、其他媒体广告创作和传播费用配比。

(5) 销售整合，包括销售人员激励方案、销售人员管理方案、公关活动方案和时间营销方案。

10. 品牌维护

品牌维护是品牌战略实施中的一项至关重要的工作。一个良好的品牌是一个企业在激烈竞争中强有力的资本。品牌发展经过形成期和成长期就进入了成熟期或知名期，在这一阶段企业应该对品牌进行维护，包括自我维护、法律维护和经营维护。

11. 效果监测

(1) 监测项目，包括品牌知名度、品牌美誉度、品牌销量和消费者品牌印象。

(2) 监测办法，包括问卷调查、访谈调查、电话调查和网络调查。

第三节 营销策划

一、营销策划概述

营销策划是一个企业对未来活动的设计和安排，是指在对企业的内外部环境进行准确分析，并在有效运用经营资源的基础上，对一定时间内企业营销活动的行动方针、目标、战略以及实施方案与具体措施所做的设计和计划。营销策划是个系统工程，营销策划行为是集思广益、广纳贤才进行协作创意与设计的过程。

营销策划包括前期准备作业、中期主体作业和后期调整作业三个阶段，全程包括调研、策划、设计、培训、贯彻和宣传六个步骤。策划内容包括企业及产品的定位、营销造势、策划意图的表现要求、风格、发展计划、管理方法及规范措施(制度、规则、公约等)。

二、营销策划书

营销策划书又称营销策划文案，是对创意后形成的概要方案加以充实、编辑，用文字和图表等形式表达的具有系统性、科学性的书面策划文件。

(一) 营销策划书的要求

营销策划书是营销策划的文字报告形式，具有内容规范、层次鲜明、可操作性强的特点。文案的篇幅要与策划内容的繁简相一致，文案的结构要严谨完善、层层递进、环环相扣、彼此照应，文案的形式要图文并茂，文案的语言要简约、流畅。

1. 确定新颖、醒目和紧扣主题的标题

标题应能解释策划书的中心思想，并能吸引人们的注意，产生强烈的感染力和感召力。

2. 对企业现状的陈述要简约、重点明确

企业简介一般包括企业的行业性质、所有制性质、规模、特色、创建历史、经营特色、主导产品、技术力量、行业地位等内容。企业简介只是营销策划书中的一个部分，篇幅不宜过长，因此需要根据策划书的内容决定哪些内容是重点。

3. 明确策划书的适用时限

营销策划书适用的时限受产品和目标影响。通常时尚品、季节性产品时限短，一般在1年以内；而技术性强、高档型产品的时限则在3～5年。

4. 对策划目标及内容进行设计要有创新意识

在日益激烈的市场竞争中，一项营销策划要想获得成功就必须要有创新意识，求变求新是营销策划人和消费者的永恒追求，这就决定了无论是确定策划目标还是策划内容，都离不开创新意识和创新精神。

(二) 营销策划书的写作顺序

1. 构建框架

在撰写策划书之前，先用因果关系图(鱼骨图)将有关概念和框架汇集出来，描述策划整体构想，将核心问题、内外部环境因素、解决问题的思路展示出来。

2. 检查平衡

检查框架中各要点是否平衡，根据策划重点确定写作重点、各章节内容分配，突出写作重点，对非重点部分予以调整。

3. 整理资料

对资料加以整理、分类，再按照营销策划书的框架顺序一一列入，无关紧要的资料不要放进策划书中，在资料整理前要进行充分的市场调研，把握市场最新消息，以保证资料的真实性。

4. 版面设计

版面设计包括版面的大小、标题位置、文本及图片位置、页码位置与设计、目录设计等方面。为防止版面呆板老套，多运用图表、图片等，配合文字说明，可增强可读性。版面设计尽量做到形象具体，有所创新。

(三) 营销策划书的基本结构

营销策划书是营销活动及行动方案的文字载体，具体包括策划导入、策划概要、正文、结束语和附录五个部分。

1. 策划导入

策划导入包括封面、前言和目录三个部分。封面是策划书的门面，应能吸引读者，使读者留下深刻印象。前言部分要表明策划者的动机及态度，内容要简明扼要，通常不超过500字，重点叙述为什么要进行这个策划，即把策划的重要性和必要性表达清楚，吸引读者进一步阅读正文。目录也是策划书的重点部分，能使营销策划书的结构一目了然，让阅读者快速理解策划的全貌。

2. 策划概要

为了使阅读者对营销策划内容有一个清晰的概念，快速理解策划人的意图与观点，应在策划概要部分对策划书的整体思路与内容进行概述。

3. 正文

(1) 营销策划的目的。确定策划的目的、目标，说明策划的意义。

(2) 企业背景分析。对企业的背景进行分析，包括企业业绩、产品、价格、渠道、促销、市场占有率等，从而明确策划的出发点，说明策划的必要性及前提。

(3) 营销环境和市场机会与问题分析。营销环境分析是营销策划的依据与基础。环境分析包括外部环境分析与内部环境分析，通过环境分析描绘环境的变化轨迹，形成令人信服的依据资料，然后采用SWOT分析剖析市场机会与风险。

(4) 确定具体营销方案。营销方案是营销策划的核心，需要明确提出营销目标、营销战略与具体行动方案。

(5) 预算及安排。费用预算最好采用列表法，列明整个营销方案过程的费用投入，包括项目费用、阶段费用、总费用等。

(6) 进度表。进度表要覆盖策划活动的全过程，列明每一项工作的起止时间，作为对策划过程进行控制与检查的依据。进度表要简明，最好在一页纸上完整呈现。

(7) 人员分配及场地。明确营销策划活动中各个人员负责的具体事项以及所需要的物品和场地落实情况。

在具体的营销策划方案中，正文所包括的内容需要根据实际情况进行调整。为了保证营销策划方案的实施，制定周密细致的行动方案是十分必要的。行动方案要利用5W2H分析法，进行周密安排，具体包括做什么、何时做、何地做、何人做、怎么做、对谁做、为什么做、需要多长时间、需要多少人员及费用，以及达到什么程度等。

4.结束语

结束语是对整个营销策划的总结，与前言部分相呼应，可使整个策划书结构完整。

5.附录

附录包括附加的与项目策划相关的资料，从而增加策划的可信度。附录还可包括原始资料，例如消费者调查问卷的样本、访谈记录等。附录需要标明顺序，以方便阅读者查阅。

【范例】

A品牌"小麦王"啤酒武汉市场营销策划书

[第一部分：策划导入]

封面：略。

前言

啤酒作为软饮料，在饮料市场占有很大的份额。近日，我国啤酒业行家表示，为繁荣我国啤酒市场，满足消费者需求，我国啤酒工业应以产品的多样化适应不同消费层次、不同消费人群、不同消费口感的需求。除消费者喜欢喝的普通啤酒、黄啤、黑啤、干啤和鲜啤外，还应增加一些特色啤酒。

随着经济增长和社会形态的转型，享受品的消费需要也有所提高，本公司对A品牌"小麦王"啤酒的营销策划书是在此基础上撰写的。A品牌"小麦王"啤酒在市场上有很强烈的反响，它适合大众口味，让人回味无穷，有独特之处。随着消费者对"小麦王"啤酒的青睐，相信"小麦王"啤酒肯定可以打入武汉市场，并走向全国。

目录：略。

[第二部分：策划概要]

略。

[第三部分：正文]

一、营销策划的目的

1.目标市场

武汉市。

2.市场占有率

市场占有率达到×%。

3.焦点覆盖率

大卖场100%，连锁超市80%以上，连锁便利店80%以上，百货商场60%以上，各大酒店50%以上。

4. 广告宣传目标

产品尝试率30%，品牌知名度40%。

5. 短期销售目标

截至20××年11月，销售产品×万箱。

二、企业背景状况分析

××啤酒集团有限公司创建于××××年，是中国最早的啤酒制造商，其生产的××啤酒是中国最早的啤酒品牌，至今仍风行于中国各地。××啤酒集团有限公司位于×××，是中国大陆第×大啤酒酿造企业，共拥有×××家啤酒酿造厂。××集团的市场份额在××中约为66%，在全国为5%左右。××啤酒销往除西藏自治区以外的全国其他省区，并远销英国、美国、俄罗斯、日本、韩国、新加坡等30多个国家和地区。××啤酒集团有限公司出品的"小麦王"啤酒采用纯天然原料，通过现代工艺，精心调配了麦芽黄金比例，将纯粹的麦香与啤酒的爽快口感相结合，带来与众不同的全新感受。

三、营销环境和市场机会与问题分析

(一)环境分析

1. 宏观环境分析

近几年，中国啤酒业取得很大的发展，××××年总产量达208万吨，稳居世界啤酒产量第二位。随着我国入世成功，外资对我国的投资不断加大，我国经济前途一片大好。我省居民收入增长较快，在武汉市内，城市正在"北扩南移"，投资在不断加大。在政府政策方面，国家正努力减少啤酒企业的新建，同时明文规定所有酒瓶必须为b2瓶，以避免爆瓶伤人。但b2瓶会增加产品成本，不利于开拓农村市场。

2. 市场分析

(1) 消费者喜欢的是不容易喝醉的啤酒。

(2) 消费者不喜欢味道太浓或太淡的啤酒。

(3) 在导入期以青少年群体为目标顾客群必定事半功倍，因此，啤酒应以酒制品姿态进行定位才能被消费者接受。

(4) 现有消费者消费本产品的目的是在宴会上制造气氛和交际等。

(5) 消费者一般在朋友聚会和生意宴会上购买啤酒比较多。

3. 竞争对手分析

主要竞争对手有燕京、青岛啤酒、华润等。

(1) 燕京啤酒具有很强的地区性，在北京一带市场占有率很高，它的总体战略为做大做强。

(2) 青岛啤酒是全国啤酒第一品牌，从总体来看，青岛啤酒的优势为强大的品牌，但它所到之处收购的都是倒闭的小厂，质量会有所下降。它的总体战略是做强。

(3) 华润依托总部的大力支持，不断收购、兼并啤酒企业，构成威胁的是在湖北省兼并的新三星啤酒集团。华润的战略也是做大做强，核心竞争力是强大的资本优势。

(二)SWOT分析

1. 优势

(1) 产品水源优势，有潜力可挖。以"绿色、环保、健康"为理念，有一定的市场吸引力。

(2) "小麦王"啤酒在当地啤酒市场具有排他性。

(3) 在部分市场形成了一定的品牌知名度和一定的固定消费群。

(4) 公司决策层对产品推广决心大,做大做强企业的欲望强烈,投资意识强。

2. 劣势

(1) 企业整体规模相对较小。

(2) 缺乏专业资深的市场拓展、营销策划型人才,内部管理需进一步完善。

(3) 未深入了解消费者需求,为消费者提供增值服务能力弱,自然无法吸引并留住更多顾客。

(4) 和竞争对手相比,没有青岛啤酒强大的品牌优势,没有华润的资本优势,产品卖点尚未挖掘。

3. 机会

(1) 国内啤酒行业经过六七年的行业整合以后,啤酒企业从800多家减至500多家,行业竞争格局已经基本确立,过度竞争有得到遏制的迹象。

(2) 消费者升级推动企业产品结构升级,推动企业利润增长。收入水平的提高奠定了消费增长的基础,也为"小麦王"啤酒销售增长提供了客观基础。

(3) 国家产业政策支持。目前,国家大力支持产业产品结构调整,鼓励技术创新,加大财税政策改革力度,开辟融资渠道,建立信用担保体系,完善社会服务体系,创建公平市场环境。

(4) 武汉市的"北扩南移"增加了就业机会,有助于"小麦王"啤酒的销售增长。

4. 威胁

(1) 目前,啤酒行业仍处于整合竞争的第二阶段,这种竞争不仅表现为国际品牌的大举入侵,而且表现为国内企业的"大鱼吃小鱼"的并购。

(2) 原、辅材料价格持续上涨给啤酒行业带来巨大的成本压力。

(3) 不断有品牌进入武汉市啤酒市场,所运用的促销策略会带动整个市场利润下滑。

四、营销方案

(一) 营销战略

1. 定位战略

目标市场:学历较高的白领,月收入在2000元以上的消费群体。

产品定位:中高端产品。

2. 营销转型

对于啤酒市场做到以下三个"转化"。

(1) 从做业务转化为做市场。企业不仅要把产品转移到客户的仓库,还要帮助客户分销,强化客户与下游渠道的关系,让终端有很好的销售。

(2) 从粗放式的市场扩张运作转化为以提高单产为目标。粗放式的市场操作只管理到代理商或者经销商,现在的目标是要提高下游每一个客户的单产,精耕细作,从粗放到精细,实现精益化。

(3) 从单枪匹马的猎手转化为种田的行家里手。原来是单兵作战,现在变成职业化的团队，不是一个人在运作市场，而是整个团队在运作市场、运作客户。

(二) 营销组合策略

1. 产品策略

产品特点：饮时酒质柔和，有明显的酒花香和麦芽香，具有啤酒特有的爽口苦味和杀口力。该酒含有人体不可缺少的碳水化合物、氨基酸、维生素等营养成分，有开脾健胃、帮助消化之功能。原麦芽汁浓度为12°，酒精度为3.5°~4°。

产品包装：①使用可回收塑料包装，箱向瓦楞纸箱发起挑战；②采用塑料膜热收缩包装；③采用最薄阻隔材料的塑料瓶；④新型纸质包装罐将替代铝制易拉罐；⑤传统包装。

2. 价格策略

价格定位：零售进价2.80元/瓶，批发价2.50元/瓶，出厂价2.30元/瓶。

3. 分销策略

(1) 逐步建立分销联合体，固化下游客户。

(2) 强化分销管理，提升渠道竞争力。

(3) 强化分销人员管理，提高对分销网络的掌控。

(4) 强化分销创新管理，提高产品核心竞争力。

(5) 坚持四大原则。

① 集中原则：人、财、物要聚焦，对选定的区域市场集中出击。

② 攻击薄弱环节的原则：啤酒企业要善于抓住对手的薄弱环节来展开营销攻势。

③ 巩固要塞、强化底盘原则：在市场操作过程中，很多啤酒企业喜欢广种薄收，开拓了很多疆域，却收效甚微，其实这对市场发展是非常不利的，对品牌也是一种伤害。

④ 掌握大客户原则：深度分销要掌控核心分销商，掌握核心终端，企业要把资源、精力和时间更多地分配给大客户。

4. 促销策略

内容略。

五、营销预算

营销预算明细表

项目		时间	金额/万元
广告	电视广告	××××年4月—××××年9月	250
	电台广告	××××年4月—××××年9月	150
	报纸广告	××××年4月—××××年9月	30
	杂志广告	××××年4月—××××年9月	20
	街头广告牌	××××年4月—××××年9月	80
	店堂广告	××××年4月—××××年9月	10
营业推广	礼品	××××年5月初	10
	邮寄	××××年4月底	5
	其他	××××年4月末	2

(续表)

项目		时间	金额/万元
人员推销	推销人员工资	月底	350
	推销人员培训	月底	60
	推销人员奖励	月底	20
合计			987

相关部门与人员应及时统计分析进销存数据，协调各环节工作。监控目标管理过程，控制现金流量与费用，不让费用超标，超标时要有预警机制。

六、营销行动计划(内容略)

营销行动计划

活动名称	负责人	地点	开始时间		结束时间		费用		人员	备注
			计划	实际	计划	实际	预算	实际		

[第四部分：结束语]

天下大事，必作于细；天下细事，必做于巧。由于时间紧促，本策划书难免有很多不足之处。本营销策划书的某些数据为报刊、网络数据。啤酒消费旺季已来临，在啤酒重地——武汉，各大品牌啤酒的生死之战已经拉开序幕，鹿死谁手，大家拭目以待。"小麦王"啤酒一定可以成功。

[第五部分：附录]

调查问卷(略)

资料来源：张存明，陈超，李娟. 市场营销策划[M]. 北京：清华大学出版社，2018. 有改动.

第四节　公关策划

一、公关策划概述

(一) 公关策划的定义

公关策划是组织在发展过程中，为营造更好的生存与发展的社会环境，由专业的公共关系人员经过计划与设计，慎重推出一项或一系列活动的过程。

公关策划的目的是通过开展公共关系活动，引起社会公众对组织的关注，促进公众对组织的了解与好感，使组织处于被公众接纳或信任的氛围中。

公关策划是组织公共关系工作的中心环节，组织形象管理工作是否有效在很高程度上取决于策划的成败。公关策划的本质是要解决与公众沟通交流的问题，实现双向平等沟通，因此所有的活动都要为实现双方的沟通而服务。

(二) 公关策划需要遵循的原则

公共关系人员在进行公关策划时，需要遵守以下几项基本原则。

1. 公众利益优先原则

公众利益优先原则是公关策划的首要原则。组织在考虑自身利益与公众利益关系时要始终坚持把公众利益放在首位，不仅要圆满完成自身的任务，还要重视其引起的公众反应。组织只有时时处处为公众着想，坚持公众利益至上，才能赢得公众的好评与社会的支持，才能获得更长远的利益。

2. 尊重客观事实原则

公共关系人员应按照客观规律进行策划，公关策划的文案也要据实公开，塑造组织形象时必须做到客观、真实、全面和公正。尊重客观事实原则对于处于不利情况下的组织更为重要，敢于承认不利的事实才能理智地进行策划。

3. 独创性与连续性相统一原则

组织只有设计富有新意的主题思想及活动内容，才能引起目标公众的注意，吸引他们的关注，进而唤起公众内心的认同感。这是组织保证公共关系活动成功的前提，因此独创性原则是企业必须遵守的。然而，组织的形象塑造并非一蹴而就，是一个积累的过程，因此，公关策划不仅要考虑独创性还要考虑连续性，遵循独创性与连续性相统一原则。

4. 计划性与灵活性相统一原则

公关策划方案的设计涵盖组织各方面工作的协调与人、财、物的配备，所以必须遵循计划性原则。然而，组织的内部条件和外部环境随时都在发生变化，会影响方案的运行，因此，公关策划方案在执行时需要留有回旋余地，并尽量在方案中考虑到各种未知的或不确定的因素，对各种可能出现的新问题、新情况、新动向要制定具体的应对措施和应变手段，兼顾计划性和灵活性。

例如，在2008年北京奥运会的赞助商竞争中，李宁败给了阿迪达斯，但是也赢得了显著的宣传效果。竞投失利后仅仅两天，李宁便与中央电视台体育频道签订协议，2007—2008年中央电视台体育频道各栏目及赛事节目的主持人和记者出镜时均需身穿李宁牌服饰。只要打开奥运频道，李宁的Logo就会跳入观众的视线中。李宁用这一招巧妙的"偷梁换柱"成功地抓住了国人乃至世界的眼球。一项调查显示，在运动服饰行业中，高达37.4%的被调查者认为李宁是2008年北京奥运会的赞助商，而真正的奥运赞助商阿迪达斯的认知率只有22.8%。

5. 与组织整体计划和社会发展相一致原则

公关策划是在组织整体计划与社会发展的大背景的制约下进行的，是策划执行的基础。因此，公关策划应遵循与组织整体计划和社会发展计划相一致的原则，否则再好的公关策划也是徒劳无功的。

二、公关策划书

公关策划书是将头脑中或者口头上形成的公关方案落实在书面上的过程。公关策划可以划分为六种类型，即日常型公关策划、交往型公关策划、庆典型公关策划、公益型公关策划、展会型公关策划和危机型公关策划。每一种类型的公关策划的文案内容各不相同，但基本格式一般包括六个部分。

1. 封面

封面应注明策划的形式与名称、策划人及所在公司或部门、策划日期、文件编号。标题一般由策划的对象、内容和文种名称组成，要准确、简练、新颖。

2. 前言

前言是把策划书所讲的要点加以提炼、概括，使之一目了然，可以说明策划的内容或工作的来源和根据，策划的方法、过程以及其他需要说明的问题。

3. 目录

目录的作用是方便阅读者快速了解策划书的全貌，并能检索自己感兴趣的内容。

4. 正文

正文是策划书的主体，一般包括项目背景分析、策划目标、项目实施的基本程序、传播与沟通方案等。

(1) 项目背景分析。项目背景分析是制定策划项目和落实策划方案的基础，进行项目背景分析的主要目的包括：一方面，确定公关策划符合时代和环境的要求，有助于得到相关公众的支持，使公关活动得以顺畅和更好地实施；另一方面，充分估量公关活动存在的问题，认识策划的执行能力，保证策划方案的可行性。背景分析一般包括公关策划方案的宏观依据、公关策划方案的具体原因、社会公众对组织及组织相关工作的认识和组织开展公关活动的必要性与可行性四个方面的内容。

(2) 策划目标。策划目标根据具体的公关方案而定。在实际的公关策划中，有的以扩大知名度为公关活动目标，有的以顾客能够接纳本组织的产品为公关活动目标，还有的以解决实际问题为公关活动目标。

(3) 项目实施的基本程序。活动程序是策划书的重中之重，因为再好的创意，如果程序不合理或者出错也会导致公关活动目标的错位，从而导致无法实现预期的活动目标，甚至导致情况更加恶化。因此，要把活动的每一步工作都思考到位，考虑到任何的可能性。

(4) 传播与沟通方案。在公关活动中，传播工作至关重要。要想使公关活动达到理想的状态，必须确定好传播内容。在准备传播内容时，应考虑以下问题：

通过公关活动，我们希望将什么信息告知给社会公众？(传递信息的内容)

通过公关活动，我们希望社会公众对我们产生什么样的看法？(希望达到的目标)

开展公关活动后，我们期望形成什么样的结果？公众会采取什么样的行动？(希望达到的目标)

所组织的活动，如发放宣传资料、活动演讲、巡展、开设专栏、借助大众媒介传播等是否全部准备到位？(传播工具)

5. 附件

附件是对正文内容的详细说明和补充，是正文的证明材料。通常包括活动日程表、人员职责分配表、经费预算明细表、所需物品一览表和场地使用安排表等。

6. 后记

后记主要说明一些相关的问题，如报告书的传播范围，致谢参加人员及相关单位等。

【范例】

新品新闻发布会策划书

一、活动地点

上海市某五星级酒店。

二、活动时间

2019年11月20日 15：00—16：00。

三、活动主题

久留余香，难以磨灭的情愫。

四、活动目的

让新产品正式面世，通过新闻媒体使人们更了解新产品，吸引经销商的加盟。

五、背景分析

香水的历史可以追溯至公元前两千年左右，远早于其他文明。香水是柔媚的，它用热情包裹着我们的生活，给我们创造了许多馨香四溢的感觉和故事。每一个关于香水的故事都是香甜的，都可以让我们在十足的体验中找到文化的韵味。

人类最早的香水，是埃及人发明的可菲神香。但因当时并未发明精炼高纯度酒精的方法，所以这种香水应称为香油，是由祭司和法老专门制造的。

六、宣传方式

(1) 在互联网上投放软文广告。

(2) 联系报社记者，进行不同方面的报道。

(3) 在某电视频道上投放广告。

(4) 发送宣传单、宣传手册等。

(5) 在各门店放置新产品新闻发布会的海报。

(6) 通过企业官方微博和微信公众号发送举办新闻发布会的信息。

七、活动受众

(1) 特邀嘉宾。

(2) 相关媒体。

(3) 企业相关内部人员。

(4) 有入场券的企业粉丝。

具体名单见附件。

八、活动准备工作

(一)现场布置细节

(1) 酒店大门外放置一个拱门。

(2) 在酒店里每隔10米设置一个指示牌。

(3) 酒店大门外放置一个拱门。

(4) 在活动视野最好的位置放置一个投影屏幕、桌子。

(5) 桌子上放话筒、笔记本。

(6) 各座位粘贴带有公司LOGO的编号。

(二)物料准备细节

(1) 活动中需要使用的邀请函、签名笔、本子、宣传页、发言稿、摄像机、照相机、话筒、音响、笔记本、LOGO编号、投影仪等。

(2) 活动外需要使用的拱门、指示牌。

(三)工作人员的配备

(1) 礼仪人员做好接待工作。

(2) 保安维护现场秩序。

(3) 布置现场人员提前做好本职工作。

(4) 主持人把关活动流程，活跃气氛。

(5) 服务人员做好相关服务工作。

九、活动流程

活动流程表

序号	时间	活动内容
1	14：00—14：30	礼仪人员接待来宾，组织签到并引导就坐
2	14：35—14：55	服务人员向每位来宾发放各种资料
3	15：00	主持人宣布新闻发布会开始，并一一介绍来宾，感谢各位来宾的到来
4	15：00—15：35	总裁亲自介绍新产品的特性
5	15：40—15：55	记者问答环节
6	15：55—16：00	发放与新产品相关的纪念品
7	16：00	主持人宣布活动结束

十、活动预算

略。

十一、效果评估

了解媒体发布情况，收集各种资料，依据新闻发布会上来宾的发言、提问、讨论等方面来评测新闻发布会的效果，会后还要收集来宾对新闻发布会的反馈信息，从而总结经验。

资料来源：苏海. 活动策划实战宝典——品牌推广+人气打造+实战案例[M]. 北京：清华大学出版社，2017. 有改动.

第五节　新产品开发策划

一、新产品开发策划概述

(一) 相关概念

产品策划是以实现企业利益为出发点，以满足目标消费群体的需求为导向，从市场营销的角度，通过产品定位、产品组合策略和产品生命周期管理，实现产品从无到有再到卖给消费者(规划、设计、开发、采购、生产、销售) 等一系列规划和管理的过程。

新产品是指对产品整体概念中的任何一部分进行变革或创新，并能给消费者带来新的利益和满足的产品。

新产品策划是指新产品从创造、发明、构想、审查、研究活动及产品开发的调整、命名包装和确定商标，到新产品上市、新产品市场开发、新产品改良及调整等的过程。新产品策划是一项牵涉企业全局的系统工程，严密的组织和管理以及系统且科学的工作程序是避免新产品策划失败和减少失误的有效途径。就一般企业而言，新产品策划的过程大致可以分为新产品开发策划和新产品推广策划两个方面。

(二) 新产品开发策划步骤

新产品开发策划是指企业根据企业目标和市场需求，制定新产品开发和具体实施计划的过程。新产品开发策划包括五个步骤。

1. 提出目标，搜集创意

在企业战略基础上，根据市场发展趋势，提出新产品的开发设想，这是新产品开发策划的开始。企业可以通过消费者对现有产品的意见、专家的新科技成果、竞争对手企业的产品搜集创意，还可以设法鼓励企业内部的工作人员集思广益。例如，营销人员因其经常与顾客打交道，了解顾客对产品的看法，往往能产生新的设想，可将这些设想交由有关部门进行完善。

2. 创意甄选

企业搜集新产品开发的设想后，必然涉及对设想的甄选，这是新产品策划中一项十分重要的工作，甄选时一般可以考虑以下十个方面的因素。

(1) 新产品与企业发展目标的关系。

(2) 新产品的目标市场与可能的销售量。

(3) 新产品可能获得的利润。

(4) 新产品的突出特点，以便为消费者所了解。

(5) 新产品开发成本和企业现有资源的利用情况。

(6) 新产品的原料来源保证。

(7) 新产品上市后市场竞争状况估计。

(8) 新产品的潜在需求量。

(9) 新产品与企业现有产品的关系和对现有产品销售的影响。

(10) 消费者对新产品的态度。

3. 财务分析

财务分析是指详细分析新产品开发在商业上的可行性，主要是对几个主要指标进行估算，如新产品的销售量、成本、利润、投资收益率等，以明确该新产品是否符合企业的发展目标。

4. 市场分析

市场分析是指拟定新产品市场营销组合策略方案的过程，具体包括产品结构、目标市场、消费者购买行为、新产品市场定位、产品定价、销售渠道策略、短期销售量预计以及销售费用预算等。

5. 产品实体开发和试销

产品实体开发包括策划产品说明书的编写和产品技术经济指标的研究分析两方面工作，即全面评价。通过试销，让产品与消费者见面，了解消费者对新产品的意见，以便及时改进。

二、新产品开发策划书

新产品开发是一项复杂的工程，涉及的因素较多，因此，新产品开发策划书与一般的策划书相比，内容更加丰富，制作起来难度更大。写作新产品开发策划书时，除了要关注内在因素外，也要考虑外在因素，要注意书写格式的条理性、内容的全面性。以开发具有全新功能的新产品为例，新产品开发策划书包括以下五部分。

(一) 策划导入

在策划导入部分，要写明标题、前言、目录等。

(二) 新产品概述

在新产品概述部分要对所开发产品的名称、商标、包装、用途、功能等内容进行简要说明，以便阅读者对产品有一个感性认识。

(三) 正文

正文部分主要包括以下内容。

1. 市场分析与目标市场

通过市场分析来确立目标市场，这部分既是新产品开发的出发点，也是策划的必要前提，策划人必须格外重视。

2. 新产品的外在因素分析

新产品的外在因素分析是指企划者对新产品与消费者、竞争者等之间的关系进行分析，这有利于新产品市场竞争力的提升。

3. 新产品的市场定位策划

新产品的市场定位策划是否合理在很高程度上决定了新产品开发的成功与否，正确的市场定位是新产品开发成功的序曲。

4. 新产品的基本内涵策划

新产品的基本内涵策划是指对新产品的概念、品牌、周期等因素进行明确，这一部分的内容对新产品开发起到指导方针的作用。

5. 新产品的开发策略策划

新产品的开发策略包括产品策略、制程策略及其他。其中，产品策略要明确新产品开发的种类；制程策略要注意制程分析、制程控制、质量管理、技术引进、机器设备改善、配料技术改善与回收应用等方面的问题。其他要考虑对多角度经营、发展的研究，如专利申请、学术研究、提案改善以及与各研究单位合作等。

6. 新产品的价格策划

为新产品定价时，必须周全地考虑真实成本和利润、产品或服务的顾客认知价值、细分市场差别定价、可能的竞争性反应、市场营销目标五个基本因素。

7. 新产品开发的组织机构策划

有效的组织机构是确保新产品开发工作顺利开展的关键因素。这一因素在新产品开发企划书中应得到体现，以便新产品开发工作的顺利实施。

8. 市场导入策略策划

在市场导入策略策划中，首先应考虑渠道问题，良好的营销渠道和周全的维修服务是新产品成功导入市场的保障；其次应考虑市场导入手段、销售促进策略、广告策略、公共关系等因素的设计，这些因素对新产品开发的成功起到关键作用。

9. 新产品的开发推进

在这一部分，主要关注新产品开发的具体实施计划，一定要考虑到新产品设计、试制、原材料等具体的生产管理计划和研发经费预算等一系列的实施计划。

(四) 结束语

结束语是对新产品开发策划全程的总结，与前言部分相呼应，使整个策划书结构完整。

(五) 附录

附录中主要罗列与策划相关的资料。

思考与练习

一、填空题

1. ( )是根据广告主的营销计划和广告目标，在市场调查的基础上制定出一个与市场情况、产品状态、消费者群体相适应的经济有效的广告计划方案，并实施、检验，为广告主的整体经营提供良好服务的活动。

2. CI系统主要由( )、( )、( )三方面组成。

3. ( )是组织在发展过程中，为营造更好的生存与发展的社会环境，由专业的公共关系人员经过计划与设计，慎重推出一项或一系列活动的过程。

4. 公关策划可以划分为六种类型，即( )、( )、( )、庆典型公关策划、展会型公关策划和( )。

5. ( )是指在产品整体概念中的任何一部分进行变革或创新，并能给消费者带来新的利益和满足的产品。

二、判断题

1. 策划效果评估是广告策划的基本要素之一。( )

2. 品牌可以凭空产生，不需要建立在产品和服务的基础之上。( )

3. 营销策划是个系统工程，营销策划行为是集思广益、广纳贤才进行协作创意与设计的过程。( )

4. 公关策划的目的是组织通过开展公共关系的活动，引起社会公众对组织的关注，促进公众对组织的了解与好感，使组织处于被公众接纳或信任的氛围中。( )

5. 新产品开发策划书的写作只需要关注内在因素，不需要考虑外在因素的存在。( )

三、单项选择题

1. 下列选项中，( )不是广告策划的要素。

A. 策划者
B. 策划背景
C. 策划对象
D. 策划方案

2. 品牌策划需要阐明产品策略，下列选项中，( )不是产品策略涵盖的内容。

A. 品牌形象
B. 产品卖点提炼
C. 产品细分策略
D. 产品发展策略

3. 下列选项中，( )属于营销策划正文的内容。

A. 策划导入
B. 策划概要
C. 环境分析
D. 结束语

4. 公关策划书的项目背景分析部分不涵盖( )。

A. 公关策划方案的宏观依据

B. 公关策划方案的具体原因

C. 公关策划的目标

D. 公关策划开展的必要性与可行性

5. 新产品开发策划包括五个步骤，分别是：①提出目标，创意搜集；②(　　　)；③财务分析；④市场分析；⑤产品实体开发和试销。

A. 构想审查　　　　　　　　　　　　B. 研究活动

C. 创意甄选　　　　　　　　　　　　D. 产品开发调整

四、思考题

1. 广告策划书的撰写要求有哪些？

2. 简述CIS品牌策划与设计需要遵循的原则。

3. 营销策划书的写作顺序是什么？

4. 简述公共关系人员在进行策划时需要遵循哪些原则。

五、案例题

近几年来，日本佳能公司察觉到，中国网民数量与日俱增，电子商务在中国日益发展壮大，网络营销应该作为今后市场开拓的重要新方向之一。为了比竞争者占有更多的市场份额，把握市场先机，佳能公司特别在此次新产品发布之际制定一套详尽的网络营销策划方案，推广佳能公司的产品，以赢得更大的市场。

(1) 让更多的消费者了解佳能公司的数码相机，并引起他们的购买兴趣。

(2) 开拓和建立新的网络销售渠道，扩大消费群体，增加销售量。

(3) 降低销售成本，节约一些不必要的、浪费的传统销售模式所需的销售费用。

(4) 利用电子商务提高产品质量和售后服务水平。

案例思考：以上是一份营销策划书的前言部分，你认为这个前言部分对策划原因、策划目的及策划过程交代得是否清楚？

六、实训练习题

学生组成营销策划小组，由小组选定实际存在的某公司产品，或者学生自己虚拟企业的营销背景，以企业营销策划小组的身份亲身体验营销策划的全过程。

要求：1. 根据教材内容完成表9-1。

2. 撰写营销策划书。

表9-1　营销策划书的基本构成

策划书构成		要素与作用
1.	5.	策划书的门面
	6.	前景交代
	7.	一目了然
2.	8.	要点提示
正文	9.	16.
	10.	17.
	11.	18.
	12.	19.
	13.	20.
	14.	21.
	15.	22.
3.		前后呼应
4.		相关资料

第十章
商务策划的评价

【策划格言】

贵显浅，重机趣，戒浮泛，忌填塞。

——清·李渔《闲情偶寄》

在策划一件大事时必须预见艰险，而在实行中却必须无视艰险，除非那危险是毁灭性的。

——培 根

【主要内容】

商务策划书的评价；

商务策划实施的评价；

商务策划效果的评价。

【学习目标】

知识目标：

商务策划书文本评价的基本要素；

商务策划实施的"三个一致""五个必须"；

营销策划效果评价的方法；

广告策划效果评价的方法；

公关策划效果评价的方法。

技能目标：

领会商务策划评价的意义；

理解商务策划书文本评价的基本要素；

掌握商务策划实施的评价；

掌握营销策划、广告策划和公关策划效果的评价方法。

【开篇案例】

失败的营销策划

一、蠢萌的可乐公司

很难想象，可口可乐和百事可乐这样拥有强大市场调研能力的品牌也会犯如此严重的错误。new Coke (新可乐) 和 Crystal Pepsi (水晶百事) 就是这对"好基友"的黑历史。

new Coke 出现在 1985 年，可口可乐在纽约林肯中心召开发布会，宣布要更换新配方，以"new Coke"的名字销售。这件事在后来变成了可口可乐每每被人吐槽的大败笔。

new Coke销售低迷，而公众因买不到传统可口可乐而愤怒的情绪持续高涨，大多数美国人立即决定要抵制这个新产品。不久之后，可口可乐清楚地看到，除了恢复最初的品牌和配方之外别无他法。

Crystal Pepsi在 1992 年推出。百事公司认为，既然市场上有那么多种口味的饮料，那么"透明无色的无咖啡因的健康可乐"想必也会受到欢迎。结果证明，它们的设想是错的，人们对这款口味欠佳、欠缺可乐特征的苏打水表示困惑，这款可乐不到一年就退出了市场。

二、成年婴儿食品、头发"食用"酸奶

雀巢旗下的婴儿食品品牌嘉宝曾经推出一款面向成人的罐头。想象一下，装在罐子里的勃艮第牛肉，它声称能解决单身的你在家吃饭的问题。然而，顾客讨厌被称为 Single(它们还把这个单词大大地印在包装上)，而且这个品牌本身就能让人联想到婴儿，不仅显示单身，还突出了幼稚。

1979年，伊卡璐推出的酸奶洗发水也面临这种误会。这款白色香波还使用了透明包装，"酸奶洗发水"的命名更让消费者困惑是应该把它喝了还是用它来洗头。虽然消费者能够体会营销人员希望突出对头发有益的酸奶配方，但还是很抗拒把酸奶直接涂在头发上。如果只是声称"含有酸奶成分"，这款产品"死亡"的悲剧也许就不会发生。

资料来源：品牌为什么失败？这里有几个经典案例和 3 本书. https://www.sohu.com/a/56552068_139533.有改动.

评析：从以上案例可以看出，即使是行业领先的企业，如果策划不成功也会对企业造成重大的打击。2007年，中国商业联合会会员部、中国企业文化促进会营销策划专家委员会起草了《中华人民共和国国内贸易行业标准 商务策划评价规范(SB/T 10411—2007)》，分别从商务策划组织、商务策划人员、商务策划项目和商务策划案例四个方面设定了评价指标及评价标准。由此可见，商务策划评价也是商务策划管理的一个重要内容。商务策划的成功有许多套路可以遵循，商务策划的失败则可以从三个方面寻找原因，即策划书、策划实施和策划效果。因此，本章从商务策划书、商务策划的实施和策划效果三个方面对商务策划进行评价。

第一节　商务策划书的评价

一、成功的商务策划书的特征

成功的商务策划书具有以下六个特征。

(1) 阅读者粗略过目就能大致了解策划内容。

(2) 使用浅显易懂的语言，充分体现委托方的利益和要求。

(3) 策划书展现的内容与同类策划书相比，有相当明显的差异性和优越性。

(4) 图文并茂，增强策划书的表现效果。

(5) 条理清晰，逻辑分明，阅读者看完策划书后，能够按照策划书的内容有步骤、有计划地执行。

(6) 能够充分体现企业、品牌、产品或服务的基本特征。

从以上六个特征可以发现，好的策划书不但要有好的创意、专业的策划水准，对文本的要求也很高。对于策划的专业水准的评价，可以参照《中华人民共和国国内贸易行业标准 商务策划评价规范(SB/T 10411—2007) 》的附录C。在商务策划项目评价指标及评分标准中，第一个指标类别"项目水平"从理论水平、技术方法、创意方法、文化水平和操作水平这五个方面对商务策划的策划水平进行评价。本书主要聚焦商务策划书文本的评价。

二、评价商务策划书文本的基本要素

商务策划文案写作应达到五个基本要求：①广泛深厚的知识储备；②周密严谨的文案结构；③准确简练的文字处理能力；④日常经验的积累与感知能力；⑤灵活敏捷的思维能力。

商务文案写作还应遵循三项基本原则：①文案写作应逻辑清晰；②文案写作应简明扼要；③文案写作应具有精准性。

根据商务策划文案写作的"五个基本要素"和"三项基本原则"，对商务策划书的评价主要可从以下四个基本要素展开。

(一) 商务策划书的文案结构

1. 商务策划文案的逻辑结构是否清晰

商务策划文案应完整表述商务策划实施方案的主要内容，一个明确的中心思想或主题应该贯穿整个策划。文案不是简单的材料堆砌，所有的材料要组织得科学合理、层次清晰，主要目的都是支撑主题。

2. 商务策划文案的结构是否完整

商务策划文案需要涵盖商务策划问题和解决方案的完整内容。虽然商务策划类型、策划对象、策划目的不同，商务策划文案的具体格式、结构和内容也不同，但"5W2H"都是必不可少的内容，关于如何提出问题、分析问题和解决问题也必须明确阐述。

(二) 商务策划书的语言

1. 商务策划的语言应该简洁、明了

商务策划文案的语言表述务必简洁、明了，用简单、凝练的文字表现策划人的策划思维，尽量开门见山、直奔主题。

2. 商务策划的语言应该具体、朴实

商务策划应使用中性、客观的语言、文字和句式，尽量避免复杂、抽象的理论推演，也不可过多使用修辞手法。

3. 商务策划的语言应该准确

商务策划文案应保证语言准确，尽量避免文字歧义和语义模糊不清。

(三) 商务策划使用的数据与图表

1. 商务策划使用数据的准确性

商务策划使用的数据准确性包括两个方面：一是数据的来源是否可靠，数据本身是否准确；二是数据的使用是否准确，即是否能够起到支撑主题的作用。

2. 商务策划使用图表的准确性

图表的使用是为了辅助文字表述，将复杂的内容表达清楚，让读者一目了然。商务策划文案所使用的图表要规范、严谨，能够体现数据的有效性，能够突出策划文案的写作目的。

(四) 商务策划书的规范性

1. 商务策划书的格式规范

商务策划书的字体、字号、标题、序号、标点以及段落的处理和句子的安排等细节内容要规范。

2. 商务策划书的用纸和页面设置要规范

商务策划书应该采用符合国际标准(ISO 2016)的纸张尺寸，最好使用A4大小的开本，尽量使用白色、没有图案和水印、硬度和光洁度适中的纸张。策划书的版心应设计得小一些，即页面边缘空白要留得多一些。

商务策划书文本的评价可以参照表10-1。

表10-1　商务策划书文本评价

项目	项目总分	评估指标	指标分值	实际得分
文案结构	30	逻辑结构清晰	15	
		结构完整	15	
语言	30	语言简明	10	
		语言具体、朴实	10	
		用词准确	10	
数据与图表	20	数据的准确	10	
		图表的准确	10	
规范性	20	格式规范	10	
		用纸和页面设置规范	10	

第二节　商务策划实施的评价

商务策划不仅要在文本意义、专业本身上做到准确和全面，具有可操作性，还要充分注意一个"适"字，即适合的才是最好的。商务策划应做到"四适"：①适时，即策划的时间性，要对区域的市场发育程度、发展进程有准确的判断，有时间的纵向考虑；②适地，即策划的地域性，要考虑地域特点；③适人，即策划的人学性，不同的人对同一事件所持的看法差别很大，对相同的情况所采取的决策也会不同，因此策划人应熟谙人生机理、世事俗情，只有把准对方的脉，策划出的方案才能适用。④适度，即策划的弹性，策划要根据市场、区域、行业态势等具体情况，做到张弛有度、开合有序。

完成商务策划方案不等于特定的商务问题得到了解决，还要考虑一个同样重要的问题，那就是完善地执行与实施商务策划方案。

一、三个一致

商务策划由策划团队创造，由购买商务策划的组织(商务策划委托方)来实施。对于一个策划方案的实施，最关键的是要获得策划方案的执行者的理解、信任和支持。采购策划产品的商务组织的领导层决定整个计划安排，是策划案实施的"中枢大脑"。因此，在实施商务策划案之前，商务策划团队必须对商务策划的目标进行有针对性的分析和说明，保证组织的领导层做到"三个一致"，即目标一致、意见一致、领导一致，才能统筹指挥商务策划案的执行。

目标一致，即商务策划的执行组织中，组织领导层对于此项商务策划案的对象和目标达成一致，统一思想，团结一心。

意见一致，即商务策划案的执行组织中，组织领导层对于此项商务策划案的构思和工作意见一致，统一方向。

领导一致，即在商务策划案的执行组织中，明确策划实施的决策领导人和统筹协调小组，职权分明。

做到目标一致，可以避免有效资源的浪费；做到意见一致，可以避免意见分歧，防止出现人为延误策划的实施；做到领导一致，可以保证策划构思落实到执行中，避免出现策划实施"多头指挥""无序作业"。

二、五个必须

执行是保证商务策划实施的重要保证，再好的策划，如果没有执行到位，都是无用的策划。执行层在商务策划的实施中就是一个人的"五官四肢"，所有的行动都在执行层落实。在执行层要做到"五个必须"，即执行人员必须明确、执行内容必须清楚、执行要求必须合理、执行工作必须专业、执行过程必须监控，具体内容及要求见表10-2。

表10-2　"五个必须"的内涵

五个必须	内容	具体做法
执行人员必须明确	明确每一项策划实施工作的执行人员	制定明细的执行人员计划表、作业表，把策划实施的参与人员逐一明确，不得随意变更，确保商务策划案的每一个相关人员都了解每一个环节的执行人员

（续表）

五个必须	内容	具体做法
执行内容必须清楚	明确每一项策划实施工作的执行内容	制订涵盖执行事项、时间、地点、要求等内容的清楚、详细的执行计划。每一个环节的执行人员都对自己的执行内容明白无误，避免盲目操作
执行要求必须合理	明确每一项执行工作的执行要求	在制订清楚、详细的执行计划的基础上，还要明确每一项工作的执行要求。这个要求是能达到且符合实际情况的，既能保证执行效果，还能有效提高执行人员的工作积极性
执行工作必须专业	安排专业的执行人员完成每一项执行工作	"专业对口"，由专业人才做专业的执行工作，保证执行效率和质量
执行过程必须监控	监控商务策划实施的全过程	实施全程监控机制，监督策划案的执行，应对各种突发事件，保证执行工作按照计划实施

对商务策划实施进行评价，就是要评估商务策划的实施是否做到了"三个一致"和"五个必须"，即是否符合灵活性、清晰性、合理性和一致性的实施原则。

第三节　商务策划效果的评价

根据《中华人民共和国国内贸易行业标准 商务策划评价规范(SB/T 10411—2007)》的附录C，在商务策划项目评价指标及评分标准中，第二个指标类别是"项目成效"，从五个方面，即客户满意度、经济效益、社会影响力、同业影响力和相关成果进行评价。针对特定的商务策划类型，策划效果的评价可以再细化。本节对营销策划、广告策划和公关策划的效果评价进行深入分析。

一、营销策划效果的评价

营销策划效果直接关系被策划企业的经济效益，对营销策划效果进行评价对企业具有重要的战略意义。国内外对于营销策划效果评价的方法有很多，我们主要介绍两种：整体评价法和等级评价法。

(一) 营销策划效果的整体评价法

营销策划效果的整体评价法是采用国际上流行的普尔级别(改进型)平等法则，通过市场调查，营销策划方案执行前后的企业盈亏状况、销售增长率和相对市场占有率的测算，来对市场营销策划效果进行整体评价的一种方法。

根据通过市场调查获得的企业产品销售量或销售额的统计数据，计算企业在执行营销策划方案前和实施后的盈亏、销售增长率和相对市场占有率的数值，按特优、优、良、中、差等标准，划分策划效果的等级，具体等级如表10-3所示。

表10-3　市场营销策划效果整体评价等级表

级别	盈亏状况(盈/亏)	销售增长率/%	相对市场占有率/%
AAA (特优)	A 三年连续盈利	A ≥30	A ≥3.0
BBB (优)	B 两年连续盈利	B 20～29	B 2.0～2.9
CCC (良)	C 一年内盈利	C 10～19	C 1.0～1.9
DDD (一般或差)	D 微利、保本或亏损	D <10	D <1.0

(二) 营销策划效果的等级评价法

营销策划效果还可以通过营销导向的五种主要属性所表现的不同程度反映出来，即顾客宗旨、整体市场营销组织、充足的市场营销信息、战略导向和工作效率。每一种属性都能够衡量策划效果的优劣程度。

部门营销经理或其他经理应共同评分并填写营销策划效果等级评价表(见表10-4)，然后计算考核表的总分，用来确定策划效果所处的等级，等级包括特优、优、良、中、差和无效。

表10-4　营销策划效果等级评价表

顾客宗旨

A. 管理部门是否认识到根据目标市场的需要和顾客的欲望来策划企业业务的重要性？

　　0 管理部门主要赞同将现有产品和新产品推销给那些愿意购买的顾客

　　1 管理部门赞同以同样的效率来满足广泛的市场需求

　　2 管理部门先满足界定分明的市场需要，这些市场符合企业长期发展和追求潜在利润的要求

B. 管理部门是否为不同的细分市场提供不同的产品，并制定不同的市场营销计划？

　　0 没有

　　1 有一些

　　2 在很高程度上如此

C. 管理部门是否用整体市场营销的系统观点来规划其经营业务(包括供应商、渠道、竞争者、顾客和环境等)？

　　0 没有，管理部门将注意力集中在向眼前的顾客推销和服务

　　1 有一些，管理部门虽然将大部分精力用来向眼前的顾客推销和服务，但还是对渠道进行了长远考虑

　　2 是的，管理部门采用整体市场营销的系统观点，认识到系统中任何部分的变化都会给企业带来威胁和机会

整体市场营销组织

D. 对于主要的市场营销功能，是否实现了高水平的市场营销一体化和市场控制？

　　0 没有，销售和其他市场营销功能在最高层次上没有一体化，并且存在一些毫无意义的冲突

　　1 有一些，主要的市场营销功能实现了正式的一体化和市场营销控制，但缺少令人满意的协调与合作

　　2 是的，主要的市场营销功能被有效地统一成一个整体

E. 市场营销管理部门是否和调研、生产、采购、分销以及财务等部门之间建立了良好的工作关系？

　　0 没有，抱怨市场营销部门对其他部门提出的要求和成本是不合理的

　　1 有一些，尽管每个部门开展的许多活动都是围绕自身利益的，但部门之间的关系还是融洽的

(续表)

2 是的，各个部门能进行有效合作，能根据企业整体的最大利益处理问题

F. 新产品开发过程组织得如何？

　　0 这个系统的界定不明，运行较差

　　1 这个系统在形式上存在，但缺乏先进技术

　　2 这个系统结构完整，并按项目小组工作原则运行

充足的市场营销信息

G. 最后一次对顾客、购买影响因素、渠道和竞争对手行为的调查研究是在何时？

　　0 若干年以前

　　1 最近几年前

　　2 最近

H. 管理部门对不同的细分市场、顾客、地区、产品、渠道的订货规模、销售潜力和盈利能力了解多少？

　　0 一直不知道

　　1 了解一些

　　2 知道很多

I. 企业为测定并提高不同市场营销费用的成本效益做出了多大努力？

　　0 很少或根本没有努力

　　1 有一些努力

　　2 做出了相当大的努力

战略导向

J. 正式市场营销计划的制订情况如何？

　　0 管理部门只制订很少或根本不制订正式的市场营销计划

　　1 管理部门制订了一个年度市场营销计划

　　2 管理部门制订了一个详尽的年度市场营销计划和一个每年都要修订的长期战略计划

K. 现行市场营销策略的质量如何？

　　0 现行市场营销策略不明确

　　1 现行市场营销策略明确，但只是传统策略的延续

　　2 现行市场营销策略明确，有创新精神，并建立在数据翔实和论证合理的基础上

L. 应急考虑和规划的程序如何？

　　0 管理部门很少或没有应急考虑

　　1 管理部门有一些应急考虑，但很少有正式的应急计划

　　2 管理部门认清了重要的突发事件，并编制了应急计划

M. 市场营销策划的贯彻执行情况如何？

　　0 很差

　　1 中等

　　2 很成功

N. 管理部门是否有效利用了自己的市场营销资源？

　　0 没有，市场营销资源相对于要做的工作是不充分的

　　1 有一点，市场营销资源充足，但没有被恰当地使用

　　2 是的，市场营销资源是充足的，而且被有效地利用了

O. 管理部门是否具备对现场出现的新问题做出有效反应的良好能力？

　　0 没有，销售和市场信息过时，管理部门反应较慢

　　1 有一些，管理部门收集到大量最新的销售和市场信息，但反应时间各不相同

　　2 是的，管理部门建立了及时收集信息并做出快速反应的机制

工作效率

P. 管理部门在传达和实施营销战略方面做得如何？

  0 很差

  1 一般

  2 很一般

Q. 管理部门是否有效地利用了各种营销资源？

  0 否，相对于所要完成的工作，营销资源是不够的

  1 做了一些，营销资源足够，但是利用得不理想

  2 是，营销资源充足，并且得到了有效利用

R. 管理部门是否具备良好的能力应对眼前的变化并做出迅速而有效的反应？

  0 否，销售和市场信息不算及时，而且企业管理层的反应比较迟钝

  1 有一点，企业管理层比较及时地获得销售和市场信息，但反应快慢不一

  2 是，管理部门建立了若干个专门系统用以收集最新信息，而且反应速度快

总分

使用方法说明：每个问题只有一个最满意的答案，将得分相加，总分将是介于0～30的一个数字。

下列标度显示了营销策划效果的水平：

0～5分：无效　6～10分：差　11～15分：中等

16～20分：良好　21～25分：优秀　26～30分：特优

二、广告策划效果的评价

　　"我的广告费哪去了呢？""我的广告有效吗？""做广告难道真的只能凭直觉、靠运气吗？"约翰·沃纳梅克(美国第一家百货商店的创始人，也是第一个投放现代广告的商人)曾说："我知道我的广告费有一半被浪费掉了，但我不知道是哪一半。"实际上，如果能对广告效果进行经常性评估，那么这种浪费是可以避免的。

　　广告策划效果的评价就是对广告效果进行评价。广告效果是指广告信息通过广告媒介传播之后所产生的所有直接或间接的影响效应，是媒介受众对广告活动的结果性反应。对广告效果进行评价，必须考虑到广告效果的特性，即滞后性、积累性、复合性和间接性。

　　广告活动是一个动态的过程，消费者接受信息的过程也是一个动态的过程，所以广告效果的产生不是立竿见影，而是逐渐积累的过程。此外，在许多情况下，广告受众虽然接触到广告信息，并对广告建立了一定认识，但没有立即采取购买行为，可能是以后购买，也可能是介绍他人购买，这是广告间接性特征的表现。

(一) 广告策划效果评价方法

　　对于广告策划效果进行评价，常用的评价方法有抽样调查法、问卷法、访问法和观察法。

　　1.抽样调查法

　　抽样调查法是从广告效果调查对象的总体中，按照随机或非随机原则抽取一部分单位作为样本进行调查，并以调查结果推断总体的方法。

2. 问卷法

问卷法是广告效果调查者运用一系列与广告活动效果指标有关的问题，统一设计问卷，并选定一定数量的消费者为样本，让他们对有关的问题做出回答，通过统计和分析消费者不同的回答来确定广告活动效果的一种调查方法。

3. 访问法

访问法是调查访问者通过口头交谈等方式向被调查访问者了解有关产品广告效果实际情况的方法。

4. 观察法

观察法是研究者到现场进行直接观察，凭借视觉、听觉、触觉、嗅觉等感觉器官来搜集非语言行为的数据资料的一种方法。

(二) 广告策划效果评价内容

鉴于广告效果的四个特性，对广告策划效果的评价包括广告传播效果评价、广告经济效果评价和广告社会效果评价三个方面。

1. 广告传播效果评价

广告策划最终的表现形式是广告作品，广告作品是通过传播媒介与消费者接触的，因此，对广告接触消费者后所引起的变化和影响大小进行考察评估就是对广告传播效果的评价。广告传播效果的评价包括广告表现效果、媒介接触效果和广告心理效果三方面。

(1) 广告表现效果的评价。广告表现效果的评价其实就是对广告作品的优劣进行测评。广告作品的测度主要从广告主题、广告创意和广告完成稿三方面展开。广告主题是贯穿广告作品的红线，要求鲜明、突出、诉求有力、针对性强。广告创意测度主要是对表现广告主题的构思进行检测，看广告的构思有无新意，是否能够准确、生动地突出广告主题，以及感染力如何。广告完成稿是指已经设计制作完成，但还未进入媒介投放阶段的广告样品。测试广告完成稿是对广告主题、创意、制作、表现手法等的进一步检测，有利于最后的修补和完善。

对广告作品进行测度应选择具有代表性的测评人员。在广告刊播之前，广告创作人员可以邀请预定的诉求对象对同一商品制作的多幅广告原稿进行评价。意见反映测度有两种方法：一种是消费者评价法，由消费者进行评判或比较，测验出哪一个广告所引起的反应最强烈，给人的印象最深；另一种是要点采分法，即预先根据测评的要求，列出评价项目，制成表格，请消费者在表格中给各个广告打分，以此测定消费者对各个广告稿的印象如何，从而确定广告稿的优劣。

(2) 媒介接触效果的评价。媒介接触效果的评价是对广告受众接触特定媒介和特定广告作品的评判，实际上也是对广告媒介计划的测度。该评价基于调查消费者与各种媒体，如报纸、杂志、电台、电视、户外广告等的接触情形，从媒体分布、媒体的受众群和广告的受众群三个方面进行测定。常用的评价指标包括注目率、阅读率和阅读效率。

注目率是指接触过广告的人数与读者人数的比率，公式为

$$注目率 = \frac{接触过广告的人数}{读者人数} \times 100\%$$

阅读率是指通过向接触过广告的人提问广告的主要内容，如主题、商标、插图等元素，测定能记得这些元素的人所占的比例。阅读程度不同，记住的广告信息也不同，被调查者能够记住广告中一半以上的内容就表示达到精读率。

阅读效率是指不同程度的广告阅读者的人数与支出的广告费用之间的比率，主要用来测定广告投入与取得广告效果之间的成本效益，公式为

$$广告阅读效率 = \frac{读者人数 \times 每一种程度读者所占的百分比}{支出的广告费用} \times 100\%$$

(3) 广告心理效果的评价。广告心理效果的评价的目的是了解广告播出后对受众心理的营销程度，主要从广告知晓度、广告认知状况和受众偏好三方面展开评价。

广告知晓度是指媒介受众通过多种媒介了解某则广告的比率和程度，用于测定商品或企业不同阶段的广告效果，公式为

$$广告知晓度 = \frac{被调查者中知道该广告的人数}{被调查者总人数}$$

产品不同阶段的广告的作用是不同的，在新产品上市时，广告活动是为了告知媒介受众某品牌产品的出现；在产品的成长期、成熟期和衰退期，广告活动是为了向媒介受众传输产品的功能及特性等方面的信息。

广告认知状况测定是借助一定的方法测评媒介受众对广告内容接受质量的一种方法。"回忆"常被用来确定消费者记忆广告的程度，记忆的准确率与广告的吸引力是成正比的。对广告回忆的方法包括无辅助回忆和辅助回忆。

受众偏好是一种常见的消费现象。在竞争环境中，消费者往往会对某种产品、服务或企业采取较为固定的态度取向。偏好一旦形成，在一定时期内是相对稳定的，将会对其一系列的购买行为产生直接影响，因此，需要对受众偏好情况进行测定。

2. 广告经济效果评价

广告经济效果评价主要是利用统计分析方法对广告投入所带来的销售额、利润额的增减变化进行比较、研究，从而反映广告的经济效果。广告经济效果指标主要包括广告效益指标和市场竞争力指标。其中，广告效益指标指单位广告费用能够带来的销售额、利润额的增加量，包括单位广告费用销售增加额和单位广告费用增加额。市场竞争力指标主要通过市场占有率来反映。市场占有率是指企业某种产品在一定时期内的销售量占市场同类产品销售总额的比率，或单位广告费用销售增加额与同行业同类产品销售总额的比率。

产品的销售情况除了受广告促销的影响，还受产品特色、价格、售后服务、购买难易程度等其他因素的影响，因此，广告的销售效果比较难测定。常用的广告经济效果测定方法包括销售实验测定法、比例计算法和综合测量法。

(1) 销售试验测定法。销售实验测定法是指在被测地区内选择若干个销售点，在销售点同时销售某一类商品，其中有的商品是做广告的，有的是不做广告的，然后根据销售点销售量之差进行统计分析。销售试验测定法成功的关键是测试地区的选择。测试地区的经济结构最好具有独立性，不受周围地区的影响。另外，尽量保证广告宣传是影响销量的主

要因素。

(2) 比例计算法。比例计算法是通过广告活动前后企业销售额、利润额的变化数据以及广告费用等资料进行统计分析的方法。常用的指标包括广告费用比率、每元广告效益和市场占有率，相关的计算公式分别为

$$广告费用比率 = \frac{广告费}{销售量} \times 100\%$$

$$每元广告效益 = \frac{广告后的平均销售量 - 广告前的平均销售量}{广告费用}$$

$$市场占有率 = \frac{某种产品的销售额}{同类产品的销售总额} \times 100\%$$

(3) 综合测量法。综合测量法从以下方面对广告经济效果进行评价：①受众是否已对该企业或该产品有了认识或了解；②受众是否在提到该企业的时候就想到其所经营的产品；③是否招徕了新顾客；④受众是否对该企业产生了好感，或对其产品增加了信心；⑤老顾客是否知道了企业最近的业务活动概况及其发展计划；⑥是否在增加了销售的同时还降低了成本；⑦是否起到了调节价格、调节商品品种、调节营业额的作用。

3. 广告社会效果评价

广告社会效果是指广告刊播以后，对社会政治、文化、伦理等方面的影响。测度主要关注广告真实性与科学性、是否合乎法律与道德规范、公正性与公平性、是否有利于企业发展等方面。

广告社会效果评价有事前和事后两种测定方法。在发布广告之前，邀请有关专家学者、消费者代表等，从法规、道德、文化等方面对广告可能产生的社会影响做出预测和评价，一旦发现问题应及时修订。在发布广告之后，通过回函、访问、问卷调查等方法，及时收集并整理广大消费者对广告的意见和建议，分析公众对广告的态度、看法，了解广告的社会影响程度。

三、公共关系策划评估

(一) 公共关系评估

公共关系评估就是根据特定的标准对公关方案的实施及效果进行检查、评价，判断其优劣的过程。公共关系评估的目的是获得关于公共关系工作或公共关系专项活动过程、工作效率和公共关系效果的信息，并以此总结成功的经验、吸取失败的教训，为制订后续的公共关系工作计划提供依据。

(二) 公共关系策划效果评估

公共关系策划效果评估包括公共关系调查过程评估、公共关系策划过程评估、公共关

系实施过程评估和公共关系总体效果评估。

公共关系策划是公共关系管理中非常重要的一个环节，在评估时主要关注六个方面：①公共关系策划的目标是否正确；②公共关系策划的目标是否可行、合理；③公共关系战略构思是否科学；④公共关系目标公众是否正确；⑤公共关系媒介选择及媒介策略是否得当；⑥公共关系预算是否合理。

(三) 公共关系策划效果评估常用的方法

常用的公共关系策划效果评估方法有民意测验法、专家评估法、观察法和反馈统计法。

民意测验法是指选择一定数量的调查对象，用问卷、访谈等方式了解民众对相关问题的看法和态度，再加以统计分析从而得出具有一定倾向性的结论。

专家评估法是指由一定数量的专家组成的评议小组，由公关人员向专家详细介绍、汇报公关活动的情况，提供有关资料和公众反馈的信息，专家根据获得的有关资料对公共关系活动效果进行评价。

观察法是指公共关系人员以当事人的身份亲自参加公共关系活动，通过对公共关系活动过程的观察来评估公关活动效果。这种评估方法是公关人员的一种自我检查，具有一定的可信性。

反馈统计法是针对公共关系数量指标，对有关数据进行统计，以此来描述公共关系绩效的一种方法。

思考与练习

一、填空题

1. (   )是采用国际上流行的普尔级别(改进型) 平等法则，通过市场调查，营销策划方案执行前后的企业盈亏状况、销售增长率和相对市场占有率的测算，来对市场营销策划效果进行整体评价的一种方法。

2. (   )是指广告信息通过广告媒介传播之后所产生的所有直接或间接的影响效应，是媒介受众对广告活动的结果性反应。

3. (   )是指接触过广告的人数与读者人数的比率。

4. (   )是指广告刊播以后对社会政治、文化、伦理等方面的影响。

5. (   )就是根据特定的标准对公关方案的实施及效果进行检查、评价，判断其优劣的过程。

二、判断题

1. 策划书的版心应设计得大一些，即页面边缘空白要留得多一些。(   )

2. 营销策划效果直接关系被策划企业的经济效益，对营销策划效果进行评价对企业具

有重要的战略意义。（　　）

3. 广告策划最终的表现形式是广告作品。（　　）

4. 广告创意测度就是对广告作品的优劣进行测评。（　　）

5. 公共关系策划效果评估常用的方法包括民意测验法、专家评估法、观察法和反馈统计法。（　　）

三、单项选择题

1. 下列选项中，（　　）不是广告效果的特性。

    A. 滞后性　　　　　　　　　　　B. 积累性

    C. 复合性　　　　　　　　　　　D. 直接性

2. 公式"(广告费/销售量)×100%"表达的是(　　)。

    A. 广告效益　　　　　　　　　　B. 广告费用比率

    C. 消费者认知　　　　　　　　　D. 广告效果比率

3. 从广告效果调查对象的总体中，按照随机或非随机原则抽取一部分单位作为样本进行调查，并以调查结果推断总体的方法称为(　　)。

    A. 访问法　　　　　　　　　　　B. 观察法

    C. 抽样调查法　　　　　　　　　D. 问卷法

4. 由研究者到现场去进行直接观察，凭借视觉、听觉、触觉、嗅觉等感觉器官来搜集非语言行为的数据资料的一种方法称为(　　)。

    A. 访问法　　　　　　　　　　　B. 观察法

    C. 抽样调查法　　　　　　　　　D. 问卷法

5. (　　)是指某品牌产品在一定时期、一定市场上的销售额占同类产品销售总额的比例。

    A. 广告费用比率　　　　　　　　B. 市场占有率

    C. 注目率　　　　　　　　　　　D. 销售增长率

四、思考题

1. 成功的商务策划书的特征是什么？

2. 请阐述商务策划实施的"三个一致"和"五个必须"。

3. 广告效果测评的内容有哪些？

五、案例分析题

案例1：广告效果评估

某商场为促进销售，在国庆节期间利用商品推销员在商场里开展商品宣传活动，具体包括派发商品说明书、免费赠送小包装及试用品等，直接引致商品销售量的变化。该商场对本次促销活动的实际情况进行了调查，并通过商品销售量的变化程度来评价此次广告活动的效果。

案例思考：请说明这是对哪种广告效果的评估？运用了哪种评估方法？这种测定方法需要哪些数据作为支撑？

案例2：大数据下的公关策划效果评估

大数据时代，人人都能成为侦探，这对公关行业提出了非常大的挑战，它意味着需要更创新的方案和面临更艰难的危机公关。公关和广告归结起来，其实就是一种沟通。在互联网时代，沟通的方式会更多元化、复杂化、广泛化，甚至细分到每个触点、每个网友。大数据时代对沟通造成了一些颠覆性的影响，中国整个产业的爆发和互联网扩展将为中国公关业带来最大的机遇。

经历了传统公关手段把传统媒体的东西搬到互联网上来，再到互联网中的论坛、微博博客、网友活动、社交媒体传播等方式，再到最后借助电商的传播模式，从获得消费者的感知和体验，逐渐变成如同评价广告效果一样，衡量能吸引多少人浏览，有多少人互动，有多少成交率、转化率，有多少人成为真正的用户。最后，甲方还要考核传播方式的精准度、最大转换率等方面，这些都是数字化公关带来的挑战。

目前，网络公关传播已在公关行业中占据重要的地位，但其效果评估一直困扰着企业和公关公司。公关公司普遍采用"广告当量"代替对互联网公关传播效果本身的衡量，这样的评估方式虽然在量化上有一定的指标意义，但是与对影响力以及效果的真实说明还是存在距离的。

企业关心的是公关投入最终带来了多少效益？或者减少了多少损失？公关公司关心的是付出的劳动和成本到底应该赚多少钱回来？如果能事先算出效益数据，那么只要收费低于这个数据，企业老板就应该能接受，公关公司也没话说。可是公关活动内容每次都不一样，怎样才能事先算出来呢？

案例思考：请根据以上内容，讨论大数据时代公关策划评估面临的新挑战。

六、实训练习题

实训资料

天猫跨品类热点营销IP"天猫正当红"迅速抓住"微醺"这一当红情绪热点，联合酒类品牌，借助KOL种草等营销方式，挖掘全新的饮酒场景，激发年轻人的小酌热情，引爆酒类消费，提振夜间经济。

对于消费品牌而言，得年轻人者得未来。无法读懂年轻人，一直是传统酒类品牌的痛点。"天猫正当红"的跨界营销，为行业品牌的转型升级、新品类孵化提供了样板。

基于对新时代年轻人这一消费群体的消费趋势与生活方式的洞察，"天猫正当红"联合轩尼诗、马天尼等酒类品牌，推出"微醺正当红"系列营销活动。活动期间，天猫通过KOL种草、制造热点情绪话题等方式，拓展饮用场景，培育和引导新兴消费者。

"酒倒好了，你们也到齐了。""眼神对上了，心跳却怎么也对不上拍了。""也许是酒精有点强硬，我最终还是向你服软了。""今天室外只有5度，好冷啊！这瓶酒21度，好暖啊！"戳心文案搭配闺蜜团聚、表白、恋爱、独酌等场景的海报，引起广泛传播。活动期间，相关品牌产品销量激增。

用年轻人喜闻乐见的方式，让他们爱上微醺，入坑酒类消费，"天猫正当红"再次展示营销IP头号玩家的能量。

在信息密集时代，争夺用户的注意力时间成为商业竞争的新战场，而争夺年轻一代的注意力更是品牌布局的重中之重。

　　据悉，"天猫正当红"营销IP从诞生之初，便旨在基于天猫站内搜索及其他消费行为数据，洞察当红消费潮流趋势，并借助潮流话题内容，调动消费情绪，进而促进新消费。在"微醺正当红"之前，已有"新颜力正当红""轻医美正当红""发际线正当红"成功上线，屡次带动销量高峰，成为"注意力经济时代"的头号玩家。

实训内容

以小组为单位，对"天猫正当红"IP营销策划效果进行评价。

参考文献

[1] 强海涛，杨德慧. 商务策划管理[M]. 北京：北京大学出版社，2010.

[2] 周培玉. 商务策划管理教程[M]. 北京：中国经济出版社，2008.

[3] 刘永红. 商务策划实务(案例教学) [M]. 北京：机械工业出版社，2017. `

[4] 杨德慧，彭英. 商务策划文案写作[M]. 3版. 北京：首都经济贸易大学出版社，2015.

[5] 强海涛. 商务策划原理[M]. 北京：首都经济贸易大学出版社，2009.

[6] 史宪文. 现代商务策划管理教程[M]. 北京：中国经济出版社，2007.

[7] 史振洪，刘胜花，万钧. 商务策划学[M]. 南京：南京大学出版社，2008.

[8] 王晨，钱东海. 商务策划师(基础知识) [M]. 杭州：浙江科学技术出版社，2016.

[9] 刘笑萍. 商务策划师[M]. 杭州：浙江科学技术出版社，2013.

[10] 吴粲. 策划学 [M]. 6版. 北京：中国人民大学出版社，2012.

[11] 何名申. 创新思维修炼 [M]. 北京：民主与建设出版社，2000.

[12] 刘培育. 创新思维导论[M]. 北京：大众文艺出版社，1999.

[13] 傅世侠，罗玲玲. 科学创造方法论[M]. 北京：中国经济出版社，2000.

[14] 杨雁斌. 创新思维法[M]. 上海：华东理工大学出版社，2002.

[15] 吉泽准特. 解决问题的三大思考工具[M]. 张祎诺，译. 南昌：江西人民出版社，2018.

[16] 王惠连，赵欣华，伊嫱. 创新思维方法[M]. 北京：高等教育出版社，2004.

[17] 希特. 战略管理——概念与案例[M]. 10版. 北京：中国人民大学出版社，2012.

[18] 肖智润. 企业战略管理——方法、案例与实践[M]. 2版. 北京：机械工业出版社，2018.

[19] 巴尼，赫斯特里. 战略管理[M]. 5版. 李新春，张书军，译. 北京：机械工业出版社，2017.

[20] 贾旭东. 现代企业战略管理——思想、方法与实务[M]. 北京：清华大学出版社，2018.

[21] 赵立敏. 广告策划模式与方法[M]. 北京：机械工业出版社，2014.

[22] 苏平. 培训师成长实战手册——培训师需求诊断和调研[M]. 北京：中国工信出版社，人民邮电出版社，2015.

[23] 强海涛. 策划原理与实践[M]. 北京：机械工业出版社，2015.

[24] 成正心. 团队管理方法论①：合作引导律[M]. 北京：电子工业出版社，2016.

[25] 张默闻. 策划人手札[M]. 北京：机械工业出版社，2017.

[26] 潘君，冯娟. 广告策划与创意[M]. 北京：中国地质大学出版社，2018.

[27] 王玉霞. 广告学原理与策划[M]. 北京：北京理工大学出版社，2017.

[28] 郭玉良. CIS品牌策划与设计[M]. 北京：中国电力出版社，2015.

[29] 叶万春，叶敏. 营销策划[M]. 3版. 北京：清华大学出版社，2013.

[30] 马鸿飞. 营销策划[M]. 2版. 北京：机械工业出版社，2016.

[31] 张存明，陈超，李娟. 市场营销策划[M]. 北京：清华大学出版社，2018.

[32] 蒋楠. 公关策划学[M]. 2版. 北京：科学出版社，2017.

[33] 刘军，李淑华. 公共关系学[M]. 3版. 北京：机械工业出版社，2018.

[34] 周安华. 公共关系——理论、实务与技巧[M]. 6版. 北京：中国人民大学出版社，2019.

[35] 王秀英. 当代公共关系学[M]. 2版. 北京：首都经济贸易大学出版社，2019.

[36] 苏海. 活动策划实战宝典——品牌推广+人气打造+实战案例[M]. 北京：清华大学出版社，2017.

[37] 胡青华，马碧红. 营销策划理论与实务[M]. 北京：清华大学出版社，2018.

[38] 党辉，于文霞. 实用公共关系教程[M]. 北京：国家行政学院出版社，2018.

[39] 严成根，王进云. 公共关系学[M]. 3版. 北京：清华大学出版社，北京交通大学出版社，2019.

[40] 吴柏林. 广告策划实务与案例[M]. 3版. 北京：机械工业出版社，2018.

[41] 鞠晴江. 市场策划·品牌建设·销售模式实用工具大全[M]. 北京：化学工业出版社，2016.

[42] 杨毅玲. 市场营销策划实务[M]. 2版. 北京：中国工信出版集团，电子工业出版社，2018.

附录 思考与练习参考答案

第一章 商务策划概述

一、填空题

1. 商务活动　　　2. 商务策划　　　3. 实践性　　　4. 主体　　　5. 预测功能

二、判断题

1. √　　2. ×　　3. ×　　4. √　　5. √

三、单项选择题

1. D　　2. A　　3. A　　4. D　　5. B

第二章 商务策划的思维创新

一、填空题

1. 概括性　　　2. 思维体系　　　3. 辩证思维　　　4. 纵向思维

5. 言语形象思维　　6. 形式逻辑思维

二、判断题

1. √　　2. ×　　3. ×　　4. √　　5. √

三、单项选择题

1. D　　2. B　　3. C　　4. B　　5. D　　6. D

第三章 商务策划的基本原理

一、填空题

1. 求异　　　2. 逆向思维　　　3. 法律和法规　　4. 统筹　　　5. 理性的

6. 局部利益

二、判断题

1. √　　2. ×　　3. ×　　4. √　　5. ×　　6. ×　　7. √

三、单项选择题

1. D　　2. B　　3. C　　4. B　　5. D　　6. D

第四章 商务策划的基本方法

一、填空题

1. 目的性　　　2. 组合求异法　　　3. 确定目标 方案评估　　4. 商务策划目标

5. 组合求异法 连环伏笔法

二、判断题

1. ×　2. √　3. √　4. ×　5. ×

三、单项选择题

1. A　2. A　3. D　4. C　5. D

第五章　商务策划的常用工具

一、填空题

1. 新进入者的威胁　供方力量　买方力量　替代产品　竞争对手间的竞争强度

2. 替代品

3. 业务评估矩阵　麦肯锡矩阵　吸引力/实力矩阵

4. 市场/行业吸引力　竞争实力

5. 鱼骨图

二、判断题

1. √　2. ×　3. ×　4. √　5. √　6. √　7. ×　8. √　9. √　10. ×

三、单项选择题

1. D　2. C　3. C　4. B　5. D　6. A　7. B　8. D

第六章　商务策划的运作与执行

一、填空题

1. 团队执行力　2. 倾听　3. 主题　4. 全面调查

5. 抽样调查　6. 商务策划论证

二、判断题

1. ×　2. ×　3. √　4. ×　5. √　6. √

三、单项选择题

1. D　2. C　3. B　4. D　5. B　6. A　7. D

第七章　商务策划文案的写作

一、填空题

1. 微观　2. 组织结构　3. 中心句　4. 委托方　5. 句式

6. 陈述句　7. 宋体

二、判断题

1. ×　2. √　3. ×　4. √　5. √　6. ×　7. ×　8. √　9. ×　10. √

三、单项选择题

1. A　2. D　3. B　4. C　5. B　6. D　7. D

第八章　商务策划团队管理

一、填空题

1. 经验　阅历　2. 团队　3. 形成　磨合　规范　4. 冲突

5. 建设性冲突　破坏性冲突

二、判断题

1. √　　2. √　　3. ×　　4. √　　5. ×

三、单项选择题

1. C　　2. D　　3. A　　4. B　　5. C

第九章　常用的商务策划及策划书撰写

一、填空题

1. 广告策划　　　　2. MI　BI　VI　　　3. 公关策划

4. 日常型公关策划　交往型公关策划　公益型公关策划　危机型公关策划

5. 新产品

二、判断题

1. √　　2. ×　　3. √　　4. √　　5. ×

三、单项选择题

1. B　　2. A　　3. C　　4. D　　5. C

第十章　商务策划的评价

一、填空题

1. 营销策划效果的整体评价法　　　2. 广告效果　　　3. 注目率

4. 广告的社会效果　　　　　　　　5. 公共关系评估

二、判断题

1. ×　　2. √　　3. √　　4. ×　　5. √

三、单项选择题

1. D　　2. B　　3. C　　4. B　　5. B